學貫大成

百〇七歲叟馬識途

国学经典

中华上下五千年

张婷婷　编著

第二卷

民主与建设出版社

·北京·

田氏代齐

春秋五霸之一，也是战国七雄之一的齐国，甚至和秦国对峙到最后，可以说十分了不起。田氏在齐国的兴起，有其必然性。春秋初年，陈国发生内乱，陈国的公子完逃奔到齐国，此为陈氏（陈即田，古音陈、田不分）在齐国最早出现的记载。齐桓公安排他做卿官，他只接受了管理工匠的职务。后来在反对权臣庆丰的斗争中，田桓子坚决拥护国君，在反对齐惠公的后代——栾氏、刘氏的斗争中，田氏也支持国君。这些事件后，田氏在齐国逐渐站稳了脚跟，影响也越来越强大。

齐景公在位多年，早年曾想重建霸业，受挫后消沉起来，有一次，他问晏子说："你经常到市面上走，你知道什么东西贵，什么东西贱吗？"晏子回答说："踊贵而履贱。"踊是被砍掉脚的人用的假脚和假鞋。当时，齐景公滥用刑罚，百姓怨声载道，晏子借此来劝谏齐景公。

田桓子用大斗出、小斗进的手段收买人心。齐国原有的量具有两种，田桓子改制量具，明显比统一进制的量具大。在往外借粮时，田桓子使用自己的家量，往里收回粮食时使用公量，自己吃了亏，老百姓却连连称好。因此，当时的民众大量归往田氏门下，田氏就把这些人私藏起来，并不上报户数，被称为"隐民"。

经过两次比较大的斗争，田氏才在齐国取得了绝对性的胜利。

第一次是在公元前532年的夏天。齐景公临死前托付高张、国夏两人辅佐太子荼（tú），是托孤大臣。田氏要想取得齐国政权，就必须除掉他们，田氏表面上对这两人十分恭顺，实际上却处处与他们作对，并不时中伤诋毁他们，争取朝中的人心。后来，高张、国夏两人密谋除掉田氏，田氏得到消息后，鼓动大夫联络甲士一起攻入宫中，挟持了国君，在街上和自己人相遇，就这样，国君就成了他手中的傀儡。

第二次政变发生在公元前481年。齐简公十分宠信监止，任命田常和监止分别担任左、右相，实际上监止牵制着田常，田常就想密谋除掉监止。田氏家族先派族人田豹打入监止的内部，做了他的家臣，取得了他的宠信，获得大量机密后，族人田逆等逼迫田常劫持了齐简公。监止失去了国君的支持，又因不得人心，他也就无计可施，只得逃走。监止逃跑时竟迷了路，逃入田氏的封地，被捉住杀死。

后来，齐简公逃到了舒州，不久也被田常抓住杀死了。田常立简公的弟弟鹜为国君，史称齐平公，自己做了相国，成为实力派。公元前476年，田氏完全掌握了齐国的政权。

田常死后，其子襄子盘代立。襄子有雄才大略，将田氏的势力进一步扩大，田氏取代姜氏，已是历史趋势。

公元前392年，田襄子的孙子田和干脆把齐康公赶到海边，自立为齐国国君，八年以后，齐康公死于海岛，从此齐国姜氏不复存在。

掌握政权后，田氏曾对齐国历来的权臣大族鲍氏、晏氏、监氏及公族进行了一次大屠杀，杀掉了将来有可能争权的人物，消除了潜在的危险，并大封田氏，齐国高官显贵全由田氏担任，田氏在齐国的统治地位十分牢固。

公元前386年，周安王正式封田和为齐侯，即齐太公。

晋秦麻隧之战

周定王十年（前597），晋楚郝之战以后，晋国暂时失去了中原霸主地位，但晋并没有忘却争霸中原。鉴于邲(bì)的失败，晋国调整了争霸方略。在东方，晋通过公元前589年的鞌(ān，今济南长清)之战，击败齐国，逼齐国依附晋国。在北方，晋国用全力攻灭了为患多年的赤狄，将白狄逐走，解除了后方威胁。剩下来的，便是地处西方的秦国。秦国自殽函之战失败后，与晋国成为世仇，每次发兵攻晋，都牵制晋国的许多力量。晋要与楚争霸中原，必须彻底解除秦国的威胁。因此，周简王六年（前580）晋厉公即位之后，首先派大夫到楚国请求会盟，晋厉公又亲自和楚国盟于赤棘，稳住楚国。之后，晋厉公派人征集齐、鲁、卫、郑、曹、邾、滕七个诸侯国的军队，约定共同伐秦。周简王二十年（前566）四月，晋厉公派魏相到秦国去，宣布和秦国绝交，并宣读了一篇很长的与秦绝交书，其内容为：

"过去，我国君献公和秦君穆公交好，勠力同心，申之以盟誓，重之以婚姻(指晋献公之女嫁与秦穆公为夫人)。可是，天祸晋国，文公(指晋文公重耳)出奔到齐国，惠公(公子夷吾)出奔到秦国去了。不幸的是，献公去世了。秦穆公不忘旧德，纳我惠公入晋以奉社稷，却又不能成其大勋，而和我晋国有韩原之战(前645)。后来又悔其用心如此，而又纳我文公入晋，以上是秦穆公的成就。我文公恭率虞、夏、商、周之胤以朝于秦，已报旧德矣。而当我文公率诸侯及秦师围郑之时，秦不向我君征求意见，擅自与郑国结盟(指周襄王二十二年，前630年烛之武退秦师之事)。我文

237

公不计其失，使秦军全师而还，也算有大功于秦。不幸，文公去世，秦穆公不但不哀悼，却蔑视我先君，欺我襄公新立，进犯我晋国之殽地，而攻击我之与国（指郑国），殄灭我费滑，离散我兄弟，扰乱我同盟，倾覆我国家。我襄公惧社稷之陨，是以有殽之战。秦康公是我晋之甥，反欲阙翦（quē jiǎn，削弱、损害）我公室，倾覆我社稷，摇荡我边疆，是以又有令狐之役（在周襄王三十二年，前620）。秦康公犹不悔改，又入我河曲，伐我涑川（在今山西永济。涑，sù），俘我人民，于是以有河曲之战（在周顷王四年，前615）。秦、晋之不通友好，是因秦康公自绝于我。

"及君（指秦桓公）嗣位，我君景公引领西望，说：'秦该抚恤我晋了。'可是，君却不称晋望，趁我有狄人之难，攻我城邑，杀我人民，是以有辅氏之战（在周定王十三年，前594）。后秦又背弃盟誓。白狄是君之仇人而我之姻亲（因婚姻而构成的亲戚），君来约我伐狄，我君不敢顾婚姻之亲，畏君之威，而准备伐狄。哪知君有二心于狄，曰晋将伐汝。幸好狄人告诉了我们。楚人也厌恶君之反复无常，告诉我们说：'秦背盟而来求盟于我，并说，虽然与晋往来，但唯利是图。'诸侯们闻听君言，无不痛心疾首，同声讨伐。但寡人唯好是求。君若惠顾诸侯，哀矜（哀怜、怜悯）寡人，则与我结盟，是寡人之愿也，诸侯马上退军。君若不施大惠，则寡人也无法让诸侯退军，只有邀君一战。"

这篇绝交书，实际上是一篇声讨书。其目的有二：一是掩盖伐秦的真实目的，不引起楚国注意；二是获得诸侯的同情，借以为伐秦之助。事实上，这个目的确实达到了。在此之前三年（周简王六年，前580），秦恒公邀晋会于令狐，却又不肯过河。不久又背盟而招狄人和楚人伐晋。因此，各诸侯国普遍同情晋国。与秦绝交后，晋厉公立即调动军队，以栾书将（统领）中军，荀庚佐之；士燮（xiè）将上军，郤锜（xì qí）佐之；韩厥将下军，荀莹佐之；赵旃（zhān）将新军，郤至佐之。晋厉公自任统帅。秦桓公虽被晋国声讨，却不甘认输，也尽起全国之兵以御晋军。周定王二十年（前587）五月，以晋国为首的诸侯联军到达麻隧（在今陕西泾阳县北），从秦都雍城（今陕西凤翔）出发的秦军也到达该地，双方摆开阵势，进行决战。由于诸侯联军在兵力上占据优势，秦军抵挡不住，大败，秦军将领成差和不更女父被晋军俘获；而联军方面，曹宣公战死。双方未开战之时，秦军和诸侯联军隔泾水对峙，诸侯联军都迟疑观望，谁也不肯首先挥师渡河，向秦军攻击。晋大夫叔向对鲁大夫叔孙穆子说："诸侯谓秦不恭而讨伐之。如今到了泾水边却停了下来，这对伐秦有什么好处？"叔孙穆子回答说："这是我的责任，是'匏（páo，葫芦）有苦叶'（《诗经》句），不知其他。"叔向听了，回去对晋军掌管舟船的舟虞和掌兵的司马说："匏对人没有其他用处，只有用来渡河。鲁国的叔孙赋《匏有苦叶》，诗以言志，鲁军必将先渡河。"马上命令他们准备舟船渡具。果然，开战之时，鲁军率先渡过泾水，诸侯之师紧随其后，是以大败秦军。晋军一直追到侯丽（在泾水南岸），才收军还师。

麻隧之战后，秦国力量大衰，数世不振，终春秋之世，不能再对晋国构成大的威胁。所以，晋厉公进行的这一战役是十分成功的。麻隧之战后，晋国才得以倾其全力，投入与楚国的争霸斗争，并在随后的鄢陵（今河南省鄢陵县。鄢，yān）之战中击败楚国，重获霸主地位。

宋楚争霸

当时的大诸侯国，有齐、秦（今甘肃天水一带）、晋（今山西太原一带）、楚等国。齐国自从发生内乱以后，国力已经衰弱下去。秦和晋，一个在西边，一个在西北，离中原还远，它们暂时并不妨碍宋襄公去称霸。只有楚国，才是宋襄公称霸的唯一对手。

楚国占有长江中游和汉水流域的广大地区，疆域很辽阔。黄河流域的各诸侯国一向瞧不起楚国，称它为"蛮子国"。这个"蛮子国"不断向北方扩张势力，经常同那里的各国发生冲突，那时候，楚成王在位（前671—前626），国力很强大。鲁、陈（今河南开封一带）、蔡（今河南上蔡一带）、郑（今河南新郑一带）等中小诸侯国，都被迫同楚国订立了盟约，接受它的管制。

对于这样一个强敌，宋襄公打算采取联络它的办法。他的如意算盘是：只要把楚国拉过来，那么，那些同楚国订立盟约的诸侯国自然也会随着一起过来了，他的霸主地位就可以确定了。

他将这步高招告诉了目夷。目夷却另有看法：第一，宋国称霸的条件还不成熟，急于称霸，恐怕会惹出祸事来；第二，楚成王野心很大，能力也很强，宋襄公恐怕斗不过他。宋襄公却认为目夷的顾虑太多，仍旧坚持自己的主张。拉拢楚国的方针就这样草草地决定了。

公元前639年的春天，宋襄公约请楚成王、齐孝公在鹿上（今安徽阜南南）开了个小会。会上，宋襄公要求楚成王约请他的盟国出席下一次诸侯大会。高傲的楚成王居然答应了。

那年秋天，宋襄公带了目夷和其他一些文官兴高采烈地到盂

（今河南睢县）地去大会诸侯。楚成王也带了一帮人如期到达。此外，郑、蔡等五国诸侯也都出席了会议。

宋襄公满以为这次会议既然是由他召开的，自然得由他来担任盟主，因此他就大模大样地登上了盟主的座位。哪里料到，他还没有坐稳，楚成王一声号令，楚兵一拥而上，就把这位"盟主"从宝座上揪了下来，顷刻间，"盟主"变成囚犯，会场秩序大乱。在混乱之中，目夷逃回本国，准备应付事变。

楚成王押着宋襄公，带领楚军一直打到宋国的都城商丘（今河南商丘）。幸亏目夷早做准备，楚军才一时攻不破商丘城。

楚军这次攻打宋国，是临时采取的措施，楚成王只是看到有机可乘，便用军事行动试探一下。现在，强攻的手段一时不能奏效，他就试着采用诡诈的手段。他对宋军说："你们再不投降，我就要杀掉你们的国君了。"宋军回答说："我们已另立国君，随你怎么办，我们绝不投降。"

楚成王觉得在宋襄公身上已经榨不出什么油水来，与其把他杀了，还不如卖个人情把他放了。这样，宋襄公才获得了自由，楚成王带着军队凯旋。

宋襄公泓水大败

碰了钉子的宋襄公怀着满腹委屈被目夷等一帮大臣迎回宋国，他越想越生气，恨楚成王如此不讲信义，觉得这个仇非报不可。

但是，对于标榜"仁义"的宋襄公来说，要报仇，总得找一个冠冕堂皇的理由才行。凑巧，公元前638年，郑国的国君去朝见楚成王，这给宋襄公带来了兴师问罪的"理由"。在宋襄公看来，郑国国君祖祖辈辈都受周王信任，而那个没出息的后代竟然不去朝见周王，却拜倒在"蛮子"的脚下，这简直是忘恩负义，有失体统。单凭这一点，他就有责任去惩罚郑国。何况，宋襄公十分清楚，郑国的兵力不强，打起仗来，宋国赢得胜利是十拿九稳的事。郑是楚的盟国，把郑国打败了，好歹可以出一出这口窝囊气。

提不同意见的，还是那个目夷。他认为攻打郑国可能引起楚国出兵干涉，会闯出乱子的，他劝宋襄公忍耐一下。但是，宋襄公仍旧不听，那年夏天，他就出兵去攻打郑国。

郑国打不赢宋国，果然向楚国求援，楚成王立刻发兵，矛头直接指向宋国。宋襄公得到消息，急忙带领军队往回赶，宋军赶到泓水（故道在今河南柘县北）北岸时，楚军也已经到达泓水南岸了。

两军隔河相对，大战一触即发。

目夷对宋襄公说："算了吧！楚强我弱，趁现在还没打起来，同楚军讲和吧。"可宋襄公不答应。

宋军列好了阵势，楚军正在乱哄哄地渡河。

目夷对宋襄公说："敌军多，我军少。乘他们刚渡河的时机，给他们来个迎头痛击，或许能够打败他们。"宋襄公还是不同意，他说："不行，讲仁义的人不乘别人有困难时去攻打人家。"

过了一会儿，楚军全部渡过了河，但还没有摆开阵势。

目夷又建议道："趁他们还没有站稳脚跟，我们即刻发动进攻，还可以打赢他们。"宋襄公仍旧不同意，他说："不行，讲仁义的人不去攻击不成阵势的队伍。"

不一会儿，楚军摆好了阵势，千军万马冲杀过来了，到了这时，宋襄公才下令还击。但是，为时已晚，宋军抵挡不住，一个个倒了下去，全部被楚军歼灭了。宋襄公自己大腿上也挨了一箭，受了重伤，在目夷等人的拼死保护下，才狼狈地逃了回去。

泓水之战以宋襄公的彻底失败而告终。宋襄公争霸的"理想"由此破灭了。

回到宋国，大臣们都埋怨宋襄公丧失战机。宋襄公却理由十足地争辩说："讲仁义的人不去伤害已经受伤的人，这叫作'君子不重伤'；不去捉拿头发已经花白的老人，这叫作'不擒二毛'，我怎能忍心向没有摆好阵势的敌军发动进攻呢？"

宋襄公的伤势很重，泓水之战以后，不到几个月，他就死去了。

晋楚鄢陵之战

周简王十一年（前575）春天，楚国以汝阴之地为代价向郑国求和，郑国投从于楚国，却因此激怒了晋国。晋厉公决定兴师伐郑，由栾书统率中军，士燮为副；由郤锜（qiāng）率领上军、以荀偃为副；由韩厥率领下军，郤至为新军的辅佐；荀偃留守；又派犨和栾黡（yǎn）到卫、齐、鲁等国请求出兵助战。郑国人听说晋国出兵，就派使者向楚国告急，楚共王决定援救郑国，命子反统率中军，子重率领左军，子辛率领右军，几路大军联合出击。路过申地时，子反进见告老退休在申的申叔，讨教这次出兵的利弊。申叔当时讲了关于德行、刑罚、和顺、道义、礼法、信用的道理，然后直截了当地指出：现在楚国对内不施惠于民，对外拒绝友好邻邦，亵渎盟约而说话不算数，违反时令兴师动众，劳苦人民以满足自己的欲望，没有人会为之殊死拼命的。他告诫子反："你要好自为之，我不能再见到您了。"

六月，晋、楚两军在鄢陵相遇。晋中军副帅士燮不想与楚军交战，新军辅佐郤至不同意士燮的主张，认为韩原（今山西稷山）一战，惠公不能整军而归；箕地（今山西太谷东）一仗，先轸不能回国复命；邲地（今河南武陵东南。邲，bì）交兵，荀林父不能再与楚军周旋，这都是晋国的奇耻大辱！现在再躲避楚军，无异于耻上加耻！在晋军和战不决的时候，楚军迅速逼近晋军，并且摆开阵势，准备先发制人。晋军官吏很为此担忧，士燮之子范们献计：填平井灶，腾出空地，就在营盘中摆开阵势，把队伍行列间的距离拉宽以便作战，士燮认为范们不懂事，拿起戈来驱逐他。中军统帅栾书认为楚军轻浮，只要固守营垒，严阵以待，楚军三天后就会退兵，那时再趁机进攻，一定可以取胜。郤至进一步认为：楚军中子反和子重两个统帅不和，楚王所用的亲兵都是老兵，郑军的阵势不严整，楚军的附从蛮夷小国的队伍连阵势都摆不起来，列阵不避晦日，没选择好时间，军中士兵乱嚷乱闹、没有纪律，各路军队自有打算而无斗志，这都是楚军的弱点，因此，晋国一定能够打败楚国。

双方开战前，楚王登上瞭望车观察晋军的活动，由晋逃楚的太宰伯州犁侍立在楚王身后，随时备问，提供情况；晋军这一边，由楚逃晋、知道楚军虚实的苗贲皇也把楚军的情况告诉了晋厉公。苗贲皇还建议说："楚军的精兵是中军的王率，若把晋军的精兵分为两路攻击楚国的左右军，而三军集中攻打楚王的亲兵，一定能大败楚军。"晋厉公占卜后，听从了他的计谋。

战争开始，双方的军队都向前推进，步毅为晋厉公驾车，栾铖（chéng）为护卫；彭名为楚共王驾车，唐苟为护卫。栾书、士燮二人率领家兵夹持着晋厉公前进，晋厉公所乘的车陷在泥沼中，栾书准备用自己的战车去载晋厉公，他的儿子栾铖呵斥他走开，然后掀起厉公的车，把它拖出泥沼。

战场的另一阵地，晋将郤锜一箭射中楚共王的眼睛，共王召来神箭手养由基，给他两支箭，让他替自己报仇。养由基一箭就将郤锜射死。

晋将韩厥追赶郑成公，他的御者杜溷（hùn）罗建议说："快追，好捕获郑成公。"韩厥却认为不能侮辱一国之君，于是停止追赶。郤至追了上来，他的护卫建议说："派轻车赶到前方拦截郑成公，您自己追上去把郑成公擒拿下来。"郤至却认为伤害国君要受到惩罚，也停止了追赶。

晋军英勇奋战，把楚军逼到险要的地段。养由基连射晋军，箭无虚发；大力士叔山冉抓起晋国士兵投击晋军的战车，把晋军战车的车轼（古代车厢前面用作扶手的横木）都打断了，晋军这才不再追击，但俘虏了楚国的公子筏。

栾铖望见前面子重指挥作战的旌旗，向晋厉公请求道："我与子重有旧交，请您派人代我向子重进酒。"晋厉公答应了他的请求，派使者持榷奉酒，到子重那边代为敬酒。子重说："栾铖在楚国时曾与我有过交往，现在送酒来一定是因为这个缘故。"于是，接过酒来就一饮而尽了，送走使者后又重新擂鼓作战。

鄢陵之战从早晨一直打到星光出现都还没结束，子反命令军吏查看受伤的军士，补充士卒和兵车，并且修理铠甲武器，陈列战车马匹；命令将士们只听从主帅的命令。晋军也检查战车，补充士卒，秣马厉兵（磨好兵器，喂好马；形容准备战斗。秣，mò），号令饱餐一顿，再次祈祷，准备明日再战，同时还故意放走了楚国的俘虏。楚共王得知这些情况后，召子反来商量，结果子反因为醉酒不能前去进见。共王感慨地说："这是上天要使楚国失败啊！我不能再等了。"于是连夜逃回楚国。随即，晋军进入楚国的军营，楚军留下的粮食，够晋军吃三天的。

楚军班师，到达瑕邑，共王派人对子反说："城濮之战，先大夫子玉使军队覆灭，当时国君楚成王不在军中，因而责任要由子玉来承担。这次战败，您不要认为是您的过错，这是寡人的罪过。"子反叩头认罪，令尹子重平时与子反有矛盾，便派人去说了一些讽刺挖苦和威胁的话，子反准备以死谢罪。共王得知后，赶紧派人去阻止，可那人还没赶到，子反就自杀了。

鄢陵之战，晋国虽然大败楚国，却并没能从根本上挫败楚军的精华，因而晋、楚争夺霸主的斗争仍然没有停止。

晋悼公图霸

周简王十二年（前574），晋国发生变乱，晋厉公杀掉执政大夫三郤（郤锜、郤至、郤犨），大夫栾书和荀偃又杀掉了晋厉公。

第二年，荀偃和栾书派士鲂（fáng）到京师（东周京师，指洛阳），迎晋襄公少子桓叔之孙周回晋国，立为晋君。当时周年仅十四岁，但十分精明。当晋国大夫们表达了立他为君的心愿时，周说："我能为君本非我所欲。可事已至此，岂非天意？人之求君上，是为使君上发号施令。若立其为君却又不听从其号令，那还立国君干什么？你们今天立我也罢，不立我也罢，若共同遵从君上，是神之所福。"大夫们回答说："是群臣之愿也，我们敢不唯君之命是听！"正月十五日，周与晋国大夫杀鸡盟誓，然后才回到晋国即位，是为晋悼公。长期以来，晋国执政大夫势大，政出多门。悼公尚未即位，便想到这一威胁，并收回执政大夫们的权力，实在高明！悼公少而有才，由此可见一斑。

晋悼公一入晋国，便下令驱逐了七个不臣（"不臣"有二解：一是引导晋厉公为恶，而不依当时道德尽臣责者；二是厉公之死党，不臣属新君者）之人。晋悼公即位之后，立即采取了一系列整顿措施："始命百官，施舍，已责（国债），逮鳏寡（施惠及于鳏夫寡妇），振废滞（起用被废黜或淹滞之旧日贵族），匡乏困（缺乏、不足），救灾患，禁淫慝（tè，邪恶），薄赋敛，宥（yòu，宽恕）罪戾，节器用，时用民，欲无犯时。"任魏相、士鲂、魏颉、赵武等人为卿，命荀家、荀会、栾黡（lí）、韩无忌为公族大夫，使他们训导卿之子弟共（同"恭"）俭孝弟（同"悌"）；任士渥为太傅，使修范武子之法；任右行辛为司空，使修士茹之法；任弁（biàn）纠御戎，掌管校正之官，负责训导驾驭兵车的驭手；使荀宾为戎右，负责司士，使他训导勇力之士；取消各军将佐之定员定人，而立军尉以统摄之；命祁奚为中军尉，因为祁奚果决而不过分；命羊舌职为中军佐，因为羊舌职聪敏肃给（敏捷）；知魏绛之勇而不乱，任魏绛为中军司

247

马；知张老之智而不诈，任张老为元侯；知铎遏寇之恭敬而信疆，任铎遏寇为上军尉；知籍偃之悖帅旧职而恭给，任籍偃为上军司马，使他训练步兵和车兵步调一致；任程郑为乘马御，负责六驺（zōu，古代养马的人，兼管驾车）之官。凡晋悼公所任用的六官之长，都是民之所誉，有极高威望者；晋悼公所提拔之人，都各称其职。官吏按常规旧典办事，爵位则量其德行而授。一般官吏各守其职，互不相凌。这些都是晋悼公复兴霸业的开端。

晋悼公知人善任，可以从祁奚身上反映出来。晋悼公四年（前570），祁奚请求告老还乡。晋悼公问谁能接替祁奚的职务，祁奚推荐了解狐——而解狐是他的仇人。晋悼公要立解狐为中军尉，解狐却死了。晋悼公又问祁奚谁可以接任，祁奚回答说："祁午可以任中军尉。"这就是祁奚外举不避仇，内举不避亲的故事。祁午当了中军尉以后，直到晋平公时死去，几十年中，军无秕政（不良的政治措施。秕，bǐ）。所以《左传》说祁奚："推荐他的仇人，而不谄媚；推荐他的儿子，而不偏袒；推举他的下属，而不勾结。""举荐了一个中军尉的官，把得举、得位、得官三件好事都成全了"。

另一个例子是魏绛。周灵王二年（前570），晋悼公的弟弟扬干在鸡泽（今河北邯郸东）之会中不遵行列，扰乱军容。掌管军法的魏绛就依法杀了扬干的车夫，以示惩罚。晋悼公十分恼怒，对羊舌赤（时为中军尉佐）说："我会合诸侯是为了增添荣耀，现在我的亲弟弟居然被人欺负，还有比这更大的耻辱吗？我一定要杀了魏绛，你去把他抓来，千万别让他跑了！（军尉之职高于司马）。"羊舌赤力劝晋侯说："魏绛一心事君，毫无叛逆之心，事奉国君不避危难，有了罪过不逃避惩罚，我想他会主动来找您解释的，哪儿会劳烦您下命令呢？"话刚说完，魏绛就来了，他给仆人留下了遗书，准备伏剑自杀（以剑自刎），幸好下军副将士鲂和中军候奄张老及时拦住了他。晋悼公看了魏绛写的遗书，上面写道："以前君王（指悼公）缺乏使唤的人，让我担任了司马的职务。我听说'军队里的人服从军纪叫作武，在军队里做事宁死也不触犯军纪叫作敬'。君王会合诸侯，我岂敢不执行军纪军法？君王的队伍中有违犯军纪的人，执事者不敢执行军法，没有比这罪过更大的了。我畏惧触犯死罪，所以连累到扬干，罪责无可逃避。我不能够事先教导全军，以致动用了斧钺（刑罚、杀戮），我罪孽深重，岂敢不服从惩罚来激怒君王呢？请允许我到司寇那里赴死吧。"晋悼公读完那封遗书，怕魏绛自杀，来不及穿鞋，光着脚就跑了出来，对魏绛说："寡人说那些话，是因为扬干是寡人的弟弟。你杀扬干的仆人，是执行军法。寡人有弟弟却不能教训，使他干扰军令，这是我的过错。请你不要再加重寡人的罪过了。"通过这件事，晋悼公认为魏绛能"以刑佐民"，会盟回来后便特地以公食大夫（特设礼食于庙）之礼赏赐魏绛，并任命魏绛为新军佐，而以张老代替魏绛的司马之职。晋悼公喜欢打猎，魏绛便以后羿和浇等因为游弋无度而亡国的例子进谏。悼公听后改过了，并致力"修民事，田以时（闲时打猎而不干扰民事）"。

晋悼公的一系列行为、政策，甚至得到敌人的称赞。周灵王八年（前564），秦景公派人到楚国去，请求楚国出兵和秦国联兵伐晋。楚共王答应了秦使的请求，楚令尹子囊却阻止说："不行。目前我们不能和晋国争夺。晋国国君按人的能力之大小而使用他们，举拔人才不失去能胜任的人，任命官员不改变原则。他的卿把职位让给善人，他的大夫不失职守，他的士努力于教育百姓，他的庶人致力于农事，商贾技工和贱役不想改变职业。韩厥告老退休，知䓨（yīng）继承他而执政。范匄（gài，古同"丐"）比中行偃年轻而在中行偃之上，让他辅佐中军。韩起比栾黡年轻，而栾黡、士鲂使他在自己之上，让他辅佐上军。魏绛的功劳很多，却认为赵武贤能而甘愿做他的辅佐。国君明察，臣下忠诚，上面谦让，下面尽力。在这个时候，晋国不能抵挡，侍奉他们才行。君王还是考虑一下！"

当时，晋、楚争霸的重点是地处中原的郑国。而当时，郑朝于楚。公元前564年，晋国率宋、齐、鲁等诸侯之师伐郑，包围郑都。郑恐，乃行成于晋。在盟会上，晋国大夫士弱负责书写盟辞，说："今日结盟之后，郑国如果对晋国不唯命是听或者有别的想法，就像这份盟书所记载的一样！"郑大夫公子马非急忙说："上天降祸郑国，让我国夹于两个大国之间。大国不赐给我们友好的话语，反而发动战乱以要挟我们结盟，让我们的鬼神不能得到祭祀，百姓不能享受土地上的出产，男人女人都辛苦瘦弱，没有地方可以诉说。从今天盟誓以后，郑国如果不服从既合于礼仪而且有强大力量来保护我们的国家，反而敢有其他想法，也像这份盟书所记载的一样。"荀偃说："修改这篇盟辞！"公孙舍之说："已经把盟约报告神灵了。如果可以修改，大国也可以背叛了。"知䓨对荀偃说："我们实在不合于道德，反而用盟约来要挟别人，这难道合于礼仪吗？不合礼仪，用什么主持盟会？姑且结盟而退兵，修养德行、休整军队然后再来，最终必然得到郑国，何必一定在今天？我们不合于道德，百姓将会丢弃我们，岂止是郑国？如果能够休养民力和睦民心，远方的人将会来顺服，有什么要依靠郑国呢？"于是，和郑国盟誓而还。

通过这件事，晋悼公认识到，要想与楚国争霸，单靠武力是不行的。因此，会盟归晋之后，晋悼公即与卿大夫计议休养生息之策。魏绛建议施惠于民，"输积聚以贷。"就是把积聚的财物转出借给百姓。自公以下，所有有余裕之财者，尽出之。国家财货流通而无积滞，生产得到发展。人无困难无告者，公家园宅山林之利与民共之，民众不贪求。祈祷不用牺牲，而用皮币（毛皮和丝绸）代之；款待宾客只用一种牺畜，器用也不更新，只用旧器，车马服饰够用即可，不求多余。这个政策实行了一年，"国乃有节"，晋国迅速富强起来，形成了对楚国的绝对优势。因此，在以后的两年中，晋国三次伐郑，楚国因无法与晋国抗衡，于是放弃郑国撤退了。郑国也不得不贿赂晋悼公，以"师悝、师触、师蠲（juān）、广车、轴（tún）车淳十五乘，甲兵备，凡兵车百乘，歌钟（即编钟，古代铜制打击乐器）二肆，及其铸、磬；女乐二八"。从此以后，郑国臣服于晋国。晋国的霸主地位重新确立起来。

晋悼公在霸业已成之后，十分感念魏绛的功劳，以郑国赂晋的"乐队的一半赐给魏绛"，说："您教寡人同各部落戎狄讲和以整顿中原诸国，八年中间九次会合诸侯，好像音乐的和谐，没有地方不协调，请和您一起享受快乐。"魏绛辞让说："同戎狄讲和，这是国家的福气。八年中间九次会合诸侯，诸侯顺从，这是由于君王的威灵，也是由于其他大夫的功劳，下臣有什么力量呢？然而下臣希望君王既安于这种快乐，而又想到它的终了。音乐用来巩固德行，用道义对待它，用礼仪推行它，用信用保守它，用仁爱勉励它，然后能用来安定邦国、同亨福禄、召来远方的人，这就是所说的快乐。《书》说：'处于安定要想到危险。'想到了就有防备，有了防备就没有祸患。谨以此向君王规劝。"晋悼公说："您的教导，岂敢不承受命令！而且要是没有您，寡人无法对待戎人，也不能渡过黄河。赏赐，是国家的典章（法令制度），藏在盟府（古代掌管保存盟约文书的官府），不能废除的。您还是接受吧！"魏绛从这时开始才有了金石的音乐，这是合于礼的。

晋齐平阴之战

周灵王十四年（前558），晋悼公英年早逝，幼子继位，是为晋平公。晋悼公的去世，使晋国的霸主地位一时间发生动摇，首先想取晋而代之的是齐灵公姜环。在此前两年，周灵王为讨好齐国，派刘定公将荣宠赐给齐灵公，期望他"股肱（腿和胳膊，意辅佐）周室，师保万民"，并说"王室之不坏，聚伯舅是赣"。这使齐灵公得意非凡。晋悼公死后，齐灵公便想争夺霸主之位，为了压服鲁国，他首先联合莒、邾二国发兵攻伐鲁国，逼迫鲁国投降。此外，齐灵公又发卫国之兵攻伐曹国，一面又与楚国结盟，寻求楚国的支持。并且派兵进驻齐国西界的平阴（今山东平阴），气势咄咄逼人。

晋平公即位后，对晋国内部做了一些调整，以羊舌肸（xī）为博，以张君臣为中军司马，以祁奚、韩襄、栾盈、士鞅为公族大夫。齐灵公想要争当盟主，晋国首先与之对抗，周灵王十五年（前557），晋平公会诸侯于温（今河南温县），齐使高厚临席脱逃。第三年，即公元前555年，晋国开始向齐国反击，晋国首先抓了替齐灵公发卫国兵攻曹国的卫国行人（外交官），解除曹国之患，可齐灵公犹不悔改，仍然发兵攻鲁。是年十月，晋国便联合宋、鲁、卫、曹、郑、邾、滕、薛、杞等诸侯组成联军，攻伐齐国。

晋军以荀偃将中军，赵武将上军，魏绛将下军，合诸侯之兵，共约十二万人。晋军东渡黄河时，荀偃以玉祭河，求神灵保佑。

齐灵公听说诸侯联军来伐，也倾其全国兵力出战，在平阴抵御诸侯联军。齐军在平阴筑了一道城堑（护城河。堑，qiàn），作为防御之用，并想以此为据点，进攻晋军。齐大夫夙沙卫向齐灵公建议转移阵地，凭险据守，可齐灵公不听。双方摆好阵势以后，晋军向齐军营垒发动猛攻，齐军因为所筑工事（军中所构筑的掩体、碉堡、障碍等）简陋不能够据守，伤亡惨重。在交战中，荀偃见到了齐大夫析文子（子家），告诉他说："鲁国和莒国的军队已经从侧翼绕道进攻齐都临淄了。"析文子赶紧将这个消息报告齐灵公，齐灵公听了，才感到有些害怕。当时，齐大夫晏婴也在军中，听到这个消息后说："君（指齐灵公）本来就没有勇力，现在又听了这个消息，齐军恐怕支持不了多久了。"

为了迷惑齐军，荀偃派一些士兵在平阴南面的山泽间虚张旗帜为阵，让乘车的甲士"左实右伪"（乘车之士三人，一居中，一在左，一在右。在左实有人、在右是伪装之人），车前打着大旗，车后拖着干柴，来回奔驰，荡起满天的尘土。齐灵公登上平阴北边的巫山，向晋军阵地张望，见到晋军这个阵势，以为晋军真有大军在后面，非常恐惧。十月二十九日的晚上，齐灵公趁着月黑天高连夜撤军，向东逃回齐国。当晚，晋军听到平阴城中马匹嘶鸣，第二天白天又见平阴城的齐军营垒上有许多乌鸦，才知道齐军逃跑了。十一月丁卯那一天，晋军进入平阴，立即挥军追赶。齐大夫夙沙卫殿后，一边走，一边把大车连起来堵在山道上，来阻碍晋军通过，并杀马填住山隘（山脉中的隘口和小山口，泛指山间险要的地方）。齐军勇将殖绰和郭最两人看不惯夙沙卫如此小心，硬让夙沙卫先走，他们负责率军殿后。晋军勇将州绰率军追到，向殖绰连射两箭，一箭射中殖绰左肩，一箭射中殖绰右肩，正好夹住殖绰的脖子，州绰说："如果不再逃跑，就当我们的俘虏；如果再逃跑，我就要射中间了。"殖绰害怕被杀，让州绰发誓不杀死他，就不再逃跑了。州绰说："太阳可作明证！"随即扔掉弓箭，将殖绰反绑起来。郭最也同时被绑了。州绰将这两人放到中军的大鼓下，继续追击齐军。

晋军追入齐境以后，一路上势如破竹，进展顺利。十二月初，晋军便攻到了齐都临淄城下，晋军将领范鞅攻打临淄的西门雍门，接连攻打三天后，焚烧了雍门和雍门的西郭（城外围着城的墙）和南郭，刘难和士弱率诸侯之师焚烧了临淄南门前的竹木，攻破临淄的阳门（西北门）、束闾（东门）等。齐灵公大惧，准备率众突围，到达邮棠（在今山东平度南）时，太子光和大夫郭荣拉住他的马，劝他说："诸侯之师来得快，退得也快，您有什么害怕的呢？而且，社稷之主不可轻易行动，轻易行动便会失去人心，您还是坚持下去吧。"齐灵公急着逃跑，想驱马从这二人身上践踏过去。太子光抽剑斩断了齐灵公马脖子上的马鞅（马拉车时套在当胸的皮带），使马无法驾车。齐灵公只好停了下来，晋军向东一直打到潍水边上，向南打到大沂河。

郑国的郑苟公亲自率郑国军队加入诸侯联军，出国作战，留守在国内的大夫子孔想借机除掉与他有矛盾的其他郑国大夫，便暗中派人到楚国去，请楚国发兵袭郑。楚令尹公子午考虑到中原诸侯才与晋国和好，出兵对楚国不利，因而没有答应。楚康王得知这个消息后，坚持要出兵，认为袭郑可以解除晋国对齐国的进攻。公子午迫不得已，才派兵到汾地（在今河南许昌西南），兵临郑境。郑国诸大夫中，除子蟜（jiǎo）伯有、子张跟从郑简公出征外，子孔、子展和子西留守国内。楚军出兵后，子展和子西发现了子孔的阴谋，立即加强守备，并派人监视子孔，子孔知道国内有所防备，才不敢乱动。这样一来，楚军便失去了内应。楚军侵郑分两路进行，一路由北，打到费、滑（俱在今河南巩义市、偃师境），以威胁晋军的侧后方；另一路由南侧涉过颍水，攻郑之南境。之后，两师再会于郑都，攻打郑国都城。但因为郑国有了防备，楚军屯兵在坚城之下，久攻不下。这一年冬天，天气特别寒冷，许多楚军士卒冻死了，军中的役徒也几乎都冻死了，所以不得不撤兵。

晋军在围攻齐国都城临淄的时候，得到楚国出兵攻郑的消息。荀偃及将领们担心晋国后方受到威胁，便搬兵回晋。晋军撤退不久，齐灵公便病死了。晋、齐之战暂时结束了，而晋国的霸主地位更加巩固了。

齐庄公袭晋

周灵王十七年（前555），晋国率诸侯联军攻伐齐国，齐灵公在平阴之战中战败，都城临淄被围。战后，齐灵公念念不忘战败的耻辱，一直图谋报复晋国。不久，齐灵公病死，其子庄公即位。周灵王二十年（前552）秋天，晋国大夫范宣子（士匄）与栾盈争权，驱逐了栾盈。栾盈出奔楚国。范宣子又尽杀箕遗、黄渊、司空靖、邴（bǐng）豫、董叔、羊舌虎等十大夫（皆栾氏之党）。第二年秋天，栾盈从楚国到了齐国，与齐庄公一拍即合，二人准备共同报复晋国。齐国大夫晏平仲劝齐庄公说："齐已经受命于晋，答应禁锢栾氏。如今却接纳栾氏，准备怎么任用他？小国所用来事奉大国的，是信用，失去信用，不能立身立国。"齐庄公不听。

周灵王二十二年（前550），晋平公将嫁妹于吴。齐庄公派析归父媵（yìng，古代指随嫁）之，将栾盈及其武士暗藏在篷车中，将他们送至栾盈的旧封邑曲沃（今山西闻喜县东）。栾盈到曲沃后，连夜去见晋国驻守曲沃的大夫胥午，将自己的报仇计划告诉了他。胥午说："不能那么做。上天所废弃的，谁能够把他兴起？您必然不免于死。我并非怕死，而是知道事情成功不了。"栾盈说："虽然如此，因你而死，我绝不后悔。举事不成，那是上天不保佑我，不是你的过错。"于是，胥午答应帮助栾盈。为了试探民心，胥午便将栾盈藏匿起来，设宴款待曲沃人。宴会上，胥午对大家说："如今让栾孺子（栾盈）回来如何？"人们回答说："能找到主人，为他而死，虽死犹生。"大家都叹息，甚至有人哭泣起来。互相举杯之后，胥午又说了一遍栾盈回来的话，大家都说："找到主人，即便死了也没有二心。"栾盈见状，这才从里面走出来，一一拜谢，感谢大家对自己的忠诚。

四月，栾盈率领曲沃的甲士，靠着魏绛的帮助，在白天进入晋都绛（今山西侯马）。当初栾盈为晋国下军佐，而魏绛为下军帅，两人私下里很要好，所以魏绛帮助了栾盈。但是，晋国的其他几家大夫中，赵氏因原、屏之难（见《左传》成公八年原、屏被杀之事）而怨恨栾氏；韩氏和赵氏关系正亲密；中行氏因伐秦之役而怨恨栾氏（事见《左传》襄公十四年），并且与范氏亲近；智氏的智悼子年少，听命于中行氏。所以，只有魏氏和七舆大夫（见《左传》僖公十年）帮助栾氏。栾氏非常孤立。

栾盈入绛的事，很快就被范宣子知道了。大夫乐王鲋（fù）为他分析形势，认为帮助栾氏的只有魏氏，劝范宣子赶快去找魏绛。范宣子到魏家，见魏氏的甲士已经排列成队，正准备去和栾氏会合。范宣子急忙到阶前迎接魏绛，答应将曲沃送给他。魏绛知道栾氏之变难成，便中途退出了。范宣子又派斐豹杀了栾氏的大力士督戎。栾盈攻取公宫没有成功，只好率众退守曲沃，以待援兵。

　　这年秋天，齐庄公起兵伐晋。齐军编为六队，有前队、后队、左队、右队等，以精选的武士为骨干做远程奔袭，组织十分严密，战斗力极强。晏婴谏齐庄公说："君王依靠勇力，来讨伐盟主（指晋国当时为诸侯的霸主），如果不成功，这是国家的福气。没有德行而有功劳，忧患必然会降到君王身上。"齐庄公不听。准备完毕后，齐军先到达卫国，然后以极快的速度攻入晋国，占领了晋国在东方的军事重镇朝歌。然后，齐军分为两路：一路入孟门（在今河南辉县），登太行，沿今山西南部的高平、沁水一线而趋晋国都城绛；另一路则沿太行南麓，经今河南沁阳、济源，越过王屋山的关隘，准备和北路军会师于绛。南路军攻取了郫邵（在今河南济源西 120 里之邵源镇。郫，pí）后，留一部兵力守城，主力则由此北进，与北路军会师于荧庭（今山西翼城南）。荧庭西距晋都不过百里，齐军在此遭遇晋军，便筑垒为营，和晋军展开激战。因为齐军是精锐之师，战斗力很强，晋军伤亡惨重。但齐军却没能前进，也未能和困守孤城的栾盈取得联系。齐庄公于是命人将晋军的尸体收集到少水（今沁水），筑成高堆，以雪平阴之战的耻辱，然后才收兵回去。晋国赵胜率晋东阳（泛指晋属太行山以东之地）之师追击，抓获了参加伐晋之役的晏婴的儿子晏氂（máo），但未能给齐军带来打击。这年冬天，曲沃终于被晋军攻破，栾氏之党全部被歼。齐庄公伐晋之役也到此结束。

崔庆之乱

公元前 6 世纪中期，齐国齐庄公姜先在位。齐庄公之立，大臣崔杼有大功。故庄公即位之后，信而用之。而崔杼这个人，心狠手辣。庄公刚一即位，他便杀了齐国世族高厚，并吞没了高家的财货和采邑。齐庄公即位之后，不守君节，好勇斗狠，多次滋生事端，既出兵攻卫，又出兵攻晋。崔杼往往附于骥尾（用以喻追随先辈、名人之后），兴风作浪。

周灵王二十四年（前 548），齐国棠邑大夫棠公死去。棠公之妻为崔杼的家臣东郭偃的姐姐。棠公死后，东郭偃为崔杼驾车到棠公家中吊唁（yàn，对遭遇丧事者表示慰问）。崔杼在棠家，见棠公之妻棠姜长得很美，便生垂涎之心，回去后，让东郭偃去说合，想娶棠公之妻为妻。东郭偃素知崔杼品性，不愿意做这件事，便推托说："男女婚配，要辨别姓氏。您出自丁公（指齐丁公），我出自桓公（指齐桓公），同姓之人，不可为婚。"崔杼却不甘心。他做了一次占卜，得到《困》卦变成《大过》。占卜的史官为了迎合他的心意，说是吉卦。崔杼不放心，又去找大夫陈文子。陈文子看了卦辞和卦象以后，劝崔杼说："此卦从风，丈夫跟从风，风坠落妻子，不能娶的。而且它的爻辞（每卦爻题下所系文辞。爻，yáo，组成八卦中每一卦的长短横道）说：'为石头所困，据守在蒺藜（jí lí，草本植物，果皮有夹刺，果实可入药）中，走进屋，不见妻，凶。'为石头所困，这意味前去不能成功。据守在蒺藜中，这意味所依靠的东西会使人受伤。走进屋，不见妻，凶，这意味无所归宿。"而崔杼主意已定，说："她是寡妇，有什么妨碍？她死去的丈夫已经承担过这个凶兆了。"于是就娶了棠姜。

可是，崔杼却没想到，齐庄公也看上了棠姜的美貌。崔杼娶回棠姜以后，齐庄公便经常找借口到崔杼家去，终于和棠姜勾搭上了。一次，齐庄公得意扬扬，要把从崔家拿来的崔杼的帽子赐给别人。侍者阻拦他，说："不可以。"齐庄公却满不在乎，说："崔杼的帽子和别人的帽子没什么区别。"崔杼知道后，心中十分恼恨。齐庄公发兵攻晋时，崔杼就想杀掉庄公，来取悦晋国，只是苦于没有机会。齐庄公有个近侍叫贾举，一次犯了小错误，被齐庄公鞭打了一顿。事情过后，齐庄公仍然亲近贾举，但贾举却怀恨在心，和崔杼一拍即合，开始为崔杼寻找杀掉庄公的机会。

这年五月，莒国国君因上一年（周灵王二十三年，前549）遭到崔杼指挥的齐军的侵伐，而到齐国朝贡。五月十六日，齐国在都城临淄的北城外设宴招待莒君。崔杼为骗齐庄公出来，便声称自己有病，不办公事。齐庄公问崔杼在什么地方，左右的人都答：崔杼生病在家。齐庄公以为又找到了和棠姜相会的机会，便装作探视崔杼的病情，驾车到崔杼家中。崔杼见庄公到来，便拉着棠姜从侧门躲避出去了。为庄公驾车的贾举一到崔家门口，送庄公下车，便反掩大门，将庄公的随从都堵到了门外，自己随即跟入。庄公在崔家，左右找不到棠姜，还不知死活地拍着堂柱唱起了歌，想引棠姜出来。这时，崔杼埋伏的甲兵冲了出来，要杀庄公。庄公躲到崔家的台子上，请求免死，没被答应；请求发誓以后不再作恶了，也没被答应；请求到祖庙自刎，甲士们还是没答应。庄公很着急，想跳墙逃走，被箭射中大腿，摔了下来。甲士们一拥而上，杀死了齐庄公。齐庄公带来的几个有勇力的贴身卫士州绰、邴师、公孙敖、封具等人，也都在混战中死去了。齐庄公宠信的大夫卢蒲癸和王何两人，听闻庄公已经死了，都逃亡到国外去了。

崔杼杀死齐庄公后，拥立庄公同父异母的弟弟齐景公即位，自己执掌了齐国的政权。他又立自己的党羽庆封为左相，并且和国人在太公的宗庙结盟。从此，崔、庆之家在齐国势焰冲天。崔杼掌权之后，生活奢华，不恤民事自不待言。左相庆封不仅奢侈，且十分无知。齐景公二年（前546），庆封出使鲁国。鲁大夫叔孙见他车服华美，断言他"服美不称，必以恶终"。后来，叔孙在和庆封饮宴的时候，赋《诗经》中的《相鼠》一诗，讽刺庆封，庆封居然不懂。

崔杼的妻子在给崔杼生了两个儿子——崔成和崔疆之后，便死去了。娶了棠姜之后，又生了个儿子叫崔明。棠姜嫁给崔杼时，带了一个和前夫棠公生的儿子

叫棠无咎。棠无咎和东郭偃一起做崔杼的家臣，帮助崔家处理事情。崔杼的长子崔成身患重疾，不宜继承家业，崔杼便废掉他，而立棠姜生的儿子崔明为世子（古代天子、诸侯的嫡长子或儿子中继承帝位或王位的人）。崔成被废后，向崔杼请求终老于崔（今山东济阳东），崔杼答应了。东郭偃和棠无咎却不愿意，说："崔是崔家的宗邑，应由宗主崔明继承。"崔成和崔疆闻听后大怒，想杀掉东郭偃和棠无咎。他们便去找庆封商量，要庆封支持他们。庆封拿不定主意，去找大夫卢蒲嫳（piè）商量。卢蒲嫳正想找机会为齐庄公报仇，听了庆封的话，便说："崔杼杀害庄公，上天会惩罚他的。他们家内乱起来，对你庆家可大有好处。"庆封点头称是。过了几天，崔成和崔疆又来找庆封商议，庆封装出关心的样子说："只要对你们有好处，你们去干好了。若有危难，我会救助你们的。"崔成和崔疆信以为真，便回去做准备了。

周灵王二十六年（前546）的九月五日，崔成和崔疆在崔家的外朝杀死了东郭偃和棠无咎。崔杼知道后，十分恼怒，从家里出来。崔家一乱，人都跑光了。崔杼找驾车人没找到，找到一个圉人（养马者）为他驾车去找庆封，要庆封帮忙。庆封装模作样地说："崔、庆是一家，何人胆敢如此！我去为你讨伐他。"庆封立即派卢蒲嫳带甲士去进攻崔家。崔家加筑宫墙来抵挡，卢蒲嫳一时攻不下，便去请国人（人民、民众）帮忙。国人早就厌恶崔家，乘机蜂拥而上，攻灭了崔氏，杀掉崔成和崔疆，而尽俘其家。棠姜上吊自杀。崔杼回去以后，见家室荡尽，才知道上了当，生气地上吊自杀了。崔明在混乱中趁着夜色躲到了墓地里，才幸免于难。后来逃到了鲁国。崔氏灭亡，庆封当国。

庆封喜好打猎，又嗜酒无度。当国之后，不恤政务，把事情都交给儿子庆舍去处理，自己把宝物妻妾都搬到卢蒲嫳家里，天天饮酒作乐。可他仍然负有当国之名，所以没过几天，便将国朝迁到了卢蒲嫳家里，大夫们办事，都得到卢蒲嫳家里来。庆封下令，以前为避崔杼之祸而逃亡在外的人，能得崔氏之党者，告于庆氏，以功除罪，可以返国。逃亡在外的卢蒲癸因此回到齐国，当了庆舍的家臣。庆舍对卢蒲癸非常宠信，还把女儿庆姜许给卢蒲癸为妻。其他的家臣不理解，问卢蒲癸："庆氏和卢氏都是姜氏的后裔，你怎么会娶同宗的庆姜为妻呢？"卢蒲癸回答说："庆舍不避同宗，要把女儿嫁给我，我为什么要避开呢？就像有人对《诗经》断章取义，来表达自己的意思，我也只取我想要的，管他什么同宗不同宗呢。"卢蒲癸又通过庆舍，让王何也返回齐国。两人都深受庆舍宠爱。庆舍让二人当贴身护卫，执戈护卫前后。但他做梦也没想到，这二人会在暗中谋害他。

齐国政府规定，大夫在公朝办事用餐，由政府供给伙食，定额是每天两只鸡。而主厨偷偷把鸡换成了野鸭。公族大夫子雅和子尾知道后非常恼怒，认为是庆封捣的鬼。庆封将此事告诉了卢蒲嫳，卢蒲嫳说："他们不过是禽兽，我可以食其肉而寝其皮。"还劝庆封杀掉子雅、子尾，庆封答应了。每天跟在庆舍身边的卢蒲癸和王何，正和齐国的陈氏、鲍氏、高氏、栾氏等族密谋，准备消灭庆氏。

卢蒲癸和王何两人占卜进攻庆氏的吉凶，却假意说是占卜攻子雅、子尾的吉凶，并拿给庆舍看。庆舍看了卜兆，见是"克，见血"，非常高兴。冬十月，庆封到莱（今山东昌邑东南）打猎，陈无宇跟随着他。十月十七日这天，陈无宇的父亲——齐大夫陈文子派人来叫陈无宇回国都去，说陈无宇的母亲病了。庆封为陈无宇占卜，陈无宇看了卜辞和卦象以后，说是死兆，并捧着卜龟假意地哭了起来。庆封信以为真，便让陈无宇回去了。庆封之族庆嗣听说此事后，预感到事情不妙，劝庆封说："你赶快回去，祸必作于尝（秋祭）。你现在回去还来得及制止。"可庆封不听，也丝毫没有悔改的意思。庆嗣见他这个样子，长叹一声说："完了，以后你能逃到吴、越安身就不错了。"从莱到都城临淄，要经过潍水、弥河、淄水三条河，陈无宇走时，每过一条河，便凿沉船只、拆毁桥梁，以便阻断庆封的归路。

卢蒲癸的妻子、庆舍的女儿卢蒲姜感到要发生什么事情，就问卢蒲癸。卢蒲癸并不隐瞒，对她说要推翻庆氏。十一月七日，齐国在太公庙举行秋祭，庆舍要亲临祭事。卢蒲妻告诉庆舍说有人要发难，劝他别去。可庆舍不听，说："谁敢如此！"随即到太公庙去了。为防万一，庆舍派庆家的甲士来环卫公宫。陈氏、鲍氏和高氏、栾氏准备发难，看到庆氏的甲士们戒备森严，便想了一条计策，让陈氏、鲍氏之圉人在宫外的巷子里作俳优（古代演滑稽戏杂耍的艺人。俳，pái），表演滑稽戏，引诱庆氏甲士去看。庆氏的甲士们果然上当。庆氏的马容易受惊，为了观看优戏，庆氏甲士都释甲束马（拴住马），在巷子里一边饮酒，一边观赏。栾氏、高氏、陈氏和鲍氏的人乘机将庆氏甲士脱下来的甲胄（zhòu，盔，古代战士戴的帽子）穿在身上。子尾（属高氏）见准备妥当，举起手中的木槌在太公庙的门扉上敲了三下，站在庆舍身后的卢蒲癸立即举刀刺向庆舍，王何也转身以戈击之，把庆舍的左肩砍掉了。庆舍仍奋力反抗，以俎、壶掷人，杀死了一两个人后才被杀死。在场的齐景公被吓得不知所措。鲍氏说："群臣都是为了您的江山社稷着想啊。"于是又领兵灭了庆氏余党。庆封在打猎回来途中，听到这个消息，大怒，忙率甲士进攻陈氏、高氏等族，没能获胜。他见大势已去，只好逃到了鲁国。齐国派人责备鲁国，庆封只好又逃到吴国去了。吴君句馀（yú）给了庆封朱方（在今江苏镇江东）之邑。庆封在此聚族而居。虽流亡在外，却仍不知悔改，生活比在齐国的时候还奢侈。鲁大夫叔孙穆子听说后说："好人富有叫作奖赏，坏人富有叫作灾殃。上天恐怕是降灾于他了，将要让他们聚集起来被杀尽吧。"

庆氏灭亡后，齐人又找崔杼的尸体，想要戮尸（古代的一种酷刑，为惩罚死者生前的行为，挖坟开棺，将尸体枭首示众）泄恨，却没找到。崔氏的家臣说："把崔家的拱璧（泛指珍贵的物品）给我，我就告诉你们。"因此找到了崔杼的尸体。齐人改葬了齐庄公，而把崔杼的尸体搁在了大街上。

周景王七年（前538），楚灵王率诸侯之师伐吴，使屈申别率人马包围朱方，将其攻克，擒获庆封而尽灭其族。将戮庆封，楚灵王让庆封背负斧钺，遍徇于诸侯之师，然后将其杀死。

齐国的崔氏和庆氏之乱，持续了10年，给齐国带来了巨大混乱。齐国的势力被严重削弱。

卧薪尝胆

打败楚国之后，吴王成了南方诸国的霸主。公元前497年，越国国君允常去世，勾践即位为新越王，吴王阖闾趁机出兵伐越。吴军和越军在檇李（今浙江嘉兴西南。檇，zuì）交战。在混战中，吴王阖闾的右脚被越国大将灵姑浮砍中。大败而回的阖闾因伤势过重而不治，弥留之际，他叮嘱儿子夫差莫忘此仇。

即位后，夫差就让身边的人时常提醒他不要忘记杀父之仇。每次经过宫门，他身边的人就会高声喊道："夫差！你还记得你父亲被越王勾践杀死的仇恨吗？"夫差泪流满面地说："记得！当然记得！从不敢忘记！"为了报仇，他命令伍子胥和伯嚭（pǐ）加紧训练军队。公元前494年，夫差亲率大军攻伐越国。面对强大的吴国大军，越国大夫范蠡（lí）对勾践说："此次吴国来势凶猛，相比出城迎战，防守战略更为稳妥。"可勾践不听，执意发兵三万迎战。最终，两军在太湖的夫椒（今江苏苏州市西南）交战，吴军大败越军。勾践被迫后退，吴军紧追不放，后来，吴军将越王和仅剩的5000名越兵围困在会稽（今江苏苏州市西南）。勾践对范蠡说："寡人当初要是听你的话就好了，现在可如何是好？"范蠡说："马上求和！"无奈，勾践只得派另一位大夫文种前去求和。

吴王夫差为了彰显自己宽容，决定饶勾践一命，让他在吴国皇宫中养马。

夫差大病，勾践从始至终无微不至地服侍他。夫差被勾践表现出来的忠实所感动，于是决定释放勾践回国。被俘三年后，勾践终于回到了越国。

勾践回国后，为了锻炼意志，最终实现报仇愿望，刻意生活得很艰苦：他在家中显眼的位置悬挂了一只苦胆。吃饭前，他总会先舔一舔苦胆，并自问道："难道你忘了会稽战败的耻辱了？"晚上，勾践睡的是坚硬的柴堆。勾践还亲自参加劳动耕作，并让夫人亲自织布做衣。勾践还采取了很多有效的措施来增强国家实力。

过了一段时间，勾践见国家实力大增，百姓精神振奋，便决定攻打吴国，一雪亡国之耻。范蠡、文种等大臣却认为此时反击为时尚早。勾践便放弃了攻打吴国的打算。

后来，吴王夫差为完成自己当霸主的愿望，不顾国内此起彼伏的反对声，坚持攻打齐国。勾践认为这是攻吴的大好机会，便亲自率领大军，从水、陆两路进攻吴国，轻松攻下吴国的都城姑苏，也焚毁了姑苏台。夫差无力抵挡越军攻击，只好请求议和。勾践认为以越国当前的兵力尚且无法完全击败吴国，便答应了夫差的请求，退兵回国。

四年后，勾践再次起兵攻吴，吴军大败。吴王夫差再次请和，被勾践无情地拒绝了。勾践灭吴后，乘胜北进，在徐州会集各路诸侯，终于成为一代霸主。

伍子胥佐吴

深夜，在通往吴楚交界处昭关（在今安徽含山县北）的崎岖山路上，忽然闪出两个人影，前面那个身躯高大魁伟，手持木棒，不时拨开挡路的荆棘；后面的那个似乎还是个孩子，在暗淡的月光下，他们踉踉跄跄地向前走去，直累得气喘吁吁。终于，那个孩子走不动了，两人在一块岩石上坐了下来。那彪形大汉用衣袖擦了擦孩子额上冒出的汗珠，然后深深地吸了一口清冷的空气，不安地观察四下的动静。夜风吹来，摇得山间树丛沙沙作响，一片乌云在头顶缓缓浮过，望着云层后面透出的惨淡月色，大汉不禁凄然长叹，万般愁绪，一齐涌上心头！

原来，此人便是楚国赫赫有名的伍员，字子胥。他家原在楚国很有声望，父亲伍奢任楚太子建的太傅，后来楚平王荒淫无道，听信奸臣费无忌谗言，要废掉太子建，伍奢不服，便被投入监狱。

楚平王一面遣人追杀太子建，一面强逼伍奢写信召回在外的两个儿子伍尚和伍子胥，企图一网打尽。老实憨厚的兄长伍尚，明知此去凶多吉少，仍然应召前往，结果与父亲一起做了楚平王的刀下之鬼。伍子胥却深知平王为人狠毒，不甘就此屈死，于是孤身逃到宋国，投奔正在那儿流亡的太子建。不料其时宋国正发生内乱，他只好与太子建及其子公子胜辗转流落到郑国。郑国的国君郑定公倒待他们不错，谁知太子建经不住别人利诱，竟丧失理智，暗中勾结晋国，企图灭郑而占其国。事情败露，郑定公大怒，立即杀了太子建。可怜的伍子胥只好带着小小的公子胜继续逃亡。太子建一死，伍子胥想依靠楚太子回国执政报仇的愿望破灭了，而他，一个普通人是无法以自己的力量向堂堂一国之主报父兄之仇的。怎么办呢？伍子胥考虑再三，最后决定投奔吴国，这个地处东南一隅的国家正日渐强盛，并且与楚国不和，或许肯借兵给他，帮他复仇。他知道自己如今成了楚国的通缉要犯，得赶快设法离开楚国，于是与公子胜昼伏夜行，从小道赶到昭关。

这时，楚平王正到处悬赏捉拿伍子胥，还命人画了伍子胥像，挂在楚国各地让人辨认。昭关是通往吴国的要道，自然也盘查得十分严紧。伍子胥得知此事后，愁得好几夜睡不着觉。后来，总算在别人的帮助下，乔装改扮，混出了昭关。但是守关的官吏不久便起了疑心，派兵追来。伍子胥正拖着公子胜匆匆赶路，忽然被一条大江拦住去路，站在江边，但见江水渺渺，芦苇漫漫，却无摆渡的舟楫（划船用具），眼看追兵将至，伍子胥不觉仰天顿足叹道："想不到我伍某大仇未报，竟会死在这里。"说也巧，这时芦苇丛中"吱呀"一声，冒出一只小船，船上的老渔父看到伍子胥的模样神情，当下明白了几分，由于楚平王为政无道，老百姓早就恨透了他，反而很同情伍氏一家的不幸遭遇，于是老渔父便用船载他们渡了江。

过江后，伍子胥十分感激，连忙解下身上的佩剑，递给老渔父说："多谢老丈相救，只是亡命之人无以报答厚恩，这剑价值百金，请老丈收下，权表谢意。"老渔父连连摇手："壮士说哪里话！楚王为了抓你，悬赏粮五万石和大夫封爵，连这我都不动心，难道还会贪图区区百金之剑的报酬吗？"伍子胥听后，大为感动，再三拜谢，方才辞别。

伍子胥和公子胜历尽艰险，终于来到吴国。由于伍子胥勇武过人，素著威名，吴国君臣对他的到来都很高兴，待之以上宾之礼，伍子胥便趁机向吴王僚建议攻打楚国，但没被采纳。不久，他通过上下接触，敏锐地察觉到吴国统治集团内部正酝酿着一场权力斗争。原来，吴国相传为西周文王的伯父太伯所创立，太伯为了使周强大起来，自愿把王位让弟弟季历，以便传给文王，所以吴国素来注重礼让之风，到了寿梦为国君的一代，吴国渐渐强盛，开始称王。寿梦有四子，即诸樊、余祭、夷昧和季札，其中以季札最贤能。寿梦死后，长子诸樊知道父亲生前欲立季札为王，便主动让位给季札，季札坚决推辞。不久，诸樊死，遗命王位兄弟相传，以便让季札有机会当吴王。老二馀祭和老三夷昧相继死后，应由季札继位，谁知季札却躲了起来，于是夷昧的儿子僚便立为吴王。僚的登位，使诸樊之子公子光十分不满，他认为父亲之所以传位于弟，是想让季札治国，如今既然季札不愿意，就应由他来继承王位，于是，他一心想除掉吴王自立。伍子胥仔细分析这种形势后，认为公子光能礼贤下士、敢作敢为，决定先等他夺得王位，再图谋借兵复仇，因而把勇士专诸推荐给公子光，自己却退居乡间，物色人才，等待时机。

机会终于来了，公元前515年，吴国趁着上年冬楚平王死后楚国政局动荡之际出兵攻楚，不想吴兵反被楚军断绝退路，围困起来。伍子胥和公子光决定抓住这个吴国内部兵力空虚的机会，以宴请为名谋刺吴王僚。

吴王僚接到公子光的宴会邀请，虽然有所顾忌，仍然身披重甲，带着一队全副武装的卫士前来赴宴。宴会上，当专诸假扮厨师把一大盘热气腾腾的炙鱼端到吴王僚面前时，猛然从鱼腹中抽出锋利无比的"鱼肠剑"，扎入吴王僚胸口。吴王僚当场死去，两旁卫士见状一拥而上，将专诸乱刀砍死，这时公子光带着预先埋伏的甲士冲出来，高叫："吴王僚已死，公子光当立，从命者不杀！"众卫士见大势已去，纷纷瓦解。公子光于是自立为王，就是吴王阖闾。

吴王阖闾继位后，任命伍子胥为行人，掌管朝觐聘问，参与谋划国家大事。在伍子胥的主持下，吴国修筑了阖闾城（今苏州），并整军经武，延揽人才，招来军事家孙武训练士卒，国势日强。

公元前512年，吴国出兵灭徐国，并移师攻楚，打下了舒（在今安徽庐江东南），擒杀了叛吴投楚的公子烛庸和盖馀。但楚毕竟是个地方千里的大国，不容易一下子击败，为了削弱楚的力量，伍子胥提出分兵扰楚的计谋，组织了几支军队轮流攻楚：楚军一来，吴兵就主动后撤；楚军离去，便派另一支军队攻楚，弄得楚军疲于奔命。吴国的行动使楚国十分恼火。公元前508年，楚昭王命令尹囊瓦率军攻吴，吴国方面派伍子胥率军迎击，大破楚军于豫章（今淮南地区），并乘胜追击，攻取了巢。这时，楚国的政治越来越坏，国君昏庸，大臣贪鄙，百姓怨恨，连原先依附于楚的一些小国，也纷纷离心，吴王阖闾决计大举攻楚。伍子胥和孙武向吴王建议：联合与楚国有矛盾的唐、蔡等国一起伐楚。吴王采纳了这个意见，拜孙武为大将，伍子胥为副将，发兵六万，联合唐、蔡等国的军队，浩浩荡荡向楚进发。吴兵进军至淮汭（ruì），弃船陆行，越过大别山（坐落于中国安徽省、湖北省、河南省交界处），大破楚囊瓦军于柏举（今湖北麻城东），连战皆捷，乘胜攻入楚国都城郢。楚昭王仓皇逃入云梦泽（中国湖北省江汉平原上的古代湖泊群的总称），惊喘未定，又遭到楚国起义军的袭击，只得又逃到随国，差一点被吴军逮住。

吴军占领郢都后，伍子胥想起楚平王生前的种种暴虐，十分愤恨，便刨了他的坟，还把平王的尸首狠狠地鞭打了300下。

不久，秦国出兵帮助楚国攻吴，而阖闾的弟弟夫概也在后方捣乱，要自立为王，吴军于是撤出楚国。吴军虽然撤退了，但楚国经此惨败，但大国威风损失殆尽。而吴国却在伍子胥、孙武等人的忠心辅佐下，数年之间，西破强楚，南服越国，威名震于天下，连北方的晋、齐等中原大国也不敢再小看它了。

伍子胥过昭关

在诸侯大国争夺霸权的斗争中，大国兼并小国，扩张了土地。可是大国的诸侯不得不把新得到的土地分封给立了功的大夫。大夫的势力大了起来，他们之间也经常发生斗争。大国国内的矛盾尖锐起来，都想把争夺霸权的战争暂时停止下来。

为了这个缘故，宋国大夫向戍在晋、楚两国之间奔走，做调停人。

公元前 546 年，晋、楚两国和其他几个国家，在宋国举行了"弭兵会议"。在这次会议上，晋国的大夫和楚国的大夫代表南北两个集团讲和，订立了盟约。规定除齐、秦两个大国外，各小国都要向晋、楚两国朝贡。晋楚两国平分霸权，以后五十多年里，没发生大的战争。到楚庄王的孙子楚平王即位之后，楚国渐渐衰落了。公元前 522 年，楚平王要把原来的太子建废掉。这时候，太子建和他的老师伍奢正在城父镇守。楚平王怕伍奢不同意，便先把伍奢叫来，诬陷太子建谋反。伍奢说什么也不承认，立刻就被关进了监狱。楚平王一面派人去杀太子建，一面逼伍奢写信给他的两个儿子伍尚和伍子胥，叫他们回来，以便一起除掉。伍奢的大儿子伍尚回到郢都，与父亲伍奢一起，被楚平王杀害了。太子建事先得到风声，带着儿子公子胜逃到宋国去了。

伍奢的另一个儿子伍子胥，也从楚国逃出来，他赶到宋国，找到了太子建。不巧宋国发生内乱，伍子胥又带着太子建、公子胜逃到郑国，想请郑国帮他们报仇。可是郑国国君郑定公没有同意。太子建报仇心切，竟然勾结郑国的一些大臣想夺郑定公的权，被郑定公杀了。伍子胥只好带着公子胜逃出郑国，投奔吴国。楚平王早就下令悬赏捉拿伍子胥，叫人画了伍子胥的像，挂在楚国各地的城门口，嘱咐各地官吏盘查。

伍子胥带着公子胜逃出郑国后，白天躲藏，晚上赶路，来到吴楚两国交界的昭关。关上的官吏盘查得很紧。传说伍子胥一连几夜愁得睡不着觉，连头发都愁白了。幸亏他们遇到了一个好心人东皋公，同情伍子胥，把他接到自己家里。东皋公有个朋友，模样有点像伍子胥。东皋公便让他冒充伍子胥过关。守关者逮住了那个假伍子胥，而真伍子胥因为头发全白，面貌变了，守关者没认出他来，被他混过关了。伍子胥出了昭关，害怕后面有追兵，急忙往前跑。前面是条大江，拦住了去路。伍子胥正在着急，江上有个打鱼的老头儿划着一只小船过来，送伍子胥渡过江去。过了大江，伍子胥感激万分，摘下身边的宝剑，交给老渔人，说："这把宝剑是楚王赐给我祖父的，值一百两金子。现在送给你，好歹表表我的心意。"老渔人说："楚王为了追捕你，出了五万石粮食的赏金，还答应封告发的人大夫爵位。我不贪图赏金、爵位，难道会要你这宝剑吗？"伍子胥连忙向老渔人赔礼，收了宝剑，辞别老渔人走了。

伍子胥到了吴国，吴国的公子光正想夺取王位。在伍子胥的帮助下，公子光杀了吴王僚，自立为王，就是吴王阖闾。吴王阖闾即位之后，封伍子胥为大夫，让他帮助处理国家大事；又用了一位将军孙武，是个善于用兵的大军事家。吴王依靠伍子胥和孙武这两个人，整顿兵马，先兼并了邻近几个小国。公元前506年，吴王阖闾拜孙武为大将，伍子胥为副将，亲自率领大军，向楚国进攻，连战连胜，把楚国的军队打得一败涂地，一直打到郢都。那时，楚平王已经死去，他的儿子楚昭王也逃走了。伍子胥恨透了楚平王，刨了他的坟，还把平王的尸首挖出来狠狠鞭打了一顿。吴军占领了郢都。楚国人申包胥逃到秦国，向秦国求救。秦哀公没同意出兵。申包胥在秦国宫门外赖着不走，日日夜夜痛哭，竟哭了七天七夜。秦哀公终于被感动了，说："楚国虽然暴虐无道，但是有这样好的臣子，怎能眼看他们亡国！"

哀公派兵救楚国，击败了吴军，吴王阖闾才撤兵回国。

吴王阖闾回到吴国都城，把第一大功归给孙武。孙武不愿意做官，回乡隐居去了。他留下一部《孙子兵法》，是我国最早的杰出的军事著作。

孙武论兵法

孙武是春秋时期的齐国人，中国古代著名的军事家，蜚声海内外的《孙子兵法》就是他的著作。

公元前515年，吴国的公子光夺得吴国王位，称为吴王阖闾。阖闾即位之后，非常重视收罗人才，于是孙武带着《孙子兵法》去见吴王，表示愿意帮助吴国训练一支强大的军队。

当时，吴王阅读了孙武的兵书，对他大加赞赏，便邀他进宫面谈。吴王对孙武说："你的兵书非常精彩，但不知实际运用时效果如何。你可不可以用宫中的女子操演一番？"孙武答应了。于是，吴王召集了一百八十名宫女，让孙武进行操演。

孙武将宫女们分成两队，选了吴王的两个宠姬为队长，然后命令道："我喊'前'，你们就向前看；喊'左'，你们就看左手；喊右，你们就看右手；如果喊'后'的话，你们就看背后。"说完，孙武叫士兵摆出斧钺等刑具，用来震慑众人。他还再三告诫和命令，向她们申明军法严厉。

孙武开始发号施令，他大喊："右！"那些女子并未将这当成军令，反倒如游戏一般，笑成一团。孙武见状，平静地说："身为将领，我没把号令交代清，是我的过失。"于是他又重申了号令，并告诫队长要带好头。孙武再次传令："左！"那些女子仍旧不理睬孙武，各个笑得前仰后合。

见此情景，孙武厉声喝道："号令不清是我这个将领的过错，现在号令清楚，你们却不遵守，是队长的失职！"于是，他下令将队长斩首，以儆效尤。在台上观看的吴王见状，慌忙对孙武说："将军用兵的才能本王已经见识了。这两个姬妾万万杀不得，没有她们的陪伴，本王连饭都吃不下，还请将军手下留情！"

孙武正色道："微臣奉命操演，那操演中的事务应由微臣做主。将帅置身军中，君命有所不受。"说完便让手下处死了两个队长。孙武又重新选出两名宫女做队长，然后发号施令。宫女们见识到了孙武的厉害，没人再敢将操演当成儿戏了，全部按号令一一执行。

孙武因此次操演脱颖而出，受到吴王重视。吴国也因孙武的加入而一跃成为当时的强国。

向戎弭兵

春秋时期，从鲁隐公到鲁哀公二百多年的时间，大小战争爆发了五百多次，而地处晋、楚、吴、齐诸国交通要道的宋国，深受战争戕害（残害。戕，qiāng），最需要和平，于是宋国的右师官华元第一次提出弭兵之会的建议。事过之后，战争重新迭起，大国遭挫，小国受害，因而左师官向戎又于周灵王二十六年（前546）夏天倡导第二次弭兵之会。

向戎和晋、楚两国的当权者赵武、子木是好朋友，他想利用这层关系，在诸侯之间发起停战倡议。他先到晋国，去找中军元帅赵武，赵武与众大臣商议对策，韩宣子说："战争劳民伤财，对小国更是大灾大难，虽然完全消除战争难以办到，但我们应当答应向戎的倡议，以便取得人心。若是让楚国先应允了，并利用这一点来号召诸侯，我们就会丧失霸主地位。"于是，晋国就赞同了向戎的倡议。向戎又去楚国，楚国也同意弭兵。然后，向戎又奔波于齐、秦诸国，都得到了回应。

周灵王二十六年（前546）五月到七月，弭兵盟会在宋国举行。晋国最先到会，接着，郑、鲁、齐、陈、卫、邾、楚、滕、蔡、曹、许和东道主宋国等十三个侯国的卿大夫和小国君主也都先后到会。秦国僻处西方，同意弭兵，但没有出席。会上，楚国公子黑肱首先和晋国的赵武商讨了弭兵的条件。公子黑肱提出：原先从属于晋国或楚国的中小国家，现在要同时担负起向晋、楚两国朝贡的义务。这等于给这些中小国家增加了一倍的贡纳负担，原来从属晋国的国家居多，按照这个条件来办，晋国就吃亏了。晋国的赵武说："小国倒是好办，晋、楚、齐、秦四国，晋不能指挥齐，如同楚不能指挥秦。如果楚国国君能让秦国朝贡晋国，晋国国君岂有不坚决请求齐国朝贡楚国之理？"这样，黑肱和赵武两人最终商定，除齐、秦两国外，其他国家都同时向晋、楚两大国朝贡。

此前，晋人发现楚国人气氛不对，担心楚人会发动袭击，就报告给了赵武。赵武却说："没什么大不了的，有事我们就向左，进入宋国的都城，他楚国能把我们怎么样？"六月初五，诸侯国准备在宋国都城的西门外结盟，楚国人都在外衣里面穿好皮甲，准备袭击晋国人。楚国的伯州犁说："会合诸侯的军队，而做对不起别的人的事，恐怕不可以吧。诸侯盼望得到楚国信任，所以前来顺服；不信任别人，这就等于丢掉了用来使诸侯顺服的东西了。"因此，伯州犁坚决请求解除皮甲。令尹子木说："晋国和楚国缺乏信用已经很久了，只要干对我们有利的事就行了。管什么信用不信用！"赵武得知楚人内穿皮甲的事，很是担心，他找叔向去商量，叔向讲了一通以仁德信用制胜，失信则失人心的道理，说没必要担心。

结盟会上，晋国和楚国争执歃血盟誓的先后。晋人说："晋国本是诸侯的盟主，从来没有诸侯在晋国之前歃血的。"楚人说："晋国和楚国的地位对等，如果晋国永远在前，就等于楚国比晋国弱了。晋、楚交换着主持诸侯会盟已经很久了，难道会盟必须专门由晋国主持？"此时，叔向又劝赵武致力于德行，不要争这个先后。于是，晋国让步，楚国做了盟主。之后，各诸侯国也陆续结盟，拖拖拉拉，这次会盟一直到七月才结束。

会盟结束之后，向戎自诩（xǔ，夸耀）有功，请求宋君的赏赐，宋公赐给他六十个城邑。向戎拿着受封的简册给子罕看，子罕批评他说："武装力量的设置由来已久，这是用来威慑不法行为，伸张正义的工具，圣人因为武力而崛起，作乱的人因为武力而废弃，如今你却谋求去废除它，不是骗人吗？以欺骗之道蒙蔽诸侯，没有比这罪过更大的了。不惩罚你就算便宜你了，而你却去求取赏赐，真是贪得无厌到极点了！"子罕说完，就把简册上的字削去，并且扔了它。向戎也因此推辞，不肯接受城邑。

这次弭兵会盟之后，与会国之间，十多年没有交战现象发生，无论古人怎么评论这一事件，毕竟在会盟之后，老百姓过了十几年没有战乱的生活。

春秋五霸

从公元前 770 年到公元前 476 年，历史上称为春秋时代。在这二百九十多年间，社会风雷激荡，可以说是烽烟四起，战火连天。仅据鲁史《春秋》记载的军事行动就有四百八十余次。司马迁说："春秋之中，弑君三十六，亡国五十二，诸侯奔走不得保其社稷者，不可胜数。"相传春秋初期诸侯列国有一百四十多个，经过连年兼并战争，到后来只剩下较大的几个。这些大国之间还互相攻伐，争夺霸权。春秋时期，周天子失去了往日的权威，天子反而依附于强大的诸侯。一些强大的诸侯国为了争夺霸权，互相征战，争做霸主，先后称霸的五个诸侯叫作"春秋五霸"。

齐桓公

任用管仲为相，促进国家的统一，"九合诸侯，一匡天下"，最先成为霸主。齐桓公是公元前685年即位的，他在政治、经济上实施了一系列改革，再加上齐国地近渤海，有山海渔田之利，齐国很快强大起来。齐桓公采取管仲的建议，打出"尊王攘夷"的旗号，即在尊重周王室的名义下，团结其他诸侯，抗击威胁中原的周边少数民族，还出兵阻挡北上的南方强国楚，在诸侯国中树立了威信。后来，齐桓公召集诸侯国在葵丘会盟，周王室也派人参加，正式承认了齐桓公的霸主地位。

晋文公

接着称霸的是晋文公。公元前633年，楚成王率领楚、郑、陈等国军队围攻宋国都城商丘。宋国派人到晋国求救。晋文公采纳了部下的正确意见，争取让齐国和秦国参战，壮大了自己的力量，而后又改善同曹、卫的关系，孤立了楚国。这时，楚国令尹（官名，相当于宰相）子玉大怒，发兵进攻晋军。晋文公为了避开楚军的锋芒和报答在外逃亡时楚王的殷勤接待，（在逃亡时，晋文公曾允诺：若能回到晋国为君，一旦晋楚交战，晋军将退避三舍）命令部队向后撤退九十里。晋军"退避三舍"，后撤到卫国的城濮（今山东省郓城西南）。城濮离晋国比较近，补给供应很方便，又便于会合齐、秦、宋等盟国的军队，集中兵力。公元前632年4月，晋楚两军开始决战。晋军诱敌深入，楚军陷入重围，全部被歼。城濮之战创造了在军事上先退让一步，后发制人的著名战例。此后，晋文公请来周襄王，在践土（今河南广武）与诸侯会盟。周天子册封晋文公为"侯伯"（诸侯之长），并赏赐他黑红两色的弓箭，表示允许他自由征伐。由此，晋文公成了中原霸主。

宋襄公

齐桓公去世后，宋襄公一心想成为霸主。周襄王十三年（前639）春，宋、齐、楚三国国君相聚于齐国的鹿地。宋襄公一开始就以盟主的身份自居，认为自己是这次会议的发起人，同时又认为自己的爵位比楚、齐国君的高，盟主非自己莫属。但是楚成王命令楚兵将宋襄公拘押起来，然后指挥五百乘大军浩浩荡荡杀奔宋国。宋襄公被楚国抓走后又被放掉了。急功近利、空讲仁义是他失败的地方，但讲信用而以仁义待人，却使他位列春秋五霸之一。不过有名无实罢了，不能算真正的霸主。

楚庄王

在齐国称霸时，楚国因受齐国遏制停止北进，转而向东吞并了一些小国，国力强盛。齐国衰落后，楚国便向北扩张与晋国争霸。公元前598年，楚庄王率军在邲（今河南郑州）与晋军大战，打败晋军。中原各国背晋向楚，楚庄王又成为中原霸主。

秦穆公

晋国称霸的时候，西部的秦国也强大起来。秦穆公企图向东争霸中原，但由于向东的通路为晋所阻，便向西吞并十几个小国，在函谷关以西一带称霸，史称"称霸西戎"。"兼国十二，开地千里"（《韩非子·十过篇》）。

吴越争霸

以后，吴国、越国相继强大，争霸于东南。公元前494年，吴王夫差进攻越国，围困越王勾践于会稽，迫使越国屈服，接着又打败齐军。公元前482年，在黄池（今河南封丘附近）与诸侯会盟，争得霸权。越王勾践自从被吴国打败后，卧薪尝胆，立志报仇，经过几十年努力，转弱为强，灭了吴国。勾践乘势北进，与齐、晋等诸侯会盟于徐（今山东滕县），成为霸主。

称霸的主要标志

诸侯大国争霸，说明周朝王权的削弱。自公元前770年平王东迁洛邑以后，周朝王室更加衰微。从前是天子统率诸侯，"礼乐征伐自天子出"。现在这些权力都落到诸侯手里，"礼乐征伐自诸侯出""礼乐征伐自大夫出"，甚至"陪臣执国命"。新兴的地主阶级纷纷起来夺权了，周朝奴隶制处于"礼坏乐崩"（形容社会纲纪紊乱，骚动不宁的时代）的境地。称霸诸侯的主要标志是"会盟"诸侯，而完成这一重要仪式的有齐桓公小白、晋文公重耳、楚庄王旅、吴王夫差、越王勾践这五位诸侯，所以真正的春秋五霸应该是他们。现用人教版高中历史教科书也采用了这一说法，这一说法更具有权威性。宋襄公妄自尊大,借楚威而约诸侯,并且称霸不成反丧其身,根本不能算五霸之一。反而倒是春秋首霸,救周王朝于崩塌中的郑庄公无人提及。郑庄公应该算是春秋五霸之一。

"春秋五霸"的八种说法

网上盛传"春秋五霸"共有两种说法,其实不对,从古至今,关于"五霸"至少出现过八种说法,此外,还有一些说法将夏商时代的一些骁将(勇猛善战的将军)也算进来,已经超出了春秋时代的范围。这八种说法如下:

1. 齐桓、晋文、秦穆、宋襄、楚庄——《史记》

2. 齐桓、晋文、楚庄、阖闾、勾践——《荀子·王霸》

3. 齐桓、晋文、秦穆、楚庄、阖闾——《白虎通·号篇》

4. 齐桓、晋文、秦穆、楚庄、勾践——《四子讲德论》

5. 齐桓、宋襄、晋文、秦穆、夫差——《汉书·诸王侯表序》

6. 齐桓、晋文、晋襄、晋景、晋悼——《鲒(jié)崎亭集外编》

7. 郑庄、齐桓、晋文、秦穆、楚庄——《辞通》

8. 齐桓、晋文、楚庄、夫差、勾践——部分中学课本

〔战　国〕

战国七雄

　　早在吴、越征战时期，楚国受到吴国的沉重打击之后，未能一下子得到恢复，而北方的大国晋和齐，则为内部的政治倾轧（以争吵、摩擦和对立为特色的持久的不和）所困扰。在晋国，韩、赵、魏、智、范、中行六大家族最有势力，但范和中行氏被击垮，余下四家，智氏最强。公元前453年，韩、赵、魏三家不堪智氏的贪求，联合消灭了智氏。三家势力大盛，晋国已经没有说话的余地了。到了公元前403年，周威烈王承认三家为诸侯，晋国宣告灭亡。在公元前386年，齐国的田氏终于正式把姜姓的齐公赶下台，建立了新的齐国。与此同时，最北方的燕国逐渐强大起来，而楚国也在秦国的扶持下恢复了元气。至此，天下的政治格局终于形成了秦、齐、楚、燕、韩、赵、魏七国争雄的局面，其余中原诸国，只有苟延残喘，等待灭亡罢了。

　　公元前475年到公元前221年是中国历史上著名的战国时期，齐、楚、秦、燕、赵、魏、韩七个国家成为当时二十多个国家中最强大的七个，被称为"战国七雄"。

　　战国时期，战争频繁，斗争复杂，大致可将其分为三个阶段。

　　第一阶段为魏国称霸中原阶段。三家分晋后，魏国先后任用李悝、吴起、西门豹等人进行改革，历经50年时间，使魏国成为强大的新型封建国家。在魏文侯的率领下，魏国将都城从邺（今河北临漳）迁到大梁（今河南开封），处在各大国的包围之中。在魏文侯时期，魏国连年向西进攻秦，一度占据秦国黄河以西的土地。此外，他还北伐中山，南攻宋国，成为战国初期最强大的诸侯国。

第二个阶段为齐、秦两国争战阶段。公元前356年以后，齐威王、齐宣王、齐闵王三代励精图治，称霸东方。与此同时，秦国在秦孝公的带领下，任用商鞅进行改革，国力日强。此后，秦国不断向东方扩张。秦国在与东方各诸侯国合纵连横的斗争中取得了一系列的胜利，到公元前286年，齐国首都临淄被秦军攻破，齐国已无力与秦国争强。

第三个阶段为秦统一全国阶段。在这段时间里，秦国于公元前278年攻破楚国都城郢都（今湖北江陵），又于公元前262年在长平之战中削弱了赵国的实力。此后，自公元前230年起，韩、赵、魏、楚、燕、齐六国先后被秦国消灭。到公元前221年，秦国统一全国，建立秦朝。

李悝变法

李悝，周定王五十四年（前455）生，周安王七年（前395）卒，战国时魏国濮阳人，战国时期著名的政治家、法学家。李悝嬴姓，李氏，名悝，一作克。曾任魏文侯相，主持变法。有的古书还将李克写成"里克"，或讹作"李兑""季充"。李悝为魏文侯到武侯时人，曾受业于子夏弟子曾申门下，做过中山相和上地守。上地在河西，故李悝经常和秦人交锋作战。桓谭认为李悝是文侯的老师，班固、高诱认为李悝是文侯之相。由于先秦文献缺乏记载，故此说尚难证实。但可以肯定的是，李悝能参与机密，为文侯心腹之臣。司马迁说："魏用李克尽地力，为强君。"班固称李悝"富国强兵"。这些记载都表明，文侯时魏能走上富强之路，李悝曾做出很大贡献。

战国初期，魏国国君魏文侯任用李悝为丞相，实行变法。据说，李悝是孔子弟子子夏的学生。李悝任相期间，得到国君的信任和同僚的支持，在政治、经济各个方面进行了卓有成效的改革。

第一，提出"选贤任能，赏罚分明"的国策，主张改变旧的世卿世禄制度。对于那些没有贡献，完全依靠父祖辈的爵禄享有特权的人，剥夺其官职和俸禄，将官职和俸禄授予那些对国家有贡献的人。这样不仅改善了吏治，同时也大大削弱了旧贵族的特权。

第二，编制中国历史上第一部比较系统、完整的封建法典——《法经》，分为盗、贼、囚、捕、杂、具六篇，其目的是为了保护统治阶级的利益，但在维护社会秩序、稳定政局等方面确实起到重要作用。

第三，提出"尽地力"的农业政策，革除旧有的阡陌封疆，鼓励自由开垦土地，提倡在一块土地上杂种各种粮食作物，要求农户在住宅周围栽树种桑，充分利用空闲地扩大农户农副业生产。做到了"增产者赏，减产者罚"，事实上破坏了井田制。

第四，实行"平籴（dí，买进粮食）法"。在年成好的时候，政府以平价收购余粮作为储备，使粮食价不至于暴跌；荒年时再以平价出售，保证粮价不至于暴涨。这种方法限止了商人的投机活动，保护了农民利益。

第五，任用吴起改革军制，精选武士。创建了一支强大的军队——"武卒"，使得"秦兵不敢东向"。

李悝变法有效地打击了旧制度，使魏国经济得以迅速发展，国力日益强大，成为战国初期一个强盛的国家。李悝变法的同时，也掀起了战国大变法运动的序幕，各国纷纷变法强国，最终汇成了一股时代潮流，这是中国古代规模最大、历时最长、成效最显著的一场变法运动。

西门豹治邺

战国初期，魏国的魏文侯励精图治，任用了一批杰出的人才，使魏国迅速富强起来。这些人之中，便有西门豹。魏文侯知西门豹善于治民，便任用西门豹为邺令。

西门豹受命之后，来到邺县，召集当地的长老，询问百姓疾苦。长老们说："苦于为河伯（河神）娶妻，邺也因此而贫困。"西门豹不解，询问其中的缘故，长老们回答说："邺县的三老、廷掾（yuàn）常年赋敛百姓，得钱数百万，用其中的二三十万为河伯娶妻，剩下的便和巫祝们瓜分掉。到为河伯娶妻时，巫婆便到各家去转，见到百姓家的女儿长得好看的，便说她应当给河伯做媳妇，即为河伯娉娶定亲，让这个女孩洗沐干净，为她裁制丝绸绫罗做的新衣服，让她在一间专门的房子里住下，斋戒度日；巫祝还在河边为她修起斋宫，外面挂上绛帷，让女孩在里面。每天给她送牛酒饭食，十几天之后，巫祝们为女孩涂粉化妆，像要出嫁一样，又制一张新妇用的婚床，让女孩坐在上面，然后把床放到河里。开始的时候，床还在水上漂着。等漂出十几里以后，便沉下去了。有漂亮女孩的人家，怕女孩被河伯娶走，大多带着女儿逃到他乡去了，所以，城中的人越来越少，又陷于贫穷，这种状况已经很久了。民间口头传说：'如果不为河伯娶妻，河伯便会发大水，淹没人民。'"西门豹听了以后说："到为河伯娶亲那一天，愿三老、巫祝和父老乡亲们都到河边去送，并请来告诉我一声，我也去送嫁女。"长老们都答应了。

到为河伯娶妻这天，西门豹到河边嫁女的地方去，见三老、官属、当地的豪杰长者和闾里的老人们都已经聚集在那里，前来观看的百姓有 2000 人。巫婆是个老太太，已经有 70 岁了，身后跟着十几个女弟子，都穿着缯衣，立在大巫的后面。西门豹说："把河伯的妻子叫来，让我看看美丑。"从人将被定为河伯之妻的女孩叫出来，带到西门豹的面前。西门豹看了看，回头对三老、巫祝和父老们说："这个女孩长得不好看，麻烦大巫去向河伯报告一下，就说另选好女，后天再送给他。"说着，便派吏卒将那个大巫扔到了河里。过了一会儿，西门豹说："大巫怎么这么久还不回来？派一个弟子去催一催她。"说着，又让吏卒将大巫的一个弟子扔进了河里。过了一会儿，西门豹说："怎么弟子去了这么久也不回来？再派一个弟子去催！"又把一个弟子投入河中。共投了三个弟子。西门豹说："大巫的弟子们都是女的，话说不清楚，麻烦三老去讲一下。"说着又把三老投到了河中。西门豹端拱肃立，在河边看着河水站了很久。旁观的长老和官吏这时都惊恐万分。西门豹回头说："巫大、三老都不回来，怎么办呢？"说着又准备让廷掾和豪长下河去催，他们吓得趴在地上向西门豹磕头，头都磕破了，血流了一地，脸色如死灰一般。西门豹见状，说："好了，那就再等一会儿吧。"等了一会儿，西门豹对他们说："廷掾起来吧，看来河伯留客留得太久，你们都先回去吧。"这一来，邺城的吏民都大为惊恐，从此以后，谁也不敢再提为河伯娶妻的事情了。

西门豹发动邺县的吏民开凿了 12 条水渠，引河水灌溉民田，邺县的土地都得到了灌溉。当时，因为开挖渠道的工作很劳累辛苦，百姓大多不愿意干。西门豹说："老百姓能和他们一起享受成功的快乐，不能和他们共同考虑事情的开始。现在父老乡亲虽然认为因我而受苦受累，但百年之后，这里父老的子孙必然会想起我说的话。"渠道修成以后，邺县很快就富裕起来了，百姓日子富足了，一直到汉代，即便距西门豹时已经有两三百年，当地人民仍能享受到渠道的利处。这 12 条渠从汉代的驰道（官道）穿过，当地官吏曾想把 12 条渠道合并在一起，到驰道时合三渠为一座桥，邺城百姓都不愿意，认为这是西门豹君组织建造的，是贤君之法式而不能随便更改。官吏们拗不过百姓，最终没有修改那些河渠。

吴起用兵

吴起，战国初期卫国人，喜欢研究用兵打仗之法，曾跟从孔子的门人（指求取知识、学问的学子与学生）曾子学习，后来在鲁国为吏。有人攻击吴起说："吴起这个人，为人既忌刻又残忍。小时候，家有千金，十分富足，因终年在外奔走，想谋取官职，不但没有成功，反而把家业败坏了，因而为乡党所耻笑。吴起便杀了三十多个耻笑他的人，而从卫国东郭门出走。临行前和他的母亲诀别，咬破手臂发誓说：'吴起不当上卿相，绝不回到卫国。'他投到了曾子门下。不久，他母亲就去世了，可他根本没回家奔丧。曾子鄙薄吴起的为人，和吴起断绝了关系，吴起便来到鲁国，学习兵法，再鲁君手下任职。鲁君对吴起稍有怀疑，因为吴起的妻子是齐国人。吴起为了做鲁国将军，便不惜杀掉妻子，鲁国是个小国，而有战胜他国的名声，只怕诸侯都要因此来算计鲁国了；且鲁国和卫国本是兄弟之国（皆为姬姓），鲁君却任用从卫国逃出来的吴起，这本来就是弃卫国的兄弟之情于不顾。"这些话传到鲁君的耳朵里，鲁君也对吴起的为人产生了怀疑，就想免掉他的职务。吴起被迫离开鲁国。他听说魏国的魏文侯很贤明，便到魏国去了，想在魏文侯手下任职。魏文侯听说吴起来了，便问李悝："吴起是个什么样的人？"李悝说："吴起贪于功名，又极其好色，但讲到用兵打仗，司马穰苴（ráng jū）也比不过他。"魏文侯便用吴起为魏将，命他率军进攻秦国，一举攻下五城。吴起身为大将，和最下等的士兵穿同样的衣服、吃同样的饭，睡觉不用席子，平时走路也不骑马。行军的时候亲自背粮食，和士卒同劳苦。士卒身上生了病疮，吴起亲自为他们吮吸脓疮。有个士兵的母亲听到这件事后，哭了起来。别人劝她说："你儿子只是个士卒，将军为他吮吸脓疮，你还哭什么？"那个母亲说："不是为这个。往年吴将军为孩子他父亲吮吸脓疮，他父亲战不旋踵（打仗时不向后转，形容勇猛向前），很快就战死了。吴将军如今又为这孩子吮吸脓疮，我不知道这孩子以后会死在哪里，所以才哭。"魏文侯因为吴起善于用兵，又很廉洁，能得到士卒的拥戴，便任吴起为西河（辖境相当于今陕西华阴以北、黄龙以南、洛河以东、黄河以西地区）守，来抗拒秦国和韩国。魏文侯去世以后，吴起又臣事文侯的儿子魏武侯。一次，魏武侯乘船顺西河（指陕西、山西交界南北流向的黄河）而下。船至中流，魏武侯眺望四周，回头对吴起说："多么美啊，这坚固的山川！这真是魏国之宝啊！"吴起回答说："国之兴亡，在德不在险。过去三苗所据之地，左有洞庭（指今湖南境内之洞庭湖），右有彭蠡（指今江西境内的鄱阳湖。蠡，li），却不修德行义，被大禹消灭。夏桀所居之地，左有黄河、济水（发源于河南济源境，今已堙没），右有泰山，南面是伊阙（今河南洛阳南），北面有羊肠（今山西太原北）之险，却不修仁政，被商汤流放。殷纣之国，左有孟门（今河南辉县西），右有太行（太行山），常山（今河北常山）经其北，黄河经其南，却不修德政，被周武王杀死。由此看来，国家的兴亡在于德而不在于险。若君不修德，则这个船中之人，便都是敌国。"魏武侯说："说得好！"便又命吴起为西河守。由此，吴起的名声更大了。魏国设置相国，以田文为相。吴起很不高兴，对田文说："我们摆一下各自的功劳，可以吗？"田文说："可以。"吴起说："指挥三军，使士卒以战死为荣，敌国不敢加谋，你能比得上我吗？"田文说："我不如你。"吴起又说："治理国家，让万民亲附，国家府库充实，你比我怎么样？"田文说："我不如你。"吴起又说："守卫西河，使秦兵不敢东向，韩国和赵国宾从于魏，你比我如何？"田文说："我不如你。"吴起说："这三样你都比不上我，而官位却在我之上，这是为什么？"田文说："主上年少，国家多有疑难之政，大臣未肯真心归附，百姓也未真心信任，在这样的时候，是把国家交给你，还是交给我？"吴起听了，沉默了很久，说："当然是交给你。"田文说："这便是我位于你之上的原因。"吴起由此知道自己比不上田文。

田文去世后，公叔继位魏相，娶了魏国公主为妻，却对吴起十分嫉妒。公叔的一个仆人说："除掉吴起非常容易。"公叔问："怎么办？"仆人说："吴起为人节廉，却喜欢博取名声，您可以先对武侯说：'吴起是个贤才，而陛下的国家小，又和强大的秦国接壤，臣恐怕吴起没有心在魏国干下去。'武侯肯定要问怎么办，你可以趁势对武侯说：'陛下试着把公主许配给吴起，如果吴起有留下来的心思，便会答应。如果没有留下来的心思，必然会推辞。以此来试试他，然后您叫吴起和您一起回家，让公主当着吴起的面对您发怒，表示轻视。吴起见公主这个样子，必然会推辞。'公叔照仆人说的话做了，吴起果然推辞，魏武侯从此便怀疑起吴起来了。吴起怕招来祸害，便离开魏国，到了楚国去了。

楚悼王平时就听说吴起是个贤才，吴起一到楚国，他便任吴起为相。吴起掌政后，针对楚国的政治弊病进行了一系列的改革。他申明法令，废除那些没有用的官职，又废除公族中比较疏远的分支，把他们从公族中除名，用节省下来的钱抚养战斗之士。吴起在楚国改革政治的核心目的是要增强楚国军队的战斗力，破除那些纵横家（凭辩才进行政治活动者）的游说之说。经过改革，楚国迅速强大起来，在南方平定了百越（今湖南南部以南的广大地区），在北方吞并了陈国（在今河南淮阳）和蔡国（今河南上蔡），击退了韩、魏和赵三国的威胁，又向西出兵伐秦国。各国诸侯都为楚国的迅速强大而担忧。吴起的政策损害了楚国旧贵族的利益，他们对吴起恨之入骨，都想杀死吴起。楚悼王一死，他们便兴兵作乱，带人进攻吴起。吴起知道逃不出去，便退到宫中，爬到楚悼王的尸体上。那些旧贵族或用盾莆射，或用剑刺，把吴起杀死了，却也因此击中了楚悼王的尸体。楚悼王被埋葬后，楚肃王即位，派令尹追查，把所有杀吴起并击中楚悼王尸体的人全都斩首，楚国旧贵族中因此被灭族的有七十多家。

商鞅变法

战国初期，由于铁制农具加快了生产进度，大面积的土地得到开发利用，经济得到大幅度增长。同时铁制兵器的出现也大大助长了人们崇战尚武的意识：贵族各层自身实力的快速膨胀，使统治者内部常存在摩擦和分歧，具有政治、军事、经济实力的贵族便会迫不及待地要在实力比拼中脱颖而出，公元前453年赵、魏、韩三家分晋就是典型的例子。那一时期，强者寻开战端，弱者寻求变革，动荡与变革便开始交替进行，并形成定律，而变革的目的也是为扩张做准备。秦国的商鞅变法，使秦国一跃成为七国中最强大的国家，在吞并中始终处于主动进攻的位置。

商鞅原是卫国人，出身于贵族之家，他从小就十分好学，对战国时期流行的刑名之学（主张循名责实，慎赏明罚）感兴趣。他看到卫国弱小，不足以施展才智，便委身于魏国，在魏国期间，虽然有相国的多次举荐，但魏惠王终不肯降以大任。

此时，秦国正在招募贤才，秦孝公声称，谁能使秦国富强起来，就封谁为相。一时间，秦国人才济济。商鞅听到这个消息，便离开了魏国。到了秦国以后，商鞅通过他人引荐，见到了秦孝公。秦孝公问以治国之道，商鞅便向他提出了很多治国方略。可是，秦孝公对此不感兴趣，商鞅还没讲完，他便昏昏睡去了。引荐的人埋怨商鞅尽对孝公讲些迂阔（思想行为不切实际事理）的道理，商鞅说："我希望秦君行帝道，但秦君不肯采纳，再给我引荐一次，我将劝秦君行王道。"等到秦孝公再次召见时，商鞅又对他讲了一些夏禹如何画土定赋，商汤如何顺天立人的事情。引荐的人埋怨商鞅说:"秦君思慕良才,需要的是得心应手,做事立竿见影的有用之才,你这些无用之谈他怎能听得进去呢?"商鞅辩解说:"我不知道秦君到底是怎么想的,所以先用帝王之术试探他。现在我明白了,下次见秦君,必得重用。"果然,下次被召见时,商鞅用"伯鸣术"(图霸)使秦孝公笑逐颜开,悉心受教,而商鞅也真的接受了左庶长(相当于丞相)之职。

此后,商鞅依据图霸策略,首先开始变法,以图富国强兵。经过一段时间的筹划,商鞅制定了一系列法令。为了能使这些法令得以贯彻施行,商鞅决定先用简单的办法来取信于民。一天,他叫人在都城的南门竖了一根3丈高的木头,下命令说:"谁能把这根木头扛到北门,就赏10两金子。"当时,城南门聚集了很多人,可是大家议论纷纷,就是没人肯动。有的说:"这根木头谁都拿得动,哪儿用得着10两赏金?"还有的说:"这大概是官府要拿百姓开心吧。"商鞅见众人不肯相信这是真的,便把赏金提到50两。可是赏金越高,越引发众人的猜疑。正在人们闹哄哄地指东道西的时候,人群中跑出一位年轻人,他高声嚷道:"我来试试。"说着,他将木头扛起来就走,一直搬到北门。商鞅立刻派人赏给那个年轻人50两黄澄澄的金子。这件事在全国引起了轰动,纷纷传颂说:"官府令出必行,言而有信。"

商鞅知道民心易于归附,但他也明白变法要触及各方利益,凡是利益受损的人都会在变法时作梗,而弃旧立新才是变法的根本目的,因而他在变法条款中,首先触动的就是那些达官贵人的利益。有许多大臣早就在孝公的面前进言,劝他要慎重对待,不要听信商鞅那一套。

秦孝公十分赞赏商鞅的变法图霸的策略,可真的施行起来,他也有畏难情绪。从道理上说，他认为商鞅的变法主张都是非常精彩的，他愿意实行；但是从感情上说，他又觉得这一变法得罪那么多大臣，国家也许会变得不稳定。所以，他又不敢贸然实施。为了打消疑虑，秦孝公把大臣们召集到一起，讲了一些列国纷争，不进则退的道理。一个叫甘龙的大臣说道："秦国现在施行的制度是祖先传下来的，祖宗的家法怎么能变呢？"大臣杜挚说："变法肯定会带来国家的不稳定，老百姓乱了起来，那还了得！"实际上他们考虑的主要是自己的利益。商鞅却理直气壮地反驳道："自古以来就没有一成不变的礼法，你们所关注的礼法能使秦国富强吗？只有适应时势发展，秦国才能兴盛，才能成就霸业。"商鞅的话使得那些守旧的大臣无话可说，同时也坚定了秦孝公变法的决心，于是他宣布正式施行变法。

商鞅变法主要包括几个部分：一是"废井田，开阡陌"。秦国把宽阔的阡陌铲平，也种上庄稼，还把以前划分疆界用的土堆、荒地、树林、沟地等开垦出来。谁开垦荒地，就归谁所有，土地可以买卖。二是建立县制。即把市镇和乡村合并起来，组织成县，由国家派官吏直接管理。这样，中央政权就更集中了。三是迁都咸阳。为了便于向东发展，把国都从原来的雍城（今陕西凤翔县）迁移到渭河北面的咸阳（今陕西咸阳市东北）。四是实行"连坐法"。将老百姓组织起来，几家为一组，让他们互相监督，其中一个人犯了罪，其他人也要跟着受惩罚。五是实行"本富法"。即鼓励男耕女织，发展生产，实行重农抑商制度。六是实行"劝战法"。鼓励人们在军事上杀敌立功，一个人在军中官位的大小，要看他立下的功绩有多大。

新法颁行后，百姓议论颇多，有说新法好的，有说新法严苛的。而且新法执行起来也出现了不少问题，执法不严、违法不究的现象普遍存在。另外，新法还存在一个最大的难点，就是"不问贵贱，一体遵行"：大臣若是犯罪，也和普通百姓那样论处。在封建体制下，这种法令实施起来是存在很大难度的。

在落实迁都政令时，太子驷明确不赞同，还说新法的种种不是，犯了私议新法的罪责。按说，太子犯罪，也该杀头，可他是太子——国之储君，无论如何是不能把太子处死的，商鞅想到一个变通的办法，他面见孝公时说："执法不严会有损政令，但太子犯法，却要刑不加身，这样做又有损新法的威严，不如查太师、太傅

（太子的老师）之过，好让百姓心服口服。"孝公觉得商鞅说的有道理，便用太子的两位老师公子虔和公孙贾做替罪羊，命人割掉了公子虔的鼻子，在公孙贾的脸上刺了字。老百姓知道这件事后，都私下议论说："太子违反法令，连他的老师都要受到牵连，何况是咱们这些平民百姓呢。"于是，新法得以顺利实施。

新法的颁行，使秦国力量迅速增长，国力变得雄厚，人民安居乐业，前方将士英勇杀敌，所向披靡。秦孝公对商鞅也愈加器重，封他为大良造，这是朝廷中一种重要的官职，并让他领兵去攻打魏国。当时，魏国的力量已经很弱，秦军一到，魏兵不堪一击，秦军接连攻下敌人多个城池，最后一直打到魏国的都城，将都城攻下。商鞅凯旋，秦国的老百姓都自觉地到路边欢迎他，由于商鞅功勋卓著，秦孝公把商等15座城池封给了他。

商鞅推行变法使国家繁荣昌盛，但是也侵犯了不少人的利益，一些贵族早就对他恨之入骨，因而在几年后，当秦孝公去世时，商鞅面临的打击便接踵而至。秦惠文王即位后，表面上仍然支持商鞅变法，而且对他也很尊重，并且时常在公开场合称赞他对国家做出的贡献；可是在背地里，他对那些反对商鞅的人却明推暗纵，这些人在背后千方百计给商鞅捏造罪名。当时，商鞅的一些朋友已经看得很清楚，知道惠文王说不定哪天就要对商鞅下毒手，私下里劝商鞅赶快离开秦国，而商鞅一方面被惠文王制造的假象迷惑，另一方面贪恋在秦国的荣华富贵，不愿意离去。

太子的两位老师由于受了商鞅的奇耻大辱，于心不甘。此时，他们给惠文王出谋划策，并诬告商鞅功高盖主，意欲谋反。于是，惠文王下令逮捕商鞅。商鞅得到消息后，匆忙化装外逃，逃到边境，天色已晚，要找个旅店投宿。他到了一个客店，老板向他要证件，商鞅说没有，老板说："商鞅颁布的命令，留宿必须有证件，如果留宿没有证件的人，一旦查下来，我们就要连坐，和住店的人一起论罪。"

商鞅听了，心里暗暗叫苦："我颁布的法令现在惩治起我自己来了。"无奈，他趁着天色黑暗，混在人群中，逃到了魏国。魏国见秦国势大，决意同秦国修好，得知商鞅在魏国时，便立即把他捉了起来，将其押送到秦国。在押往秦国的途中，商鞅寻机逃回了自己的封地。他招募义勇、家丁，组织了不少人马向北出击。惠文王得到消息，立即发兵攻打商鞅，商鞅兵败被捉，并在咸阳被惠文王五马分尸。商鞅死后，新法被废，许多旧习俗、旧势力又卷土重来，秦国历经近二十年的变法最后以失败告终。

孟尝君养士

孟尝君田文是战国田齐的宗室贵族，齐宣王相国靖国君田婴的庶子。他所处的时代，尊贤敬士成为时尚。田文承袭父爵伊始，便广招贤士，豢（huàn）养食客达三千多人，有倾天下之士的美名。也正因为他好士、爱士、养士，才成就了他令人瞩目的功业。

田婴有四十多个儿子，有一个小妾生了个儿子叫文。田文是五月五日出生的，田婴告诉田文的母亲说："这个日子生的儿子不吉利，不要养活他了。"可是，田文的母亲还是偷偷将他养活下来了。等他长大后，他母亲便通过他兄弟将田文引见给田婴。田婴见了这个孩子，愤怒地对他母亲说："我让你把这个孩子扔掉，你竟敢又将他养活了，这是为什么？"田文的母亲没能回答，田文却立即叩头下拜，反问田婴道："您不让养育五月五日生的孩子，是什么缘故？"田婴回答说："这天出生的孩子，长大了超过门高，会妨害父母。"田文说："人的生命是由上天授予呢，还是由门户决定呢？"田婴不知如何回答才好。田文接着说："如果是由上天授予的，您何必忧虑呢？如果是由门户决定的，那么只要加高门户就可以了，谁还能长到那么高呢？"田婴无言以对，便斥责道："你不要说了！"

过了一会儿，田文问他父亲说："儿子的儿子称什么？"田婴回答："称孙子。"田文接着问："孙子的孙子称什么？"田婴回答："称玄孙。"田文又问："玄孙的孙子称什么？"田婴说："我不知道了。"田文说："您执掌大权担任齐国相国，如今已经历三代君主了，可是齐国的领土没有增广，您的私家却积贮了万金的财富，门下也看不到一位贤能之士。我听说，将军的门庭必出将军，相国的门庭必出相国。现在您的妻妾可以践踏绫罗绸缎，而贤士却穿不上粗布短衣；您的男仆女奴浪费许多饭食肉羹，而贤士却连糠菜也吃不饱。现在您还一个劲地加多积贮，想留给那些连称呼都叫不上来的人，却忘记国家在诸侯中一天天失势。对此，我深感奇怪。"青少年时期的田文在父亲面前初露头角。田婴这才发现，原来田文胸怀大略，见识高深，出言不凡，是个不可多得的人才。田文一席话，让田婴茅塞顿开，对这个庶出的"不祥"之子不得不另眼相看，也改变了对田文的态度，很是器重他。从此，让他主持家政，接待宾客。田婴门下的宾客日渐增多，而田文尚贤好士的名声也渐渐地远播于天下。各诸侯国都派人来建议田婴立田文为世子，田婴顺从众议，立田文为世子。田婴去世后，被追谥为靖郭君，田文继承了田婴的爵位。

田婴、田文所处的时代，尊贤养士已成风气。从田文对父亲提出"门下也看不到一位贤能之士"和"而贤士却穿不上粗布短衣，连糠菜也吃不饱"的问题看，田婴家中早已养士多人。《战国策·齐策》中记载了田婴两件养士的事：

一是"靖郭君将城薛"，说的是田婴准备在薛邑筑城墙，门客多来劝阻。田婴叫传达人员不再给劝阻的人通报。有一个门客要求接见，说："我说三个字就行，多说一个字请把我烹死。"田婴觉得奇怪，便召见了他。门客急趋向前，说："海大鱼。"转身就走。田婴不解其意，请门客把话说完。门客说："您没有听说过海大鱼吗？用渔网捕不到它，用鱼钩钓不上它。可是当海干得连一滴水都没有时，小蚂蚁、蝼蛄也能制服它。如今齐国也是您的水呀！如果您永远拥有齐国，薛邑算得了什么！可是当您失去了齐国，即使把薛城筑得像天那样高，又有什么用呢？"于是，田婴便放弃了在薛邑筑城的打算。

二是"靖郭君善齐貌辨"。田婴有一个门客叫齐貌辨，田婴对他很好。因齐貌辨有些小毛病，田婴手下的人都不喜欢他。门人士尉规劝靖郭君，他不采纳，士尉就告辞离开了。田文也私下劝田婴，田婴气得大发雷霆，说道："你们看看，要是我家中有谁能赶得上齐貌辨，那我就没话可说了。"他给齐貌辨安排住上等房子，让长子侍奉他，早晚款待他。齐威王去世，宣王继位，田婴被革去相职，退居薛邑。这时，齐貌辨冒着生命危险去齐都游说齐宣王。宣王说："你不就是靖郭君所听从所喜欢的那个人吗？"齐貌辨说："喜欢我倒是有的，听从我的话可没有这回事。当大王身为太子时，我曾劝靖郭君废掉你而另立卫姬的儿子郊师为太子。他哭哭啼啼地说：'这不行，我不忍心这么做。'如果听了我的话，他就没有今天的祸患了。这是其一。楚国的相国昭阳要求用几倍的地盘来换薛邑。我劝他同意换，他又不听我的话，说：'我接受了先王的封邑，换了薛邑怎么对得起先王呢？况且，先王的庙堂就在薛邑，我怎么能把先王的庙堂给楚国呢？'这是其二。"齐宣王听后叹了一口气，说："我年轻，丝毫不了解这些情况。您愿意为我把靖郭君请回来吗？"齐貌辨说："敬受命。"齐宣王亲自到郊外迎接靖郭君田婴，并任他为相国。田文继承这一传统，进而扩大了田婴养士的规模和范围。

孟尝君养士，是真心爱士，实心养士，诚心用士。

孟尝君在薛邑，招揽各诸侯国的宾客以及犯罪逃亡的人，宁肯舍弃家业也给他们丰厚的待遇。有一次，孟尝君招待宾客吃晚饭，有一个人遮住了光亮，那个宾客很恼火，认为饭食的质量肯定不相等，放下碗筷就要辞别离开。孟尝君马上站起来，亲自端着自己的饭食与他的饭相比，那个宾客惭愧得无地自容，刎颈自杀表示谢罪。

孟尝君每次接待宾客时，总是在屏风后安排侍史，让侍史记录他与宾客谈话的内容，记载所有宾客亲戚的住处。宾客刚刚离去，孟尝君就派使者到宾客的亲戚家里抚慰问候，献上礼物。

孟尝君对于来到门下的宾客都一样热情接纳，不挑拣，无亲疏，一律给予优厚的待遇。所以，宾客们都认为孟尝君与自己亲近，情愿归附他，为他效力。天下的贤士倾心向往，不几年，就养了食客三千多人，一时有倾天下之士的美名。他与当时的以及稍后的赵国平原君赵胜、魏国信陵君魏无忌、楚国春申君黄歇被合称为尚贤好士的"战国四公子"。

田文养士，比他父亲更懂得"得士者强，失士者亡"的道理，

"得士者强"就是他养士的目的。要养士必须先得士，得士必须爱士，待之以礼，帮之以利。最有代表的事例，就是"齐人有冯谖（xuān）者"，家境贫穷无法维持生活，便穿着草鞋远道而来见孟尝君。孟尝君问："先生有什么爱好和本事吗？"冯谖回答："没有什么爱好，也没有什么本事。"孟尝君又说："承蒙先生远道光临，有什么指教我的？"冯谖回答："听说您乐于养士，我只是因为贫穷想归附于您谋碗饭吃。"孟尝君笑了笑，没再说什么，便让人把他安排在下等食客的住所里。孟尝君的食客集团有上、中、下三个等级之分，衣食住行的物质待遇各有区别。下客食菜，居传舍，类似临时接待站；中客食鱼，居幸舍，称鱼客；上客食肉，居代舍，出入乘车，称车客。因为不同的宾客居住在不同的客舍中，所以食客又名舍人，每级舍人有舍长，如此形成了比较严密的舍人组织。冯谖被收留十天之后，孟尝君询问住所的负责人："客人近来做了些什么？"回答说："冯先生太穷了，只有一把剑，还是草绳缠着剑把，他时而弹着剑柄唱道：'长剑啊，咱们回家吧，吃饭没有鱼。'"孟尝君听后让冯谖搬到中等食客的住所里，吃饭有了鱼。又过了五天，孟尝君又去询问冯谖的情况，负责人回答："客人又弹着剑唱道：'长剑啊，咱们回去吧，出门没有车。'"于是孟尝君又把冯谖迁到了上等食客的住所里，出入有车坐。又过了五天，孟尝君再次询问，回答说："冯先生又弹着剑唱道：'长剑啊，咱们回家吧，没有办法养活家。'"左右的人都很厌恶他，认为他是个贪得无厌的人。孟尝君问："冯先生有亲属吗？"左右的人回答："家有老母。"孟尝君便派人供应他家吃的，不使他家缺少什么。于是冯谖便不再唱了。整整一年，冯谖都没再说什么。

　　孟尝君任齐相国，受封万户于薛，他的食客有三千之多。食邑的赋税收入不够供养这么多食客，就派人到薛邑贷款放债。由于年景不好，借债的人多数不能付息，食客的需用将无法供给。对这种情况，孟尝君焦虑不安，就问左右侍从，谁可以到薛邑去收债？冯谖说："我能。"孟尝君向冯谖道歉："以前多有得罪，承蒙先生不见怪我，你果真愿意替我到薛邑去收债吗？"冯谖说："愿意。"于是，孟尝君命人为他准备好车马，整理好行装，交付好债券，便派冯谖上路了。走时冯谖问孟尝君："收完债，您要买点什么回来吗？"孟尝君说："看我家缺少什么就买什么吧！"冯谖到了薛邑，派管事的人召集起那些应当还债的人来，核对债券，当债券核对完毕之后，能付息的付息，不能付息的，冯谖假传孟尝君的命令，把债券统统烧掉了。百姓都高呼："圣君！"冯谖用收回的债款，置办了酒席，请大家开怀畅饮。在座的人都站起来，连续两次行跪拜大礼。

冯谖返回齐都，清晨去求见孟尝君。孟尝君整好衣帽出来迎接他，问道："债都收完了吗？"冯谖说："债都收完了。""买回来什么东西呢？""您说：'看我家缺少什么就买什么。'我考虑，您府中有用不完的珍宝，狗马充满厩圈，阶前全是美女。您家缺少的唯独是'义'而已。我为您买回'义'来了。"孟尝君问买"义"是怎么回事，冯谖说："您有小小的薛邑，对这里的百姓，不把他们当作自己的儿子那样爱护，却像商人一样，从他们身上榨取利益，我便私自假托您的命令，把所有的债款赐给了百姓，把债券全部烧毁了。百姓因而高呼您'圣君'，这就是我所为您买回的'义'。"孟尝君听后，并没有真正理解这个"义"的含意，心中不快，默默作罢。

一年之后，齐闵王继位。当时身为齐相的孟尝君已有震主之势。有人在齐王面前说孟尝君的坏话，齐王对孟尝君说："您是先王的大臣，我不敢把先王的大臣作为自己的臣子。"就罢免了田文的官职。田文被免职后，离开齐都，要回到自己的封地薛邑去。孟尝君离薛邑不到百里路程时，百姓们扶老携幼，在半途中迎接他，孟尝君回头对冯谖说："先生为我买的'义'，现在我看见了。"冯谖说："狡兔有三窟，仅能免于死亡而已，现在您只有一窟，还不能放心地睡大觉。让我为您再造两窟。借给我一辆可以跑到秦国的车子，我一定让您在齐国更显贵，食邑更加宽广，您看可以吗？"于是，孟尝君准备了马车和礼物，送冯谖上了路。冯谖到了秦国，对秦王说："天下的游说之士驾车向西来到秦国的，无一不是想要使秦国强大而使齐国削弱的；乘车向东进入齐国的，无一不是要齐国强大而使秦国削弱的。这是两个势同水火的国家。其中的胜者可以得天下。"秦王听得入了神，挺直身子跪着问冯谖："您看要使秦国成为胜者，该怎么办才好呢？"冯谖回答："大王也知道齐王罢了孟尝君的官吧？"秦王说："听说了这件事。"冯谖说："使齐国受到敬重的，就是孟尝君。如今齐国国君听信毁谤之言，把孟尝君罢免了。孟尝君心中无比怨愤，必定会背离齐国，他背离齐国进入秦国，那么齐国的国情、朝廷中上至君王下至官吏的状况都为秦国所掌握，您将得到整个齐国的土地，岂止是称雄呢？您赶快派使者带着礼物，暗中迎接孟尝君，不要错失良机啊！如果齐王明白过来，再度起用孟尝君，谁是胜者还未必呢。"秦王听了非常高兴，便派人带十辆马车载着百镒（yì，古代重量单位，合二十两，一说二十四两）黄金去迎接孟尝君。冯谖告别了秦王，抢在秦使者前面赶到齐国，见到齐闵王，说："天下游说之士驾车东来到齐国的，无一不是想使齐国强大而使秦国削弱的；乘车向西进入秦国的，无一不是要使秦国强大而使齐国削弱的。秦国与齐国是两个势同水火的国家，秦国强大那么齐国必定薄弱，这两个国家势必不能同时称雄。我私下得知，秦国已经派遣使者，带着十辆马车载着百镒黄金来迎接孟尝君了。孟尝君不去秦就罢了，如果去秦任相，那么天下将归秦国所有。秦国是强大的国家，齐国就是软弱无力的国家，那么失去临淄、即墨，就是旦夕之间的事了。大王为什么不在秦国使者到来之前，赶快恢复孟尝君的官位，增加他的封邑，来向他表示歉意呢？如果这样做了，孟尝君必定会高兴地接受的。秦国虽是强国，岂能随意到别的国家迎接人家的相国呢？要挫败秦国的阴谋，断绝他称强称霸的计划，就看大王对待孟尝君的态度了。"闵王听了，顿时明白过来，说："好。"便立即派人到边境等候秦国使者。秦国使者赶到齐国边境时，听说齐王已经恢复了孟尝君的官位，不仅给了他原来的封邑，又给他增加了千户的封地，便回去了。在冯谖的帮助下，孟尝君恢复了相位。

孟尝君养士的目的，正如一个名叫胜臂的人对他说的："我希望您能用府库的财产收天下的贤士，为您决断疑难事件，应付突发变故。"孟尝君所养的士，不可能都是知名人物，也不可能都能为他排忧解难，但的确都能诚心对待孟尝君，故也出现了不少看似平庸，却真心报主、功不可没的人。

孟尝君被逐出齐都，又返回时，有个叫谭拾子的在国都边界上迎接他，并问："在齐国的大夫中，有没有你怨恨的人呢？"孟尝君说："有。""你把他们杀了就满意了吗？"孟尝君说："是的。"谭拾子说："事物总有它发展的规律，人总有一死，这是必然规律。人有钱有势，别人就会来亲近他；若贫穷低贱，别人就会远离他。这也是很自然的事。让我拿市场来打个比喻：早晨市场上人很拥挤，晚上市场上就空虚，这并不是因为人们早晨喜欢市场，晚上厌恶市场，只是因为早晨市场上有人们需要的东西，所以大家都奔赴那里；晚上市场上没有多少东西了，所以大家都离开那里。希望您不要怨恨齐国的士大夫。"于是，孟尝君就将簿子上他怨恨的五百人的姓名全部画去了，不再提起这件事，从而赢得了更多人的信任。

孟尝君曾出行五国，到楚国时，楚王准备送给他一张象牙床。楚都的登徒官正在值班，该他去送象牙床，可是他不想去送。见到孟尝君的门人公孙戍便说："我是楚都的登徒官，该由我代楚王去给孟尝君送象牙床。但象牙床价值千金，如果有丝毫损伤，就是卖了妻子，我也赔不了。您如果能让我不去送象牙床，我愿把家传的宝剑送给您。"公孙戍说："好。"于是公孙戍去见孟尝君，说："您难道已经接受了楚王送的象牙床了吗？"孟尝君说："是的。"公孙戍说："我希望您不要接受。"孟尝君说："为什么？"公孙戍说："五国之所以都把相印交给您，是因为知道您在齐国能振兴贫困之士，有存亡继绝之义，五国的明君才把国家大事委托给您，他们真正喜欢的是您的义气，爱慕的是您的廉洁。现在您到楚国，就接受象牙床，那些您还没有去的国家，又将如何来接待您呢？我希望您不要接受这份礼品。"孟尝君说："好。"于是就谢绝了楚王赠送的象牙床。

秦昭王听说孟尝君贤能，就选派泾阳君到齐国做人质，趁机劝说孟尝君入秦。孟尝君准备去秦国，宾客们都不赞成他去。劝说孟尝君别去的有上千人，可他就是不听。苏秦想劝孟尝君，孟尝君说："有关人的事我都知道了，我所不知道的，只是有关鬼的事罢了。"苏秦说："我现在来不敢谈论有关人的事，只是为了鬼的事才来拜访您。这次来到齐国，早晨经过淄河，碰上一个泥人和一个木偶在谈话，木偶对泥人说：'您是西岸上的泥土糅合做成的。当大雨一来，淄水暴涨，您可就被冲坏了。'泥人说：'不对。我原是西岸上的泥土，即使冲坏，我还是到西岸，归还泥土，若天真的下起雨来，水流冲着您跑，可不知把您冲到哪里去了。'当前秦国，是个如狼似虎的国家，您执意前往，一旦回不来，您能不被泥人嘲笑吗？"孟尝君听了以后，便取消了去秦国的打算。

齐闵王二十五年（前299），派孟尝君到了秦国。秦昭王让孟尝君担任秦的相国。臣僚中有人劝秦王说："孟尝君的确贤能，可是他是齐王的同宗，现在任秦相，谋划事情必定先替齐国打算，而后才考虑秦国，秦国可就危险了。"于是秦昭王罢免了孟尝君的相国，并把他囚禁了起来，图谋杀掉他。无奈之下，孟尝君得知秦王很听其宠妾的话，便派人去见秦昭王的宠妾请求解救，那个宠妾提出希望得到孟尝君的白色狐皮裘，然后才肯帮助他。但是孟尝君来的时候，只带有一件白色狐裘，入秦时已经献给秦昭王了。孟尝君为此事一筹莫展，只好问计于随行入秦的门客，门客哑口无声。这时，有一位能力差但会披狗皮盗东西的人说："我能拿到那件白色狐皮裘。"于是当夜他化装成狗，钻入了秦宫的仓库，取出献给秦王的那件白狐皮裘。孟尝君又派人将其献给了秦王的那位宠妾。那位宠妾向昭王说情，孟尝君才被释放。孟尝君得释后，立即乘车逃离秦地。很快，昭王便后悔了，命人再找孟尝君时，发现他已经逃走了，忙派人追捕。孟尝君一行人逃到了函谷关。当时，天还没亮，按规定，鸡叫时才能开关门让人们出入，孟尝君怕追兵赶到难以逃脱，万分着急。宾客中有位会学鸡叫的人便学起鸡叫来,他一学鸡叫,附近的鸡随着一齐叫起来,守关人以为到了开关的时候,便开了关门。孟尝君等出示证件后,逃出了函谷关。秦兵虽然追到关前,但落在了孟尝君的后面。当初,孟尝君把这两个人安排在宾客中的时候,宾客无不感到羞耻,觉得脸上无光。等孟尝君在秦国遭到劫难时,却靠这两个人的鸡鸣狗盗之技解决了别人办不到的问题,众宾客们更加佩服孟尝君广招宾客的做法了。

　　齐闵王为派孟尝君去秦遭难而感到内疚。孟尝君回到齐国后,就又让他做了相国,执掌国政。孟尝君怨恨秦国,准备以齐国曾经帮助韩国、魏国攻打楚国为理由,来联合韩、魏攻打秦国,为此向西周借兵和粮食。苏代劝孟尝君说:"您拿齐国的兵力帮助韩、魏攻打楚长达9年时间,虽然取得了宛、叶以北的地方,结果却使韩、魏两国强大起来了。如果你再去攻打秦国,就更会加强韩、魏的力量。韩、魏两国南边没有楚国忧虑,北边没有秦国的祸患,那么齐国就危险了。韩、魏强盛起来,必定轻齐而畏秦,在这种情形下,我实在替您感到不安。您不如让西周与秦交好,您不要攻秦,也不要借兵和借粮。您把军队开近函谷关,却不进攻秦国,让西周把您的心情告诉秦昭王,说:'薛公一定不会攻破秦国来增强韩、魏两国的势力,他要进攻秦国,不过是想要大王责成楚国割地给齐国,并请您把楚怀王释放出来讲和。'秦国为了不被攻伐,势必会拿楚国的土地保全自己。楚王能够获释,也一定会感激齐国。齐国得到土地自然日益强大,薛邑也就世世代代没有忧患了。秦有一定实力,却处在韩、魏的西邻,韩、魏两国必定倚重齐国。"孟尝君听了,非常赞同。不仅避免了一场兵灾,而且让齐国从中获得了利益。

后来，齐闵王灭掉了宋国，愈加骄傲起来，打算除掉孟尝君。孟尝君很恐惧，就到了魏国。魏昭王任他为相，同西边的秦、赵联合，帮助燕国打败了齐国，齐闵王逃到莒，后来死在那里。齐襄王即位，当时孟尝君在诸侯之间持中立地位，不从属于哪个君王。齐襄王畏惧孟尝君的权势，便与孟尝君和好，与他亲近起来，但没有给他权位。田文辞世，他的门客各自散去，但孟尝君养士的美名，却流传于世。

合纵连横

战国中期的秦国，自秦孝公任用商鞅实行变法以后，国力迅速强大起来。在山东诸侯国中，这时，魏国的力量已经衰落，最东端的齐国力量和秦国相当。由于领土的互相接壤，各大国之间的冲突更加剧烈。秦、齐两个大国彼此展开争取盟国，孤立敌国的斗争。而赵、魏、韩等国国内，由此分成联秦抗齐和联齐抗秦两大派，从而展开了合纵连横活动。

所谓合纵连横，从地域上说，原是以韩、赵、魏为主，北连燕，南连楚为纵；东连齐或西连秦，东西相连为横。从策略上讲，合纵是"合众弱以攻一强"，是阻止强国进行兼并的策略；连横是"事一强以攻众弱"，是强国迫使弱国帮助它进行兼并的策略。起初，合纵既可以对秦，也可以对齐，连横既可以连秦，也可以连齐。直到秦赵长平之战后，才凝固成合纵，即是六国合力抵抗强秦，连横是六国分别投降秦国之意。适应这种需求，当时出现了一些在诸侯国之间四处活动，凭借三寸不烂之舌打动诸侯王，或取合纵，或采连横，而借机谋取高官厚禄的人。后来把这些人称为"纵横家"。其中最有名的，是苏秦和张仪。

苏秦是东周洛阳（今河南洛阳）人，习纵横游说之术于齐鬼谷先生。出游数年，无所遇，大困而归。苏秦之兄弟嫂妹妻妾都在背后耻笑他不事产业，不力工商，弃本务而事口舌。苏秦听说后，既感到惭愧，又很悲伤，就杜（关门、封闭）门不出，寻书遍读。一年后，他觉得自己可以说当世之君，便出而求说周显王。周显王不信他说的话。苏秦又西至秦国，想要说服秦惠王。恰巧秦国刚杀了商鞅，嫉辩士，不用苏秦之言。苏秦被迫又北至燕国，一年多后，才见到燕文公。苏秦对燕文公说："燕国之所以不被诸侯国侵扰，是因为赵国在燕国之南而为之障蔽。而且，秦若攻燕，需战于千里之外；赵若攻燕，只需战于百里之内。不忧百里之患而重千里之外，燕国没有比这更错误的政策了。愿大王与赵国纵亲，天下为一，则燕国必无后患。"燕文公从其计，资给苏秦车马，让他到赵国去。苏秦到了赵国，对赵肃侯说："当今之世，山东诸侯国没有比赵国更强大的。秦国所嫉恨的，亦莫如赵国。然而秦国之所以不敢举兵伐赵，是因为害怕韩、魏攻其后背。秦国若进攻韩、魏，二国无名山大川之险可守，必然地尽而后止。韩、魏不能抵挡，必然入臣于秦。秦国无韩、魏之忧，必然加兵于赵国。臣研究天下地图，诸侯国之地五倍于秦，诸侯之兵卒十倍于秦。六国并力而西向攻秦，必然击败秦国。搞连横的人，都想割诸侯之地给秦国，秦国成功，则其身荣华富贵，自己的国家被秦国进攻却从不放在心上。所以他们日夜以秦国的威权来恐吓诸侯，以求割地。愿大王认真考虑这一点！为大王计，莫如团结韩、魏、齐、楚、燕、赵为纵亲以抗秦国。合天下之将相会于洹水（流经今河南安阳境。洹，huán）之上，定下盟约，相互救援，则秦兵必不敢出函谷关（今河南灵宝北）以为害山东。"赵肃侯很高兴，隆重地招待苏秦，让他纵约诸侯。

苏秦到了韩国，劝韩宣惠王说："韩国之地方圆九百余里，带甲战士数十万，天下之利剑、强弓、劲弩皆从韩出。以韩国士兵之勇，被坚甲，带利剑，以一当百，不足与言。大王如果臣事秦国，秦国必求韩之宜阳（今河南宜阳西）、成皋（今河南荥阳西北）。今天给了它，明年又来要求割地，与之则无地可给，不与则必受后患。大王之地有限而秦国之求无已，只能市怨结祸（换取怨恨，结下祸根），不战而地已削减了。俗话说：'宁为鸡首，无为牛后（宁可在小范围里为首自主，不愿在大范围中任人支配）。'以大王之贤，挟强韩之兵，而有牛后之名，臣窃为大王感到羞耻。"韩王听从了苏秦的话。

苏秦到魏国劝魏王说："大王之地方圆千里，地方虽不大，却人口稠密，繁荣富庶。大王之国不下于楚国。大王之士兵，武士20万，苍头（指以青巾裹头的军队）20万，奋击（指精兵）20万，厮徒（杂役兵）10万，战车600乘，骑兵5000人，却听从群臣之说，而想臣事于秦。所以，赵王让臣来效愚计，奉明约，只要听大王您一句话就行。"魏王也听从了苏秦之言。

苏秦又到齐国劝齐王说："齐国四塞之国，方圆2000多里，带甲数10万，粮食堆积如山。军队之精锐，进入锋矢（箭），战如雷霆，解散如风雨。都城临淄有7万户，每户3个男子，不用到远县发兵，即可得到21万士兵。临淄又十分富实，居民无不斗鸡、走狗（纵狗行猎）、六博（中国古代民间一种掷采行棋的博戏类游戏）、阗鞠（tà jū，古代的球戏）。临淄大街上，车毂（gǔ，车轮中心，有洞可以插轴的部分，借指车轮或车）相击，人肩相摩，连衽（衣袖）

可成帷幕，挥汗如同下雨。韩、魏所以畏惧秦国，是因为与秦国接壤。两军交战，不出10天，胜败就决定了。韩、魏即使能战胜秦国，军队也要损失一半，而无余力守卫四境；如果不能战胜，随之而来的便是国家危亡。故韩、魏宁愿向秦国称臣而不轻易与秦国作战。秦若攻齐则不然，必须经韩、魏之地，过亢父（今山东金乡东北）之险，车不得方轨（并行），骑不得并列，百人守险，千人不敢过。秦虽想深入，却要担心韩、魏从背后袭击。所以，只能虚张声势而不敢进。所以，秦国不能危害齐国是明显的。而群臣却劝您西向事秦，这是错误的。"齐王也答应了。

苏秦又南到楚国，劝楚威王说："楚国是天下之强国，地方6000余里，带甲100万，战车1000辆，骑兵万匹，粮食可以支撑10年，这是称霸天下的资本。秦国所担忧的莫如楚国，楚强则秦弱，楚弱则秦强，势不两立。所以，为大王计，莫如合纵以孤立秦国。臣请令山东之诸侯承大王之明诏；委社稷，奉宗庙，练士厉兵，唯大王所用而已。所以，合纵则诸侯割地以事楚；连横则楚国割地以事秦。这两者相去甚远，大王您站在哪一边呢？"楚王也答应了。

于是，苏秦成为纵约长，同时当山东六国的相国，身佩六国相印。苏秦完成任务，回到赵国报告之时，跟在后面的车骑辎重排成长队，俨然王者出游一般。这一年是周显王三十六年（前333）。

苏秦之后的著名纵横家是张仪。

张仪是魏国人，曾与苏秦一起师事鬼谷先生（姓王名诩，又名王禅，号玄微子）。当苏秦在山东六国搞合纵的时候，张仪西入秦国，取得秦王信任。周慎靓王五年（前316），张仪成为秦国相国。

当时，山东诸侯的合纵活动仍在进行，特别是齐、楚两个大国结为联盟，对秦国非常不利。所以，张仪首先将力量放在破坏齐、楚联盟上（详见"楚怀王客死秦国"条）。他取得了成功，并使楚国蒙受巨大损失。周赧王四年（前311），秦惠王派人告诉楚怀王，请求以武关以外的秦地换取楚国的黔中地区（今湖南西部）。楚怀王正恨上了张仪的当，说："不愿换地，愿得张仪而献黔中地给秦。"张仪听说后，请求前往楚国。秦惠王说："楚王必杀你而后甘心，你为何要去呢？"张仪说："秦强楚弱，有大王在，谅楚国也不敢杀我。而且，我和楚王的嬖臣靳尚关系很好，靳尚深得楚王宠姬郑袖信任。郑袖的话，楚王没有不听的。"张仪遂前往楚国。楚怀王将他抓了起来，准备杀了他。靳尚对郑袖说："秦王十分喜爱张仪，准备以上庸六县和美女来赎回他。"郑袖怕秦女夺走自己的宠爱，便在楚怀王面前日夜哭泣。昏庸的楚怀王便释放了张仪，并隆重对待他。张仪乘机劝楚怀王说："搞合纵无异于驱群羊而攻猛虎，明摆着不行。大王若不臣事秦国，秦国胁迫韩、魏攻楚，楚国就危险了。秦之西有巴、蜀（今四川），打造船只，积聚粮食，顺江而下，一日夜行500里，不出十天便可到达扞关（今湖北宜昌西。扞，qiān）。扞关动则扞关以东之楚地尽皆城守，黔中和巫郡（今湖北西南部）便不再为楚国所有。秦军出武关，则楚国北部就完了。秦军攻楚，三个月内就可以定胜负，而楚待诸侯之救兵要在半年以上。待弱国之救而忘强秦之祸，我为大王感到担忧。大王诚能听我之言，我可使秦、楚长为兄弟之国，不相攻伐。"楚怀王答应了。

张仪随后到韩国，劝韩王说："韩国地势险恶，山居野处，粮食不过支撑两年，士卒不过二十万。秦国披甲百万。山东诸国以兵攻秦，秦兵应战，左手提人头，右手挈俘虏，如虎入羊群。用孟贲、乌获那样的勇士之军以攻弱国，就像在鸟卵之上垂千钧之重，必然没有好结果。大王不臣事秦国，秦军据宜阳，塞成皋，大王之国便被切为两段。鸿台之宫殿，桑林之花，必非大王所有。为大王计，莫如事秦以攻楚，将祸害转给楚国却讨秦国欢心，没有比这更好的计策了。"韩王听从了。

张仪归报，秦以六邑封之，号武信君。张仪又向东到齐国劝齐王，说道："搞合纵的人劝说大王，必定说：'齐国西散三晋，地广民众，兵强士勇，就是有一百个秦国，也无可奈何。'大王只知道那人说得好听，却不算计一下那是否真实。如今秦、楚两国嫁女娶妇，为兄弟之国，韩国献宜阳，魏国献河外（指黄河以西原属魏国的上郡地区），赵王入朝秦国，割地以事秦。大王若不事秦，秦驱韩、魏以攻齐国南部，派赵军渡河攻临淄。那时虽想臣事秦国，已经晚了。"齐王答应了。

张仪到赵国劝赵王说："今秦、楚为兄弟之国，韩、魏称东藩之臣，齐献鱼盐之地，这是断了赵国之右臂。秦派三将军，一军塞午道（在齐之西），一军军（攻杀）成皋，率韩、魏之军以攻赵之西境，一军军渑池（今河南渑池），约四国为一以攻赵国，赵国就危险了。为大王计，莫如与秦王当面相约，常为兄弟之国。"赵王答应了。

张仪又北到燕国，劝燕王说："现在赵王已入朝秦国。王若不事秦，秦军下云中，过九原，又率赵军攻燕，则易水和长城非大王所有。如今齐、赵和秦国相比，如郡县一般。若王能事秦，则长无齐、赵之患。"燕王许之。

张仪回秦国报告，未到咸阳，秦惠王就死了，秦武王立。秦武王为太子时就讨厌张仪。诸侯听说此事后，都背叛连横，重新合纵了。但张仪凭着自己能言善辩，又取得了秦武王的信任。后来，张仪又当了魏国的相国。

苏秦和张仪皆以纵横之术游说诸侯而获得富贵，引得天下之士竞相效仿。当时有名的纵横家，还有魏国人公孙衍。此外如苏代、周最、楼缓等也都十分有名。而纵横游说之士，遍于天下，不可胜数。

孙膑计斗庞涓

公元前 354 年，由于魏国迁都大梁（今河南开封），与向中原扩张领土的齐国有着尖锐的矛盾和冲突。齐国为了拉拢赵国和削弱魏国，便用计使赵、魏两国产生嫌隙，赵国触怒了魏国。魏惠王派庞涓发兵八万攻打赵国国都邯郸。

此前，魏惠王也学秦孝公的样子，要找商鞅式的人才，他花了好些金钱招徕天下豪杰。有个叫庞涓的魏国人，向魏惠王讲了些富国强兵的道理。魏惠王听了很高兴，就拜庞涓为大将。庞涓的确有些本领，他天天操练兵马，先从附近几个小国下手，一连打了几个胜仗。魏惠王更加信任庞涓了。

一次，魏惠王在与庞涓闲谈时提到了孙膑（bìn），他深知孙膑是吴国名将孙武的后代，对《孙子兵法》颇有研究，同时又为孙膑不能为自己所用而感到惋惜。庞涓知道了魏惠王的心事，心里十分不安，因为他早年与孙膑一同师学于鬼谷子先生，所学又都属排兵布阵等韬略之学。而孙膑因为学习勤奋，精心钻研，得到鬼谷子先生的真传。庞涓自知才学不及孙膑，如果将孙膑引荐到魏国，自己势必要屈居于他之下。可如果不引荐孙膑，魏惠王那里又说不过去，于是他用计骗来孙膑。魏惠王见到孙膑不胜欢喜，孙膑对惠王也有问必答，且头头是道，惠王由此对他倍加喜爱，重用之意溢于言表。魏惠王如此善待孙膑，引起了庞涓的不快，便私下用奸计骗取孙膑的家信，并做了删改，然后告知魏王，说孙膑里通外国。魏惠王在不明真相的情况下相信了庞涓，并将孙膑处以膑刑（除去膝盖骨），还在脸上刺了字。

　　受过膑刑的孙膑怕庞涓残害他的性命，便装疯卖傻，恰好被出使魏国的齐国使者发现了。齐使知道孙膑是有用之才，便设法带孙膑逃归齐国，被齐国大将田忌收留。一次，齐王与田忌赛马，孙膑略施一计，就帮助田忌赢了齐王。孙膑才华初露，很得齐王赏识，有意重用他。此时，赵国都城邯郸被围，开始向楚国求救，但楚国想坐观成败，而见机取利，答应救赵国却按兵不动。于是，

赵国使臣弃楚求救于齐。齐威王任田忌为将军，用孙膑为军师，率军 8 万前往驰援。

将军田忌主张率齐军直赴赵地解围，孙膑审时度势，认为魏强齐弱，以弱击强，胜算不大。他提议趁魏精兵攻赵，魏都防务空虚的有利时机，避实就虚，攻打魏都，魏国一定回来救援，那么赵国之困就解决了。田忌采纳了孙膑的计谋，率军直接攻打魏国。魏国将军庞涓闻听国都大梁被围，果然弃赵回奔救援。孙膑却在庞涓的归路设好了伏兵，当庞涓领兵长途奔袭而疲惫不堪时，齐兵突然四起，将魏军一举击溃，大将庞涓落荒而逃。此战地点因为位于桂陵，被称作"桂陵之战"，后世人将这种料敌而谋，避实就虚，攻其必救，然后巧施截击的战法称为"围魏救赵"。

公元前 342 年攻打韩国时，韩国也向齐国求救。那时候，齐威王死了，齐蔓王派田忌、孙膑带兵救韩，齐军依照孙膑的计策，待两国交战日久，兵力衰竭时，又一次猛捣魏都大梁，庞涓得到本国的告急文书，只好撤围回国，与国内太子申组织的兵马合力夹击齐军。一天，庞涓察看了一下齐三军扎过营的地方，发现齐军的营盘占了很大的地方。他叫人数了数做饭的炉灶，足够 10 万人吃饭用的。庞涓吓出一身冷汗。第二天，庞涓带领大军赶到齐军第二次扎营的地方，又数了数炉灶，却只有能供 5 万人用的了，庞涓得知后一阵窃喜。

到了第三天，庞涓追到齐国军队第三次扎营的地方，仔细数了炉灶，只剩了 2 万人用的。庞涓这才放了心，他笑着说："我早知齐军都是胆小鬼，10 万大军到了魏国，才三天工夫，就逃散了一大半。"其实，这是孙膑"退兵减灶"的诱敌之计。他命令齐兵沿路丢弃武器辎重，并逐日减少军中做饭的锅灶，使庞涓产生错觉，误以为齐军兵士大部分逃亡了，已经溃不成军。庞涓果然上当了，他"弃其步军，与其轻锐倍日并行逐之"。

此时，孙膑在将庞涓诱到齐国境内马陵（今河南范县西南）后，算好魏兵到达此地的时间，然后命齐军利用有利地形，设下埋伏。天快黑的时候，庞涓率兵追到了马陵。马陵道十分狭窄，路旁边都是障碍物，庞涓恨不得一步赶上齐国的军队，便吩咐大军摸黑往前追赶。忽然前面的兵士回来报告说："前面有乱木塞路。"

庞涓上前一看，果然见道旁的树全被齐兵砍倒了，只留下一棵最大的没砍。这时，一个兵士看到树上刻了一行字，因为天色渐黑，庞涓便叫人举火辨认，只见上面写的是："庞涓死于此树下。"庞涓大吃一惊，连忙吩咐将士撤退，可是已经太晚了。伴随着孙膑给齐军放的信号箭放出，顷刻间，齐军万箭齐发，魏军死伤惨重，庞涓兵败自杀。

孙膑是继孙武之后的又一位军事奇才，他身残而智高，善于因势利导，避实击虚，能运筹于帷幄之中，决胜于千里之外。他所著述的《孙膑兵法》是一部在世界上很有影响力的军事著作，并在以后两千多年的岁月里备受推崇。

完璧归赵

公元前283年，秦昭襄王派使者带着国书去见赵惠文王，说秦王希望能用15座城来换取赵国收藏的宝璧——和氏璧。当时，秦国强大而赵国弱小，赵王明知秦王不怀好意，又不敢拒绝。他和大臣们再三商议此事，也想不出一个好办法。这时，宦者令缪贤向赵王推荐自己的舍人（左右亲信或门客的通称）蔺相如，说此人极具胆色，应该能够承担出使秦国的重任。正苦于找不到人选的赵王连忙传召蔺相如。

一见面，赵王便问蔺相如："秦王愿用15座城池来换和氏璧，你认为我是否应该答应？"蔺相如答道："秦国强，赵国弱，赵国不能不答应。"赵王又问："秦国得璧之后，如果不给城池，我们该怎么办？"蔺相如答道："秦国愿用城换璧，如果赵国不给璧，那么理亏的是赵国。反之，赵国给了璧，而秦国不给城，那么理亏的就是秦国。相较而言，我们不如答应秦国的要求，让秦国去承担理亏的责任。"赵王觉得此话有理，便继续问道："依你之见，谁能担任使者？"蔺相如回答道："如果大王找不到合适的人选，臣愿出任使者。秦国如果给城池，臣便将璧交给秦国；秦国如果不给城池，臣定当完璧归赵。"于是，赵王便同意由蔺相如出使秦国。

蔺相如见到秦王后，将璧呈给秦王。秦王拿到光洁无瑕、光彩夺目的和氏璧后，爱不释手，反复赏玩。随后，秦王又将璧依次传给身边的妃嫔、近侍观赏，压根儿不提用城池换和氏璧的事情。

相如见状，想出了一个主意。待璧最终传回秦王桌上时，蔺相如上前禀道："大王，和氏璧上有一点小瑕疵，请让在下为您指出。"秦王便将璧交到蔺相如手中。

蔺相如一拿到璧，立即快速向后退去，到殿柱旁边才止步，继而愤怒喝道："赵王斋戒了5天后，才郑重将国书和璧一起交给我，命我出使秦国。如今，大王高傲失信，只是一味赏玩和氏璧，却绝口不提换城事宜。由此可见，用城换璧根本就是谎言！所以，我只好将璧拿回来。大王如果执意相逼，我就与璧一起撞到这殿柱上。"说完，蔺相如便将璧高高擎起，眼睛斜盯着殿柱，作势就要撞去。

秦王担心蔺相果真携璧撞柱，连忙向他赔礼道歉。同时，秦王又命人拿出地图，将要交换的城池一一向蔺相如交代清楚。此时，蔺相如已经看穿秦王并无用城换璧的诚意，便要求秦王在斋戒5天后，用最高级别的礼仪接受这件稀世珍宝；秦王无奈之下，只得答应蔺相如的请求。

由于确信秦王不会将15座城给赵国，蔺相如当晚便派人化装成普通百姓，穿着破烂衣服，连夜将璧送回赵国；至此，蔺相如成功兑现了"完璧归赵"的誓言。

5天后，秦王斋戒完毕，请蔺相如拿出和氏璧！蔺相如神色平静，坦然答道："我已将璧送回赵国，如果秦国愿交出15座城，赵国一定拿出璧。尽管我知道欺骗大王乃是死罪，但我宁愿受死！"

此时，和氏璧已归赵，杀了蔺相如也无济于事。无奈之下，秦王只得作罢。

将相和

蔺相如将和氏璧完好无损地送回赵国后，因功被赵王封为上大夫。

后来，秦王为了与赵国订立合约，派人请赵王到渑（miǎn）池会盟。赵王担心秦王暗藏阴谋，就打算拒绝会盟。大将军廉颇和蔺相如认为赵王应该赴会，否则秦国会认为赵国弱小可欺。赵王只好答应了。

蔺相如随赵王一起来到渑池。在宴会上，秦王不怀好意地对赵王说："我听说您爱好音乐，请您为我弹瑟。"赵王就弹奏了一曲。秦国的史官随即上前记录道："某年月日，秦王与赵王会饮，秦王令赵王鼓瑟。"

蔺相如听后勃然大怒。他走上前，捧着一个缶（fǒu，原是酒器，后演化成乐器的一种）对秦王说："我们大王听说您很会演奏秦国音乐，便让我给您献上此缶，请您奏一支曲子以助酒兴。"秦王很生气，拒绝击缶。蔺相如再上前几步，说道："我跟您只有五步的距离，您要是还不愿意，我就请求把一腔热血溅到您身上！"

秦王的侍卫见状都亮出刀剑准备斩杀蔺相如。蔺相如凛然不惧，他怒睁双目，厉声斥责那些人。秦国人都被他的气势镇住，慌乱地退回去了。秦王面色不悦，拿起缶来击了一下。蔺相如马上把赵国的史官叫过来，让他记录："某年月日，秦王为赵王击缶。"

秦国的群臣怒不可遏，纷纷嚷道："请赵王把15座城池送给秦王做礼物！"蔺相如应声说道："请秦王把咸阳送给赵王做礼物！"于是，秦国的君臣便无计可施了。

渑池会从开始到结束，秦国始终没占到上风。赵王认为蔺相如应对得体，保全了赵国的颜面，回国后就封他做了上卿（相当于丞相的官职），尊荣超过了廉颇。靠累累战功起家的廉颇对此极为不满，他气冲冲地对人说："蔺相如只是能说会道罢了，怎么比得上我驰骋沙场为国家出生入死？何况他的身世极其卑微，何德何能竟敢爬到我的头上？假如我见到了他，一定要好好羞辱他！"

很快就有人把廉颇的话传给了蔺相如。但蔺相如不以为忤，他以大局为重，尽量避免与廉颇正面冲突。每到朝会的日子，他都称病不出。当他出游时，只要看到廉颇的车马，就立即命令车夫绕路避开。对此情况，蔺相如府上的门客都看不下去了，他们集体去见蔺相如，说："我们这些人辞别亲友来追随您，是因为仰慕您的高尚品格。但是现在廉颇如此傲慢，就算常人都不肯忍受如此屈辱，而您却畏缩避让。如果您坚持这样的话，就请允许我们告辞吧。"

蔺相如听完笑了笑，问道："诸位觉得廉将军和秦王相比，谁更难对付？"门客们都说："廉将军虽勇猛，但比不上秦王。"蔺相如便说："我都敢当面斥责秦王，羞辱他的臣子，岂会畏惧廉将军？但我想的是，强大的秦国之所以不敢打赵国的主意，正是顾忌赵国有我和廉将军；我们要是争斗起来了，必然会有损国体。要处处以国家为重，不要太计较私人恩怨啊。"

不久，廉颇听说了蔺相如的言语。他认真反省之后，知道自己有错，就脱去上衣，把荆条绑在背上，由门客引导到蔺相如府里谢罪。他对蔺相如说："我是个粗鄙无知的人，竟不知道您如此宽宏大量！"蔺相如忙扶他起身。两人从此结为生死之交。

秦国听闻此事后，更不敢轻视赵国了。

范雎入秦

范雎是战国时魏国人，字叔。当时的士人阶层中有纵横家言者，专事游说诸侯，以取富贵。范雎便是其中之一。范雎欲事魏王，而家贫无以自资，乃先事魏国的中大夫须贾。一次，须贾受魏昭王的派遣，出使齐国，范雎也跟着去了。他们在齐国居留了数月，一直未得结果，齐襄王听说范雎有辩才，便派人赐给范雎黄金十斤及牛酒等物，以拉拢范雎，范雎辞谢而不敢接受。谁知，须贾知道后，大为恼怒，认为范雎向齐国透露了魏国的什么秘密，所以得此馈赠，便令范雎接受了齐国人给的牛酒，退还其黄金。回到魏国后，须贾余怒未消，将此事告诉了魏国相魏齐。魏齐大怒，派人将范雎抓来，一顿毒打。范雎肋骨被打断，牙齿被打落。范雎忍着痛楚装死，魏齐认为他死了，就让人用席子把范雎卷起来，搁到厕所里。宾客喝醉酒，就在范雎身上撒尿，以此来警告别人不要像范雎一样胡说八道。范雎从席中对看守他的人说："公能出我，我必厚谢公。"看守人向魏齐请求把席里卷的范雎尸体弄出去，魏齐答应了，范雎因此得脱。后来魏齐后悔，派人寻找范雎，魏国人郑安平带着范雎藏了起来，并改名叫张禄，以躲避搜捕。

不久，秦昭王派谒者王稽使于魏国。郑安平化装成士卒，侍候王稽。王稽出使，还负有搜寻贤才的使命。他问郑安平，魏国有没有贤士可以西游于秦。郑安平推荐范雎。范雎夜见王稽，语未完，王稽便知此人是一贤才，当即决定偷偷带范雎到秦国去。王稽完成使命，离开魏国时，便把范雎带在车中，向秦国进发。他们走到湖（在今河南三门峡西）时，望见一队车骑从西而来，范雎问王稽来者为谁，王稽说是秦国相穰（ráng）侯魏冉东行郡县。范雎说："听说穰侯专秦国之权，讨厌诸侯客之入秦者，他见我怕要侮辱我。我还是藏而不见为好。"范雎便藏在车中，魏冉到车跟前后，果然问王稽是否带诸侯客来，并说他们无益于秦国。王稽连称不敢，遂相别去。范雎又说："吾闻穰侯乃智士，只是见事稍迟。刚才怀疑车中有人，忘记了搜索。"说着从车上下来步行，说："他一定会后悔。"行十余里，穰侯果然派人追来搜索车中，无人，乃罢去。范雎遂安全地到达咸阳。王稽见了秦昭王后，说："魏有张禄先生，天下之辩士，说：'秦王之国危于累卵，得臣则安。然不可以书传。'所以臣将他带来了。"秦昭王不大相信，让范雎住到客舍之中吃闲饭。等了一年多，范雎也未见着秦昭王。

当时，秦昭王即秦王位已36年，秦国南拔（攻取）楚之鄢郢，东破齐国，国势蒸蒸日上。但当时秦国的大权掌握在穰侯魏冉手中。魏冉是秦昭王的舅舅，大权在握，以太后故，私家富于王室。泾阳君、高陵君皆昭王之同母弟，也富贵无比，秦昭王反而形同傀儡。所以，范雎向秦昭王上书，愿陈秦国之利害。秦昭王得书大喜，召见范雎。范雎入见时，遇见昭王车骑。范雎装作不知，故意挡道。宦者怒逐之，说："王至！"范雎故意说："秦安得有王？秦独有太后、穰侯耳！"此言正中秦昭王心事。因此，秦昭王带范雎入宫中，屏左右无人，而向范雎请教。范雎向秦昭王表达了自己对秦国局势的看法，认为：以秦四塞之国，国力强大，可兴霸王之业。然而，闭关15年，不敢窥兵于山东，是穰侯为秦不忠，而昭王之计有所差失。并向秦昭王建议，秦国夺取天下的指导方针，应是"远交而近攻，得寸则王之寸也，得尺则王之尺也"。秦应首先进攻地处中原，为天下之枢机而又比较弱小的韩、魏两国，以威制诸侯。秦昭王大喜，乃拜范雎为客卿，而卒用其谋。但当时范雎只敢言外事，而不敢及于秦国之内政。

数年之后，范雎和秦昭王的关系日益亲近，觉得时机已经成熟，便乘机对秦昭王说："臣居山东时，闻齐之有田文，不闻其有王；闻秦之有太后、穰侯，也不闻有王。夫擅国之谓王，能利害之谓王，制杀生之威之谓王。今太后擅行不顾，穰侯出使不报，贵臣专权而国不危者，从未有。善治国者，乃内固其威而外重其权。穰侯操王权之重，决制于诸侯，剖符（古代授官封爵，以竹符为信，剖分为二，一给本人，一留朝廷，相当于后来的委任状）天下。战胜攻取则利归于陶（穰侯封邑），战败则怨结百姓，而归祸于社稷。臣窃为王恐，万世之后，有秦国者非王之子孙。"秦昭王听了范雎之言，深感恐惧，于是，废太后，逐穰侯、高陵、华阳、泾阳君于关外。秦昭王乃拜范雎为相，收穰侯魏冉之印，使归于陶。又封范雎以应，号为应侯。这一年，是周赧王四十九年（前266）。

范雎相秦之后，秦号曰张禄，而魏国不知，还以为范雎早已死了。魏国听说秦国将东伐韩、魏，便派须贾出使秦国。范雎听说后，便穿起弊衣破鞋，步行到邸舍（客栈）去见须贾。须贾见了范雎，大吃一惊，说："范叔固无恙乎？"范雎说："是的。"须贾笑着说："范叔有说于秦国吗？"范雎说："不敢。唯前日得罪了魏相，故逃亡至此，哪里还敢做说客！"须贾问范雎今做何事，范雎伪称为人佣保。须贾觉得范雎有些可怜，便留范雎吃饭，还送给了范雎一件袍子，并问范雎能不能和秦相张禄联系。范雎说自己服侍张公，可以带他去见。范雎归府，取大车驷马（指驾一车之四马）以御须贾入府。到门口，让须贾在门外等待。须贾久等不见范雎出来，一问，方知范雎便是秦相张禄，大惊失色，肉袒膝行（形容顺从投降），向范雎谢罪。范雎数其罪，入言昭王，罢归须贾，要须贾归言魏王，速送魏齐之首。须贾归言魏齐，魏齐恐而亡走赵国，匿于赵相平原君家。秦昭王为了给范雎报仇，将平原君骗至秦国做人质，以换魏齐。魏齐被逼自杀。

周赧王五十五年（前260），秦赵两国战于长平。赵将廉颇坚壁固守，秦军不得前。秦昭王乃用范雎之谋，运用反间计，使赵国用赵括代廉颇为将，因而得以在长平大破赵军，全歼赵军主力。

长平战后，秦军统帅白起欲乘机灭赵，而率军围攻邯郸。赵国危在旦夕。赵王用虞卿之谋，行反间于秦，以武安君白起攻城略地，功业盖世，若灭赵，必代范雎，范雎出于个人私利，对秦昭王言赵国未易灭，而劝昭王罢兵。秦昭王听从了范雎之言，遂使秦国失去了灭赵的一次大好机会。范雎和白起之间也因此有了矛盾。第二年［周赧王五十六年（前259）］，范雎想弥补因去年撤军而造成的损失，再次出兵，按白起原来计划的路线进攻赵国。秦昭王欲复使白起为将，白起以形势已与去年不同、攻赵难以成功为由，拒不出征。秦军久攻邯郸不下，秦昭王大急，强起白起为帅，白起不从。范雎便进言秦昭王，逼白起自杀，给秦国造成了不可弥补的损失。白起死后，范雎推荐郑安平为将，率军攻赵。在邯郸城下，秦军为诸侯联军所败，郑安平降赵。按秦国的法律，任人而所任不善者，各以其罪罪之。因此，范雎之罪当收三族。秦昭王不忍治其罪，而下令国中，有敢言郑安平事者以其罪罪之。范雎因此得以免于处罚。可过了不久，范雎为相后所推荐的河东守王稽（带范雎入秦者），又与山东诸侯交通，坐法被杀。范雎的心里更不痛快了。一次，秦昭王当朝而叹，范雎问昭王何为而叹，秦昭王说："今武安君既死，而郑安平等叛，内无良将而外多敌国，吾是以忧。"秦昭王的意思，是想激励范雎，可范雎听后，心中十分忧惧，不知所出。燕人蔡泽闻范雎之困境后，前去见范雎，劝范雎能上能下，功成身退。范雎认为有理，便向秦昭王推荐蔡泽，自己谢病归相印，得以善终。

范雎和苏秦、张仪一样，是战国时辩士的典型。综观范雎之入秦、相秦，可以说功过参半。有功者，建远交近攻之策，使秦国更得志于诸侯；而范雎之过，则在排斥穰侯，又以一己之私利，撤秦长平之军,失灭赵之良机,将相不和,更逼白起自杀,而又所用非人。但范雎仍不失为一智谋之士。

长平之战

公元前260年夏,赵括接管了长平前线40余万赵军。与此同时,秦国也秘密派遣武安君白起抵达长平前线接替王龁(hé)指挥秦军。赵括到达前线后,收缩了兵力,准备主动进击秦军,企图一战而歼灭秦军,收复上党。白起以丹河东岸的长平城为依托,沿丹河东岸的天然高岗构筑起长达18公里的主阵地,右翼一直延伸到小东仓河北岸,以抵御赵军主力的进攻。另安排25000人在决战开始后切断从石长城出击的赵军退路;另安排5000骑兵断绝留守石长城的赵军与出击的赵军主力之间的联系。

赵括在对秦军所知甚少的情况下,指挥主力出击屯扎在故关前的秦军部队。秦军按照白起的将令,接战不久后便诈败,沿着直通长平城的大道逃跑,把追击的赵军主力引诱到预设战场。赵括浑然不知秦军的诡计,指挥全军猛攻秦军阵地。秦军顽强抵抗,赵军无法攻破。此时,进击秦军的赵军主力已经远离故关12公里。预伏在小东仓河北岸的25000秦军这时突然出击切断了赵军的退路。5000骑兵也兵临故关前,使留守故关的赵军不敢出击支援。这样,赵军被完全分为两段。赵军出击的主力失去了后勤保障;留守的部队空守着粮草辎重却无法增援决战。秦军抓住有利态势,派出部队从两翼攻击赵军。赵军分兵作战,不能取胜,被秦军威逼在了一条狭长的地带。面对险恶的战局,赵括命令部队原地筑垒防御,等待援兵。秦军乘势合围赵军于主阵地前。赵军被秦军围于野外的消息报到邯郸，赵孝成王意欲合纵抗秦，遣使求救于邻近的楚、魏等诸侯国。但是，由于之前赵国使者入咸阳和谈得秦昭襄王厚遇，诸侯国都看在眼里，所以都不愿救赵。赵孝成王只得派出本国的部队赶往长平前线救援。秦国方面，得到合围住赵军主力的消息后，秦昭襄王亲自从咸阳赶到邻近前线的河内郡，给所有的郡民赐爵一级，命令郡内 15 岁以上男丁悉数出征前往支援长平前线，阻击赵国的援军。于是，被围的赵军无法得到援助和补给。九月，在被困 46 天后，赵括在突围时被秦军射杀。

赵军再无战力，全体投降了秦军。秦军清点俘虏人数，竟有近 40 万人。是役秦军也伤亡过半，对人数众多的俘虏心有余悸。白起于是假意许诺说准备把降兵中身体强健的留下带回秦国，而年老体弱伤残幼小的会放归赵国。赵人不疑。结果在毫无防备的情况下，近 40 万身体虚弱的赵国俘虏全体遭到秦军坑杀（用作谴责，指屠杀无辜，如大规模杀俘和杀平民）。唯有 240 个年纪幼小的赵人被秦军放归了赵国。长平之战以赵军的惨败，秦军的全面胜利结束。

信陵君窃符救赵

魏国公子信陵君名无忌，是魏昭王的小儿子，魏安釐王同父异母的弟弟。昭王病逝后，安釐王即位，做了魏国的国君，封无忌为信陵君。

公元前 259 年，秦国派兵攻打赵国都城邯郸。平原君去楚国搬救兵。同时，他的夫人，即信陵君的姐姐，一再给魏安釐王和信陵君写信，请求魏国派兵救赵。

于是，魏王派将军晋鄙率领 10 万大军前去救赵。秦昭襄王得知楚、魏两国都发兵救赵的消息后，马上派使者威胁魏王说："秦军很快就要攻下邯郸了，诸侯谁敢援救赵国，秦军随后就去攻打谁。"魏王害怕了，连忙命令晋鄙停留在邺地，安营扎寨，观望战局的发展。

赵孝成王见魏国的援兵迟迟不到，就让刚从楚国回来的平原君给信陵君写信求救。信陵君接到信后左右为难，劝魏王出兵，魏王却不答应。他就把自己手下的门客召集起来，组织了一百多辆战车，要去和秦军拼命。

信陵君和看守城门的隐士侯嬴是好友，他临行前去向侯嬴告别，侯嬴说："公子好自为之吧，老臣不能和您一起去。"信陵君辞别侯嬴后，越想越不痛快，自己和侯嬴是非常好的朋友，今天他为什么不肯和自己一起去救赵国呢？于是他又返回去，问侯嬴自己有什么做得不对的地方。

侯嬴笑着说："公子带这点儿人去邯郸，就是羊入虎口，毫无用处。我打听到兵符藏在大王的卧室里，只有大王宠爱的如姬能偷出来。当初如姬的父亲被人害死，是公子替她报了仇。如果公子请如姬把兵符盗出来，她一定会答应的。得到兵符之后，您就可以去接管晋鄙的兵权，再率大军去救赵，岂不更好！"信陵君听后，连连点头称是，他马上派人去跟如姬商量。果然，如姬答应了。当天夜里她就把兵符偷出来交给了信陵君。信陵君再次来向侯嬴辞行，侯嬴问他："如果您去接替晋鄙，晋鄙接到兵符也不把兵权交给您怎么办？"信陵君听了，半天也没说出对策来。侯嬴又说："您还是带着朱亥去吧，万一晋鄙不交兵权，您就让朱亥杀死他。"

朱亥是侯嬴的朋友，擅使大铁锤。朱亥见到信陵君，笑着说："臣下是市井屠夫，承蒙公子不弃多次拜访。今天公子要救赵国，正是臣下卖命的时候。"信陵君和朱亥等人告别了侯嬴，快马加鞭地赶到了邺城，晋鄙果然不想交出兵权。信陵君怕时间一长事情有变，就向身边的朱亥使眼色。朱亥一个箭步冲上去，从袖子里抽出一个重 40 斤重的大铁锤，向晋鄙砸了过去，晋鄙猝不及防，当场就被砸死了。众将士见晋鄙被杀，都不敢作声。信陵君率领大军直奔邯郸而去。

这时候，春申君率领的楚军也已到邯郸城下。楚、魏两军一起向秦军猛攻，邯郸城内的将士见救兵到来，也打开城门冲了出来。秦将王龁（bāo）根本没有料到楚、魏两国的大军会来得这么神速，急忙领兵奋力迎战，但是由于三国军队一起夹击，秦军终于支撑不住了，败了下去，剩下的 2 万多秦军全都扔下武器投降了。

信陵君在隐士侯嬴的帮助下，窃得兵符，解了邯郸之围，也打击了秦国的嚣张气焰。

毛遂自荐

赵国在长平遭到惨败后，元气大伤，面对来势汹汹的秦军，已无力抗击。赵孝成王为了保住赵国的疆土，只得派人四下求救。平原君对赵胜说："魏国与我们有姻亲关系，而且素来与我们友好，向他们求救，肯定能答应。楚国大，而且离我们远，必须以'合纵'之计来劝说他们，他们才肯出兵，事关重大，只有我亲自

327

去才行。"于是，他辞别赵王，准备入楚。

平原君打算带 20 名文武双全的人跟他一起去楚国。他手下有 3000 个门客，可是真要找文武双全的人，却并不容易。挑来挑去，只挑中了 19 人。平原君不无感慨地说："我养客数十年了，想再找出一个文武全才却这么难。"

正当平原君为最后一个人选着急的时候，有个门客自我推荐说："我能不能来凑个数呢？"平原君有点惊异地问："您叫什么名字？到我门下多少日子了？"那个门客说："我叫毛遂，到这儿已经三年了。"平原君摇摇头说："有才能的人活在世上，就像一把锥子放在口袋里，它的尖儿很快就冒出来了。可是您来到这儿三年了，我却没有听说过您，可见您于文于武是一无所长啊！"毛遂说："这是因为我到今天才处在囊中。要是您早点让我处于囊中，我早就脱颖而出了，岂止是露出个尖儿？"平原君很赏识毛遂的胆量和口才，就决定带他前往。

平原君带着 20 位门客来到了楚国。平原君与楚考烈王在朝堂上谈判"合纵"抗秦的事，毛遂和其他 19 个门客都在台阶下等着。从早晨谈起，一直谈到中午，平原君为了说服楚王，把嘴都说干了，可是楚王说什么也不同意出兵抗秦。平原君说："秦国虽强，分制六国则不足；六国虽弱，合力制秦则有余。如果我们都各扫门前雪，不思救助，总有一天会被秦国一个个吃掉。"楚王说："秦国刚一出兵就打下了韩国的野王、上党，长平一战就灭了赵国 40 多万兵马，可谓兵速将勇。我们楚国地处偏远，即使去了，能管用吗？"平原君接道："长平之败，属于赵王用人不当，现在秦兵 20 万大军围困邯郸，长达一年有余，赵国却毫发未损，如果有救兵里外合击，定能战胜秦国。"楚王又找出托词说："秦国

刚与我们交好,我们现在去救赵国,不等于代人受过吗?"平原君一针见血地说:"秦国与楚国交好,是想腾出手来专门对付韩、魏、赵,这三国要是完了,楚国能单独存在吗?"

平原君与楚王在殿上争论不下,急坏了台阶下的门客们。毛遂等得实在不耐烦,便手按宝剑,拾级而上。然后冲着楚王高声嚷道:"平原君讲了'合纵'的利害,你们合不合纵,三言两语就可以解决了。怎么从早晨说到现在,还没有个结果?"楚王很不高兴,问平原君:"这是什么人?"平原君说:"是我的门客毛遂。"楚王一听只是个门客,更加生气地斥责道:"我跟你主人商量国家大事,轮不到你来多嘴,还不赶快下去!"毛遂却按着宝剑跨前一步说："合纵是天下大事，普天下所有的人都可以议论，我家主人在上，用不着你来教训我！"楚王看他身边带着剑，又听他说话那股狠劲儿，有点害怕起来，就换了和气的口吻对他说："那您有什么高见，请说吧。"

毛遂镇定地说道："楚国有 5000 多里土地，100 万兵士，原来是个称霸的大国。没有想到秦国一兴起，楚国连连打败仗，甚至连堂堂的国君也当了秦国的俘虏，死在秦国，这是楚国最大的耻辱。秦国的白起，不过是个没有什么了不起的小子，带了几万人，一战就把楚国的国都——郢夺了去，逼得大王只好迁都。这种耻辱，就连我们赵国人都替你们害羞，想不到大王把这些耻辱忘得一干二净。老实说，今天我们主人跟大王来商量'合纵'抗秦，主要是为了楚国，不单是为我们自己！"毛遂这一番话，真像一把锥子，一句句戳痛楚王的心。楚王不由得脸红了，接连说："说的是，说的是。"

毛遂就势赶紧追问了一句："那么'合纵'的事就这么定了？"楚王说："我意已决。"毛遂马上回过头，叫楚王的侍从马上取歃血订盟的用具。然后，他亲自捧着铜盘子，跪在楚王的跟前说："大王是'合纵'的'纵约长'，请您先歃血。"楚王歃血后，平原君和毛遂也当场歃了血。

楚、赵结盟以后，楚考烈王派春申君黄歇为大将，率领 8 万大军，奔赴赵国，以解邯郸之围。平原君回国后，盛赞毛遂说："毛先生的三寸之舌，强于百万之师！若不是先生自荐于前，我恐怕不只是失去先生，还要失去天下能人志士啊！"

屈原投汨罗江

屈原，楚国人，我国历史上伟大的爱国诗人，他担任楚国左徒（副宰相）之职的时候只有 25 岁。屈原主张变法图强、联齐抗秦。因为这些主张，他遭到了楚国贵族中亲秦派的陷害，被贬为三闾大夫，负责管理宗庙祭祀。没过多久，就被流放到了荒芜偏僻的沅湘地区。

眼见楚国外有强敌，内有奸臣，屈原万分担忧。他整日在江边徘徊，哀伤地吟咏着担忧国家和民众的诗篇。在流放期间，屈原创作出了很多传诵千古的佳作，其中有《离骚》《天问》《九章》等。

公元前 278 年，楚国国都郢被秦国大将白起攻克，百姓四处流亡，国君和众大臣也都仓皇出逃。

听到国破家亡的消息后，屈原伤心欲绝。他独自走在汨（mì）罗江边，心中充满悲愤。突然，有个人问他："这不是三闾大夫吗？为何身在此处啊？"屈原抬眼，看到问话的是个渔人，屈原哀伤地说："举世皆浊我独清，众人皆醉我独醒。故而被放逐至此。"渔人对他说："其实您不必如此恪守成规，随俗一些没什么不好。既然全世界都处于污浊之中，您何不也随波逐流？既然世人皆醉，您何不也跟着饮几杯？何苦要遗世而独立？"屈原愤慨地说："我曾听说，'刚刚洗过头发的人，定然会将帽子上的灰尘挥去再戴；刚刚沐浴过的人，定然会将衣服抖干净再穿。'我怎能任污浊侵蚀我洁净的躯体？就算是跳入这汨罗江，我也绝不让自己任这污浊的世道亵渎！"言罢，转身离去。

五月初五这天，屈原作下最后一首诗《怀沙》后，怀着满心悲愤抱石投入了汨罗江。当地的百姓驾着船打捞屈原的尸身，但自始至终都没有找到。

后来，当地的百姓将饭团和鸡蛋等扔进江水中，想要喂饱河中的鱼虾，让屈原的尸身免遭噬咬。还有人将雄黄酒倒入江中，说这样能药晕河里的水兽，使屈原免遭伤害。

从此之后，每年的五月初五，当地的百姓就驾着船往河中撒鸡蛋、饭团、雄黄酒，以此祭奠屈原。慢慢地，这就演变成了五月初五赛龙舟、吃粽子、喝雄黄酒的风俗。这便是如今依然受重视的节日——"端午节"的由来。

司马错灭巴蜀

今天我国的四川省，在远古时期曾经产生过与中原文明有较大差异的、相对独立的古代文明，特别是今川西的成都平原一带，是古代著名的蜀国所在地。而今天的重庆及其附近地区，则是巴国所在地。

巴国原是周王朝在南土的封国，国君为姬姓，属周王室的分支。但巴国的人民被称为南蛮，因而他们与国君可能不属于同一民族。有关春秋战国时代巴国的历史，史书并无任何正式的记载。巴国的旧壤在汉代的巴郡、南郡，即今湖北省的荆门、江陵等地以西地区。因为巴国靠近楚国，在有关楚国的记载中，才附带地叙及巴国的叛服。战国以后，在楚国的逼迫下，巴国沿长江逐渐向四川盆地退却，先退据捍关（今四川奉节县），再向上游退至长江支流嘉陵江流域，先都平都（今四川丰都县），后又都江州（今四川重庆市）。到秦国向南进军时，巴国北上而定居在阆中（今四川阆中。阆，làng）。

蜀国的历史比巴更为悠久。早在周武王伐纣时，蜀就是出兵助战的西南少数部族之一。在战国以前，除《尚书·牧誓》外，中国史书中没有任何有关蜀的记载。到战国时代，蜀国逐渐强大，出兵向北攻取南郑（今陕西汉中），向东攻伐兹方（今湖北松滋市），竟然和秦、楚这样的强国作战。《华阳国志·蜀志》载，战国时代的蜀王杜宇"自以功德高诸王，乃以褒斜（在今陕西南部）为前门，熊耳、灵关（今四川宝兴南）为后户，玉垒（在四川省理县东南，多作成都的代称）、峨眉为城郭，江、潜、绵、洛为池泽，以汶山为畜牧，南中（指今天的云南、贵州和四川西南部）为园苑"，说明这时蜀已具国家的规模。以近年在四川地区出土的巴、蜀青铜器和其他遗物来看，巴、蜀的文化已相当发达，其文字、形制等都独具地方特色。

直至战国中期，巴国还比较强大，还曾和蜀国联兵伐楚。此后却逐渐衰弱，放弃了长期作为其政治、经济中心的江州而向北退居到阆中。蜀国的势力向东发展，与巴国连年交战。在此之前，蜀王将其弟封于汉中，号曰苴（jū）侯。苴侯和巴王交好。蜀王攻巴，因怒而攻苴侯。苴侯抵敌不住，便逃奔到巴。巴向秦国求救。蜀也派人到秦国请求出兵帮助。这一年，是周慎靓王五年（前316）。

秦国接到巴、蜀两国的告急文书后，立即在朝廷进行了讨论。当时在位的秦惠王很想出兵伐蜀，又觉得蜀国山高路远，行程艰难，韩国也恰在此时出兵进攻秦国的东界，因而犹豫不决。大臣们也意见不一。大将司马错请求乘机出兵伐蜀。丞相张仪却坚决反对。秦惠王让他们发表各自的意见。张仪说："如果我们亲近魏国，和楚国交好，然后兵进三川（指伊水、洛水和黄河交汇地区，即今河南洛阳地区），进攻新城（在今河南洛阳市南）、宜阳（今河南宜阳西），兵临二周之郊，据有九鼎，按天下之图籍，挟周天子以令于天下，天下莫敢不听，此霸王之业也。臣听说，若要争名誉，应该在朝堂；若要争利益，则应在市场。如今三川和周室，乃天下之朝市，世人之所注目，而陛下不去争，却要去和戎狄相争，这不是实现霸王之业的办法。"司马错听了以后说："不然。臣听说，要想让国家富起来，就要扩大国家的地盘；要想使军队强大，就要先让百姓富足；想成就王业者，要先博施其德惠。这三者具备了，王业自然可以实现。如今，陛下国土狭小，人民贫困，所以臣愿陛下先从容易的事情上着手。蜀国地处偏僻的西方，为戎狄之长，国内正发生混乱。以我们秦国的力量去进攻它，就像豺狼追逐绵羊。得到其土地可以扩大国土，取其财富可以让百姓富足。付不出多少伤亡便可以征服它。消灭掉一个国家，天下人并不以为我们暴虐；利尽四海而天下人也不认为我们贪婪。这样，我们一举而名实相副，名利双收。但是，如果我们进攻韩国，劫持周天子，便只能得到恶名，这对我们并没有什么好处。而且，我们又落个不义之名，去做天下人不愿看到的事情。这种做法是危险的。臣请求详细谈一下其中的缘故：周天子为天下之所宗，齐国和韩国又互相亲睦。周天子知道自己将被灭亡，韩国知道自己将要丢失三川郡，他们便会并力合谋，依靠齐国和赵国的力量，和楚国、魏国取得谅解，将九鼎送给楚国，将地送给魏国，陛下是没有办法阻止他们这样做的。那时，我们的进攻就失去了意义。因此，臣以为出兵伐蜀为十全之策。"秦惠王听了，认为司马错的分

中华上下五千年

第三篇 春秋·战国

析有道理，便采纳了司马错的意见，并任命司马错为将，率军伐蜀。秦军南越秦岭，以摧枯拉朽之势，仅用了 10 个月的时间，便平定了蜀地和巴国，将其纳入秦国的版图。贬蜀王为侯，而令陈庄相蜀。从此，秦国的土地面积扩大了一倍以上，国力更加强大，对山东诸侯国形成了更大的优势。

赵武灵王胡服骑射

周威烈王二十三年（前 403），韩、魏、赵三家分晋，建立起三个封建诸侯国家。当时赵国的疆界东与中山和齐相接，东北与东胡部落和燕相邻，北与林胡、楼烦两部落相交，西南与魏、韩、卫相邻。赵武灵王为赵国第六代国君，是一个有作为的社会改革家和军事家。在他为君期间〔周显王四十四年（前 325）年至周赧王十六年（前 299）〕，正处于剧烈兼并战争时期。

赵国的北部多是胡人部落，这些游牧民族虽然没有与赵国发生大的战争，但小的掠夺冲突是常有的。胡人身穿短衣、长裤，往来迅速，弯弓射箭自如，上下马方便，而赵人穿的衣服，袖长腰肥，领宽摆大，加上烦琐的结扎、笨重的盔甲。行动十分不便。这种情况，同样存在于当时各诸侯国的军队，且军队的组成又是以长袍大褂的带甲兵士和兵车为主，很少有骑兵。赵武灵王有感于此，就准备采用胡人的服装，让军队学习骑马射箭，以利于作战。

周赧王八年（前 307），赵武灵王召见群臣，商议教百姓胡服骑射一事。当时，许多大臣反对，认为改变衣着习惯，牵涉自古以来中原的礼教习俗，不能轻易改变。大臣肥义支持赵武灵王的主张，认为办任何一件事，顾虑太多就不能成功，若要学习胡服骑射，就不必顾忌旧习惯势力的议论，而且自古以来，风俗习惯不是不能改变的，舜、禹就曾向苗、倮（luǒ）等部落学习和改变过习俗，赵武灵王听了肥义的话，坚定了决心，带头胡服。

实行胡服首先遭到以王叔公子成为首的王族中一些人的极力反对，赵武灵王亲自到公子成家说服，整整一天的辩论终于使公子成接受了赵武灵王的主张，并表示也愿意带头胡服。但王族公子赵文、赵造、赵俊和大臣周造等人仍然坚决反对这项改革，指责赵武灵王变更古法，是一大罪过。赵武灵王又与他们展开一场论辩，用大量的事实说明胡服的益处，赵文等人理屈词穷，只好同意胡服。这项改革推行全国，很快得到百姓的拥护。公族赵燕迟迟不改胡服，赵王准备对他处以极刑以示天下，赵燕吓得连连称罪，立即胡服。

胡服改革成功，赵武灵王立即组建骑兵，学习骑马射箭，并很快使骑兵成为赵军的主力。从胡服骑射的第二年（周赧王九年，前306）起，赵国军队的战斗力得到很大的增强。凭借着骑兵主力，赵国攻取胡地到榆中（今内蒙古自治区鄂尔多斯），"辟地千里"；周赧王十年（前305），赵武灵王率军大举进攻原来经常侵扰赵国的中山国，攻取丹丘、华阳、鸱（chī）、鄗（hào）、石邑、封龙、东垣等地，迫使中山国献四邑求和；周赧王十五年（前300），又攻中山，扩地北至燕、代，西至云中（今内蒙古自治区托克托东北）、九原（今内蒙古自治区包头市西）。到周赧王十六年（前299）赵武灵王让位给儿子赵惠文王时，赵国已是"七雄"中的强国之一了。

赵武灵王胡服骑射极大地增强了军队的战斗力，使得赵国一跃而为实力雄厚的强国。同时，从胡人那里学习来的这种短衣长裤服装形式，以后就成为汉民族服装形式的一部分，极大地便利了人们的生活与劳动，两千多年一直沿用了下来。

李牧击匈奴

战国末年，位于中国北方蒙古高原的匈奴族逐渐强大起来。匈奴部族也有悠久的历史，在商朝，中原人称之为"鬼方"，西周时期又称为猃狁（或严狁），至战国时期始称匈奴。匈奴实际上是蒙古高原许多个部族的总称。他们都是游牧民族，惯于骑马，逐水草放牧牛羊。男子从小骑羊持弓射猎兔、鹿，长大则骑马。当时的匈奴部族还处于奴隶制初期，习惯于从别的部族抢掠财物：急则上马冲杀，成年男子皆为战士；败则溃散而逃，丝毫不以为耻。而进退神速，来去如风，给中原北方秦、赵、燕等诸侯国造成很大威胁。赵武灵王胡服骑射，仿照胡人习俗，组建起强大的骑兵部队，转而用之进攻匈奴分支之一的林胡等部，开地千里，收到了很好的效果。到战国末年，各胡人部落在匈奴的旗帜下逐渐统一起来，形成一支巨大的力量，严重威胁赵、秦、燕等国北方边境的安全。因此，这三个诸侯国在北方各自修筑长城的同时，又都驻扎有大量的防御部队，以抵御匈奴族的入侵。同时，也出现了一些抗匈奴的名将，赵国的李牧便是其中最有名的一位。

李牧前半生的生平，由于缺乏史料，无法知道。我们只知道他是赵国北方边境的名将，曾经在赵国的代郡（今河北蔚县西南）和雁门郡（今山西右玉南）一带防御匈奴。因匈奴兵皆为骑兵，来去如风，不易捕捉战机，必须一战得胜，才能赢得战场上的主动权，否则便会东追西挡，疲于奔命。为达到一战得胜的目的，李牧首先致力于团结将士，使上下齐心协力。他根据边境的实际情况设置官吏，开辟商业市场，然后把从市场上征收来的租税都输入幕府（旧时将帅办公的地方，后也泛指衙署），作为军费开支，每天都买些牛来杀掉，犒劳士兵。平日加紧督促士兵练习骑马射箭，提高战斗能力。在边防线上则命令军兵提高警惕，完善烽火等报警设施，并派出许多间谍侦探匈奴人的动向。但李牧却不准士兵出去和匈奴人交战，并向全军下令："如果匈奴兵来侵扰，立即收拾畜产、驱赶牛羊入城自保。敢出去抓匈奴者斩！"匈奴兵一进入赵国边地，赵军立即点燃烽火，入城据守，拒不出战。这样过了几年，赵国方面也并没有什么损失。匈奴人都认为李牧是个胆小鬼，就连赵国的边防士兵，也都这样看待李牧。为此，赵王派使者责让李牧，李牧却不听命令，依然故我。赵王见李牧如此，十分恼怒，便撤了李牧的职，改派他指挥边防。在以后的一年多时间里，赵军屡次出战，却屡屡战败，死伤了不少人马，边郡地区也不能正常耕田放牧。赵王不得已，又请李牧出任边将，李牧却紧闭家门，称病不出。赵王大急，强行请李牧出任，李牧说："如果一定要用我为将，一定要照我说的办，我才敢奉命。"赵王答应了李牧的要求。李牧到边郡后，还采取以前的办法，匈奴连续几年里都没有抢到什么，却始终认定李牧胆怯。李牧又经常赏赐将士。赏赐多了，将士们无功受禄，于心不安，不愿意再接受赏赐，都愿意和匈奴人大战一场。李牧见将士们士气已经养成，便从边防军中挑出1300辆战车，13000精锐骑兵，能擒敌杀将的精锐步兵5万人，善射的弓箭兵10万人，把他们全部调集在一起，准备作战。然后，李牧下令大开城门，将牛羊都驱赶到田野里。一时间，牧畜、人民、布满山野。匈奴人闻讯后，立即前来抢掠。赵军佯装不胜，让匈奴人俘去数十人。匈奴单于见赵军不过如此，便率领大军进入边塞，想大捞一把。李牧见匈奴兵来到，便布下奇阵，命中军诱敌，左、右两军从侧翼包抄进击，形成包围，大败匈奴人，杀匈奴兵十多万人。之后，李牧率军乘胜消灭了襜褴（chān lán）部落，击破了东胡，并迫使林胡投降赵国。匈奴单于被打得抱头鼠窜，十几年都不敢靠近赵国边境。

荆轲刺秦王

尉缭是魏国大梁（今河南开封）人，他谒见秦王后，认为秦王政是一个"用人时朝前，不用时朝后"的苛刻少恩的人。有一天，他忽然不辞而别。这下，急坏了秦王政，他四处派人查找，终于追上了走不多时的尉缭，还与尉缭指天发誓，大封尉氏宗族。

此后，秦王政运用尉缭的计谋，用大量的金银珠宝，分派宾客子弟到列国，送与那些当权的官宦，然后探听列国的虚实，再用尉缭先韩、魏、赵，后楚、燕、齐的兼并方略。此时，韩已称臣，于是加兵向赵。赵王本欲用老将廉颇为将，但奸臣郭开怕廉颇为将于己不利，便用金钱贿赂赵王的使臣，让其假报："廉颇已老，不堪重用。"后又用反间计杀了曾击败秦兵的名将李牧。公元前228年，秦国大将王翦占领了赵国都城邯郸，遂将邯郸纳入了秦国的版图。

与赵国相邻的燕国深感大厦将倾，已岌岌可危。但是，若以武力抗衡，燕国既无精兵，又无良将；若俯首称臣，又于心不甘。尤其是燕国的太子丹，对秦更是仇恨无比，他原来曾留在秦国做人质，当他见秦王政决心兼并列国后，便预先通知燕王早做准备，还以燕王生病为由求归燕国，但秦王政说："燕王不死，太子不能回去。"太子丹愁苦无计，不得不换衣毁面，混出了函谷关。

逃归燕国的太子丹报仇心切，无意于操练兵马，也不打算联络诸侯共同抗秦，而是招贤纳叛，大收门客，企望从中物色出敢于行刺秦王政的人物。他的门客里有在闹市砍杀仇人的秦武阳，有举旗反秦的秦将樊於期，但这两人都不是太子丹心目中的理想人选。所以，太子丹仍旧到处寻觅。这时，有一位太子丹的故交把一个叫荆轲的人引荐给他，此人勇猛过人，剑术精湛，深得太子丹赏识。太子丹把荆轲收为上宾，把自己的车马给荆轲坐，自己的饭食、衣服让荆轲一起享用。太子丹的厚爱使荆轲感激不已，并发誓要以身相报。

此时，秦国大将王翦又移兵向北，渐渐逼近了燕国。燕太子丹十分焦急，他对荆轲说："拿兵力去对付秦国，简直像拿鸡蛋去砸石头，要联合各国'合纵'抗秦，也无法做到，最简捷的办法是派一位勇士，打扮成使者去见秦王，挨近秦王身边，逼他退还诸侯的土地。秦王要是答应了最好，要是不答应，就把他刺死。"

荆轲说："这个办法的确可行，但要挨近秦王身边，不是秦王最想得到的无法打动他的心。听说秦王早想得到燕国最肥沃的土地督亢（今河北涿州市一带）；还有秦国将军樊於期，现在流亡在燕国，秦王正在悬赏通缉他。我要是能拿着樊将军的头和督亢的地图去献给秦王，他一定会接见我。这样，我就可以寻找机会下手了。"太子丹感到为难，他说："督亢的地图好办，可樊将军受秦国迫害来投奔我，我怎么忍心伤害他呢？"

荆轲知道太子丹心里不忍，就私下去找樊於期，对樊於期说："将军得罪秦王，全家遭到屠戮，现在还到处缉拿你，将军想怎样报这个仇？"樊於期仰天流泪说："一提到秦王政，我恨不得与他同归于尽，只是现在还未有好的办法。"荆轲说："我有一个主意能帮助燕国解除祸患，还能替将军报仇，可就是说不出口。"

樊於期连忙说："你有什么计谋？快说说看！如果能报此仇，就是粉身碎骨，我也在所不惜！"荆轲犹豫了一阵说："我决定去行刺，但怕无法接近秦王。如果我能带着你的头颅去献给他，然后便能趁其不备，将他刺杀。这样将军的仇得报，而燕国也就免得生灵涂炭了。"樊於期听罢，爽声说道："此仇得报，我何惜此头！"说罢，他挥剑自刎了。

太子丹事前准备了一把锋利的匕首，叫工匠用毒药煮炼过，只要被这把匕首刺出一滴血，就会立刻气绝身死。他把这把匕首送给荆轲，作为行刺的武器，又派了个年仅 13 岁的勇士秦舞阳随荆轲入咸阳。

公元前 227 年，荆轲动身前往秦国，太子丹和他的门客们都身着白衣，前来为荆轲送行，一直送到燕国南部的易水北岸（今河北易县），然后摆酒设宴，互相诀别。在场的人知道这一分别将再无相见之日，都非常悲伤。临行时，荆轲与好友们击筑（一种打击乐器）而歌："风萧萧兮易水寒，壮士一去兮不复还……"

大家听了他悲壮的歌声，都伤心得流下眼泪。荆轲拉着秦舞阳跳上车，在悲壮的歌声中，扬鞭西去。

荆轲到了咸阳，秦王政一听燕国派使者把樊於期的头颅和督亢的地图送来，十分高兴，传令在咸阳宫接见荆轲。朝见时，只见荆轲捧着盛樊於期头颅的盒子，秦舞阳捧着督亢的地图，一步步走上秦国朝堂的台阶。但秦王却只许荆轲一人上殿，秦舞阳被挡在了殿下。殿上，荆轲有问必答，从容应对。可殿下的秦舞阳一见秦国朝堂那副威严的样子，不由得脸色惨白。此时，秦王政让荆轲打开木匣，一看果然是樊於期的头颅，便随口问道："为什么不早把他杀了献给我？"荆轲对道："樊於期逃进漠北，是燕王以千金悬赏才抓到他的，本想把他活着交给您，可路上怕他逃走，这才将他斩首。"听了荆轲的解释，秦王政不再生疑。然后他命令道："取秦舞阳的地图来给我看看。"荆轲从秦舞阳手中拿来地图，交给了秦王政。

　　秦王政慢慢将地图展开，快要全部打开时，荆轲预先卷在地图里的匕首露出来。秦王政一见，惊得跳了起来，荆轲连忙操起匕首，左手拉住秦王政的袖子，将匕首向秦王政胸口刺去。秦王政使劲地向后一转身，把袖子都挣断了。他跳过旁边的屏风，要往外跑。荆轲拿着匕首追了上来，秦王政一见无法走脱，便绕着朝堂上的大铜柱子躲闪。荆轲紧追不舍，两个人像走马灯似的转起圈来。

　　秦宫有一项规定：凡上殿的臣子，没有秦王的允许是不能带兵器的，而持兵器的侍卫则都是在殿下。所以，秦王政的身边虽然有许多官员，但都手无寸铁；台阶下的侍卫，没有秦王命令则不敢上殿。大家都急得六神无主，只得徒手相搏。官员中有个伺候秦王政的郎中，他急中生智，操起手里的药箱来抵挡荆轲的匕首。荆轲挥起匕首，药箱立刻被划得粉碎。不过，这一划却错过了杀秦王的有利时机。此时，秦王政急抽身上的佩剑，可他的剑长，因臂短而不能拔出剑鞘。小内侍赵高急忙提醒说："大王可把剑放到背后再拔。"秦王政当即领悟，从背后拔剑在手，然后挥剑斩断了荆轲的左腿。

　　荆轲无法站立，倒于地上，并顺势将手中的匕首朝秦王政投了过去。秦王政往右边一闪，那把匕首从他耳边飞过，直扎在铜柱上，立时火花四溅。秦王政见荆轲手里没有武器，又上前向荆轲砍了几剑。荆轲身上受了多处剑伤，自己知道已经失败，苦笑着说："我没有早下手，本来是想先逼你退还燕国的土地。不想，事与愿违，被你逃脱。不过，你恃强凌弱，吞并诸侯，即使统一了天下，也不会长久的。"

这时候，侍从和武士已经一起赶上殿来，结果了荆轲的性命。此前，台阶下的秦舞阳知道荆轲在殿上动了手，便想上前帮他，但未到近前，就被郎中和武士们给杀了。

荆轲虽然未能刺杀秦王，却落得个千秋勇士之名，可惜太子丹空怀复国报仇之志，枉害了很多人的性命，到头来还是落得个身亡国灭。公元前226年，秦军大举攻燕，太子丹和燕王喜逃至辽东。秦将李信率大军随后追击，燕王喜惧怕秦军，决定杀太子丹，并献其头而求和。

"秦王扫六合"

秦王嬴政杀了荆轲之后，立即下令，增兵遣将，由王翦统率秦军猛攻燕国。燕国溃不成军。燕王和太子丹逃到了辽东。为了躲避秦王的追杀，燕王迫不得已忍痛杀了太子丹向秦国求和。

在攻打燕国的同时，秦国也没放松对魏国的进攻。公元前225年，王翦的儿子王贲带兵灭了魏国。

秦王嬴政决定乘胜一举灭了楚国，他问大将李信："寡人想攻取楚国，你认为需要多少军队？"李信年轻气盛，经验不足，他想了想，说："臣有20万就足够了。"嬴政又问老将军王翦，王翦说:"楚国是个大国,非 60 万人马不可。"秦王很不高兴地说:"王将军真是老了,怎么这样胆小!"于是,就派李信率领 20 万大军前去攻打南方的楚国。王翦见自己的意见不为秦王所用,就以生病为借口,告老还乡了。李信率军来到楚国后,刚一和楚军交手,就被老将项燕指挥的楚军打得败下阵来,楚国追击李信的军队三天三夜,杀死了无数秦兵。

嬴政听见李信打了败仗,旋即撤了李信的职位,自己亲自赶到王翦的家乡,向王翦道歉说:"寡人不听将军的话,果然被楚军打得大败,现在楚军迅速向我国逼近,将军虽然有病在身,难道就忍心丢下秦国不管吗?"王翦见秦王嬴政真心诚意地来请自己,就说:"大王如果一定要用老臣,非给我 60 万人马不可。"秦王嬴政马上答应了。

公元前 224 年,嬴政亲自在灞(bà)上摆酒为王翦大军送行。王翦率军来到南方后,先不急于交战,而是命令秦军修筑了坚固的堡垒,楚军几次前来挑战,王翦也不出兵,楚军只得向东撤退。

这时候,王翦突然发起进攻,打得楚军措手不及,纷纷丢盔弃甲。公元前 223 年,王翦俘虏了楚王,楚国灭亡。

楚国灭亡后,王翦的儿子王贲又率大军攻取了辽东。公元前 222 年,燕国也灭亡了。王贲在回师的途中,又攻取了赵国。

这时候,中原六国只剩下了一个齐国。齐王建原以为齐国离秦国比较远,秦国不会来攻打齐国。直到其他五国先后都被秦灭掉之后,他才觉得情况不妙,但为时已晚。

公元前 221 年,王贲率领大军直扑临淄。齐国孤军奋战,没几天就投降了。

至此,秦国兼并了六国,统一了天下,各诸侯国经过二百五十多年的割据战争，终于平息下来，建立了中国历史上第一个统一的多民族中央集权封建国家——秦朝。

神医扁鹊

扁鹊，名秦越人，传说年少时为客舍长。有个叫长桑君的客人，十多年来常在这家客馆投宿，扁鹊对他很友善，长桑君看出扁鹊非平凡之辈。有一天，长桑君对扁鹊说："我有传世秘方，现在年老了，想将这方子传给你，你不要让外人知道。"扁鹊发誓后，长桑君从怀里拿出药来，说："配上池水饮服，30 日后应当见效。"把秘方都传给了扁鹊，就忽地不见了。扁鹊服了 30 日药后，可以隔墙看见物体，诊病，尽见五脏之症结。

扁鹊于是开始行医，经过虢国时，听说虢太子死了，扁鹊向好方术的人询问太子的病情后，说："我能使他复活。"于是便去诊治太子，他发现太子还能听到耳鸣，鼻翼微张，两腿之间尚有余温。当时，虢君已经悲痛不已，听说扁鹊能救活太子，连忙恳请扁鹊医治太子。经过扁鹊医治后，太子仿佛睡了一觉，没多长时间就醒来了，又服了两个月药，太子就好了。天下人都传颂着扁鹊能医治死人。扁鹊说："不是我能使人死而复生，而是他本来就是活的，我只是使他站起来罢了。"

晋国赵武死后，传位景叔，景叔死，传位赵鞅，当时晋公室弱，六卿强。周敬王二十年（前 500），赵鞅得病，五日不省人事，众大夫都很害怕，请来扁鹊诊病。扁鹊说：从前秦穆公也得过这病，昏睡七日醒来，说见到先帝，先帝告之于命。现在赵鞅之病相同，不出三日必醒来，醒来之后必有话告诉你们。过了两日半，

赵鞅果然醒来，说："住在上帝处真快活，上帝命我射熊、罴，又赏赐我二笥（sì，盛饭或衣物的方形竹器），我看见儿子在上帝的旁边，上帝又赏给我一翟犬。"左右告诉赵鞅扁鹊的预言，赵鞅惊叹，赏扁鹊良田 4 万亩。

扁鹊经过齐国，齐桓侯款待他。扁鹊说："您有疾病在腠理（中医指皮肤的纹理和皮下肌肉之间的空隙。腠，còu），不及时医治将加深。"桓侯不相信，认为扁鹊想居功。过了五日，扁鹊又见桓侯，说："您的病已经进到血脉。"桓侯还是不信。又过了五日，见了桓侯，说："病情已深入肠胃。"桓侯不搭理他。又过了五日，扁鹊望见桓侯转身就走。桓侯觉得奇怪，派人询问，扁鹊说："当病还在腠理，汤熨（中医的一种治疗方法，用热水熨帖患处以散寒止痛）可治好；到了血脉，针石之法可治好；入肠胃，酒醪（汁滓混合的酒）可治好；深入骨髓，则无可奈何。现在桓侯的病已到了骨髓，我也无计可施了。"又过五日，桓侯发病，派人寻找扁鹊，扁鹊已不知去向。不久，桓侯不治而亡。

扁鹊医术高明，名闻天下。能医妇科、耳目鼻科、小儿科，等等。秦国太医令李醯（xī）自知医术不如扁鹊高明，妒忌扁鹊，就派人将扁鹊杀害了。

春秋医学是中国医学的发生期，我们现在所能见到的有关那个时代的医学材料不多，而且很分散。《左传》记载秦国医生医缓说晋侯的病在"肓之上，膏之下〔古人把心尖脂肪叫"膏"；心脏与膈膜之间叫"肓（huāng）"〕"，似乎认为疾病是由外向里发展的。扁鹊则是中国方剂学的鼻祖。扁鹊是中国最早的名医，已成为医生的代名词，他的出现代表了中国医学的兴起。

《吕氏春秋》

《吕氏春秋》是战国末年（前 221 年前后）秦国丞相吕不韦组织属下门客集体编纂的杂家著作，又名《吕览》，在公元前 239 写成，当时正是秦国统一六国前夜。

吕不韦，生年不详，卒于秦始皇十二年（前 235），战国末期卫国人。作品《吕氏春秋》。

吕不韦原是阳翟（今河南禹县）的大商人，经商期间，遇到了流亡赵国的秦公子子楚，当时，子楚处境很艰难，吕不韦很同情他，并认为子楚"奇货可居"，于是用金钱资助子楚，并帮助他获得了继承王位的资格。公元前253年，子楚继承王位，是为庄襄王。庄襄王以吕不韦为丞相，并封他为文信侯。庄襄王死后，其子政立，是为秦始皇。秦始皇尊吕不韦为相国，号称仲父。在他执政为相期间，秦国出兵灭东周，攻取韩、赵、魏三国的土地，建立三川、太原东郡，为统一中国做出了积极贡献。秦始皇亲理政务后，将他免职，并迁去蜀，后忧惧饮鸩（zhèn，传说中的一种毒鸟，把它的羽毛放在酒里，可以毒杀人）而亡。吕不韦为相期间，门下食客三千人，家童万人。他命门客"人人著所闻"，为建立统一的封建中央集权制寻找理论根据，这些著作最终汇编成了《吕氏春秋》。

《吕氏春秋》共分为12纪、8览、6论，共26卷，160篇，20余万字。内容驳杂（混杂），有儒、道、墨、法、兵、农、纵横、阴阳家等各家思想，所以《汉书·艺文志》等将其列入杂家。《吕氏春秋》在内容上虽然杂，但在组织上并非没有系统，编著上并非没有理论，内容上也并非没有体系。正如该书《用众》篇所说："天下无粹白之狐，而有粹白之裘，取之众白也。"《吕氏春秋》的编著目的显然是为了集各家之精华，成一家之思想，那就是以道家思想为主干，融合各家学说。据吕不韦说，此书对各家思想的去取完全从客观出发，对各家都抱以公正的态度，一视同仁。因为"私视使目盲，私听使耳聋，私虑使心狂。三者皆私没精，则智无由公。智不公，则福日衰，灾日隆"（《吕氏春秋·序意》）。

《吕氏春秋》的12纪是全书的大旨所在，是全书的重要部分，分为《春纪》《夏纪》《秋纪》《冬纪》。每纪都是5篇，共60篇。本书是在"法天地"的基础上来编辑的，而12纪是象征"大圜"

（yuán）的天，所以，这一部分便使用12月令来作为组合材料的线索。《春纪》主要讨论养生之道，《夏纪》论述教学道理及音乐理论，《秋纪》主要讨论军事问题，《冬纪》主要讨论人的品质问题。8览，现在63篇，显然脱去一篇。内容从开天辟地说起，一直说到做人务本之道、治国之道以及如何认识分辨事物、如何用民、为君等。6论，共36篇，杂论各家学说。

《吕氏春秋》对先秦诸子的思想进行了总结性的批判。《不二》篇中说："老聃贵柔，孔子贵仁，墨翟贵廉，关尹贵清，子列子贵虚，陈骈贵齐，阳生贵己，孙膑贵势，王廖贵先，儿良贵后。"它认为，这不同的思想应当统一起来，"一则治，异则乱；一则安，异则危。"（《不二》）思想统一后，才能"齐万不同，愚智工拙，皆尽力竭能，如出一穴"。统一的过程，实际上是一个批判吸收的过程。所以，《吕氏春秋》对各家思想都进行了改造、发展与摒弃。例如，儒家主张维护君权，这种思想被《吕氏春秋》吸收了，但是它是以独特的面目出现的。它主张拥护新"天子"，即建立封建集权国家。它说："今周室既灾，而天子已绝，乱莫大于无天子。"（《谨听》）"天下必有天子，所以一之也，天子必执一，所以抟之也。一则治，两则乱。"（《执一》）

《吕氏春秋》保存着先秦各家各派的不同学说，还记载了不少古史旧闻、古人遗语、古籍佚文及一些古代科学知识，其中不少内容是其他书中所没有的。在过去，《吕氏春秋》深得人们的好评。司马迁称它"备天地万物古今之事"。在《报任安书》中，甚至把它与《周易》《春秋》《国语》《离骚》等相提并论。东汉高诱在给它作注时说它"大出诸子之右"。客观地说，《吕氏春秋》不是一部系统的哲学著作，它有一定的思想价值，但更主要的是资料价值。它的一些寓言故事，至今仍脍炙人口，富有教育意义。

楚　辞

楚辞，其本义是指楚地的歌辞，后来逐渐固定为两种含义：一是诗歌的体裁，一是诗歌总集的名称（在一定程度上也代表了楚国文学）。楚辞的创作手法是浪漫主义的，它感情奔放，想象奇特，且具有浓郁的楚国地方特色和神话色彩。与《诗经》古朴的四言体诗相比，楚辞的句式较活泼，句中有时使用楚国方言，在节奏和韵律上独具特色，更适合表现丰富复杂的思想感情。

从诗歌体裁来说，它是战国后期以屈原为代表的诗人，在楚国民歌基础上开创的一种新诗体。从总集名称来说，它是西汉刘向在前人基础上辑录（把相关的资料加以收集、整理成书）的一部"楚辞"体的诗歌总集，收入战国楚人屈原、宋玉的作品以及汉代贾谊、淮南小山、严忌、东方朔、王褒、刘向诸人的仿骚作品。

"楚辞"之名首见于《史记·酷吏列传》。可见至迟在汉代前期已有这一名称。其本义，当是泛指楚地的歌辞，以后才成为专称，指以战国时楚国屈原的创作为代表的新诗体。这种诗体具有浓厚的地域文化色彩，如宋人黄伯思所说，"皆书楚语，作楚声，纪楚地，名楚物"（《东观余论》）。西汉末，刘向辑录屈原、宋玉的作品及汉代人模仿这种诗体的作品，书名即题作《楚辞》。这是《诗经》以后，我国古代又一部具有深远影响的诗歌总集。另外，由于屈原的《离骚》是楚辞的代表作，所以楚辞又被称为"骚"或"骚体"。汉代人还普遍把楚辞称为"赋"。《史记》中已说屈原"作《怀沙》之赋"，《汉书·艺文志》中也列有"屈原赋""宋玉赋"等名目。

在汉代，楚辞也被称为辞或辞赋。西汉末年，刘向将屈原、宋玉的作品以及汉代淮南小山、东方朔、王褒、刘向等人承袭模仿屈原、宋玉的作品共十六篇辑录成集，定名为《楚辞》。楚辞遂又成为诗歌总集的名称。由于屈原的《离骚》是《楚辞》的代表作，故楚辞又称为骚或骚体。

儒家创始人孔子

孔子（前551—前479）的名字叫孔丘，是鲁国陬邑（今山东曲阜。陬，zōu）人。他小时候读书很用功，特别喜欢周朝的古礼。当时的读书人应该学习的六艺，即礼节、音乐、射箭、驾车、书写和计算，孔子都学得很好。

渐渐地有些人想要跟随孔子学习，于是孔子就办了一个私塾，做起老师来。孔子主张对不同的人要采取不同的教育方法，以及教育不分高低贵贱，对所有人都应一视同仁，等等。那时候连鲁国的大夫孟僖子也让他的两个儿子到孔子的私塾中去读书。后来孔子被这两个学生推荐给鲁昭公。鲁昭公很欣赏孔子的才华，就派他到洛邑去考察周朝的礼乐。孔子帮助鲁国做了很多事情，使鲁国在外交上取得了胜利。

齐国的大夫看到这种情形后，认为孔子留在鲁国会对他们不利，便想了一个计策。他们找了一些十分美貌的乐女，送给鲁国国君鲁定公，从此以后，鲁定公就天天和乐女们在一起唱歌跳舞，也不上朝了。孔子对弟子们说："鲁定公做不了大事，我们走吧！"

从那以后，孔子就带着他的学生开始周游列国，四处宣传周朝的礼乐制度。可是那个时候，各国都忙着争霸和战争，没有精力来关心礼乐的问题。所以，孔子在奔波了七八年，碰了很多钉子之后，又回到了鲁国，开始把精力放在教育和整理古代的典籍上。

《诗经》《尚书》《春秋》便是孔子晚年整理的。《诗经》是我国最早的一部诗歌总集，一共收录了西周和春秋时期的诗歌305篇，在我国文学史上占有重要的地位。

公元前479年，孔子去世了。他的弟子继续传授他的主张，逐渐形成了儒家学派，孔子也就成了儒家学派的创始人，孔子和学生的论段后来被整理为《论语》一书。孔子的儒家思想对中国和世界范围内的华人都产生了很大的影响，孔子是我国古代伟大的思想家和教育家。如今，世界范围内有许多家"孔子学院"。

"亚圣"孟子

公元前390年，儒家亚圣孟子生于邹地（今山东邹城市）。他幼年丧父，由母亲一人抚育成人。孟子小时贪玩，见什么学什么。开始他家的邻居是个屠夫，孟子就天天学杀猪的样子。孟母搬家后，遇到了一个铁匠邻居，孟子又学起铁匠，叮叮当当东敲西打。孟母十分注重教育，为了给孟子创造一个理想的生活、学习环境，孟母再次搬家，最后搬到一处学宫旁边。孟子看见读书人的言行挺优雅的，就跟一些读书人学习诗书、礼仪，孟母这才放了心，在那个地方定居下来。

青少年时代的孟子读书很勤奋，他从师于孔子的孙子子思，得到了圣人的真传。他仰慕孔子的学问和为人，向往他周游列国的经历。孟子认为五百年出一个圣人，从文王到他那时已经过了五百年，他觉得这个大任将要由他来承担。孟子便运用自己的知识才能参与国家政治，以实现自己的社会理想。

孟子学成之后，开始周游列国，游说诸侯。他先后游历了齐、魏、宋、滕诸国，奔波了35年，但他的"仁政"主张始终未得落实。当时，正是战国时代，各诸侯国间征伐不断，战火频繁。孟子目睹战争给人民带来的苦难，十分同情人民的悲惨命运，他提出了一套"王道"理论，告诫统治者对老百姓要施行"仁政"。孟子前往游说的第一个国家是齐国。他向齐威王谈他的"仁政"思想，齐威王认为他的理论不切实际，对他本人也未加重用。离开齐国后，孟子又来到宋国，结果遭遇与在齐国一样，他只好暂时返回家乡邹国。

公元前322年，鲁平公即位，孟子的弟子受到了重用。孟子听说后，就来到鲁国，他渴望在鲁国实现自己的政治理想。但由于有人向鲁平公说了孟子的坏话，孟子连鲁平公的面都见不到，更别谈施展政治抱负了。孟子只好怅然地返回邹国去了。

大约在公元前320年，梁国刚遭受过齐、秦、楚三国的打击，丧师失地，国势危急。梁惠王"卑礼厚币以招贤者"，想找个人才解危救困，帮自己出口恶气。孟子听说后，便带上数百个随从赶往梁国了。梁惠王一见到孟子，就迫不及待地说："叟不远千里而来，亦将有以利吾国乎？"孟子却回答："何必曰利？亦有仁义而已矣。"他反复向梁惠王阐明"先义后利""与民同乐""勿夺农时""庠序（指古代的地方学校，后也泛称学校或教育事业）之教""为民父母""施仁政、省刑罚、薄税敛、深耕易耨（比喻精心耕种。耨，nòu）"等一系列道理，梁惠王非常信服，准备采纳孟子的方略，可惜，没多久梁惠王就死了。惠王的儿子襄王即位，就对孟子的热度大减，看上去是个庸碌的君主，孟子很失望地离开了梁国。

齐宣王即位后，在国都临淄设立了稷下学宫，邀请四方饱学之士来此讲学。孟子得知消息后，便带领一班弟子来到临淄。孟子受到隆重接待，被授予"卿"的职位。但在问答中，他对齐宣王想图霸业的野心大加批评，也根本不谈称霸之术，而是大谈"仁政"主张，严厉地批评无道的国君。齐宣王要么面色尴尬，要么无言以对，要么只好顾左右而言他。自然，孟子的主张也不可能被齐宣王采纳了。

公元前 312 年，燕国发生内乱，齐国要出兵攻燕，孟子坚决反对，他和齐宣王发生冲突，矛盾完全显现出来。孟子不愿意再给别人当摆设，拒绝了宣王的厚禄和挽留，离开了齐国。

晚年的孟子回到故乡，他一边教学，一边同弟子万章、公孙丑等人一起著述《孟子》一书，记叙他一生的行状和思想学说。公元前 305 年，孟子逝世，享年 85 岁。

老子其人其书

我国古代著作常常把道家的老子和儒家的孔子相提并论，而他们的生平事迹材料，流传下来有关孔子的，虽然有一些后人附会的传说，还是能看出个大概。至于老子的，却大多是道家之徒的夸张之词，难以凭信。司马迁作《史记》，汇集见到的材料来为老子作传，全文不过 500 字，却说得惝恍（模糊不清。惝，chǎng）迷离，致使两千年来聚讼纷纭（众说纷纭，久无定论）。

老子是何方人氏？《史记》说是"楚（国）苦县厉乡曲仁里

人"。对于他的籍贯，历来存在争论，不过分歧不大。《史记》接着说，老子"姓李氏，名耳，字聃"，这也引起了不少争议。既然老子姓李名耳，为什么要称他为"老子"呢？汉代郑玄在《礼记·曾子问》的注中说："老聃，古寿考者之号也。"三国吴人葛玄则说他"坐而皓首，故称老子"。还有的人说"老子老而隐，故自称老子"。再有一种说法，"老"是姓，古代有老姓，如《左传》所载，宋有司马老佐，鲁有司徒老祁。那为什么《史记》说他姓李呢？太史公没有解释。为《史记》作索引的司马贞根据葛玄所说，认为是因为老子的母亲姓李，又说"生而指李树，因以为姓"。据考察，整个春秋一代240年中没有李姓，要到战国时才有。这样说来，老子的母亲又如何姓李呢？所以这一说法也不可靠。另外有些人认为老子本姓老，后来因为一声之转，音变为李，可也没有提出令人信服的证据。更有一种说法，老子姓李只是承袭《史记》所说，先秦古籍没有记载，而《史记》的文字有后人掺入、改动的部分，因此，老子姓不姓李尚待确凿的证据。

"聃"，据《说文》和《广韵》的解释是耳漫无轮。有的书上说老子生得"长耳大目"，这倒是符合古人取名适字相因之义的。《老子音义》《列仙传》因此说他名"重耳，字伯阳"。字称"伯阳"，其他古籍不载，《史记·索隐》也认为"非正也"。很可能是道家之徒在故弄玄虚，借以把老子附于西周的太史伯阳，甚至是唐、虞时传说人物伯阳，以夸耀老子的长寿，是神仙一流的人物。

老子的事迹，《史记》本传中提到的只有两件：一是"孔子适周，将问礼于老子"；二是老子出关，遇关令尹喜，"乃著书上下篇，言道德之言五千余言而去"，就是《老子》一书，也称《道德经》。

孔子向老子问礼，以老子为师这件事，历代不少人认为是为了抬高道家、压低儒家而捏造出来的，正如晋代人伪造《老子·化胡经》以贬低佛家一样。主张此说的人，提出很多论据证明老子晚于孔子，和孔子不是同时代的人，要从根本上否定孔子问礼这件事；有人以《史记》中老子对孔子的一段话来看："……去子之骄气与多欲，态色与淫志，是皆无益于子之身。吾所以告子，若是而已。"认为孔子是圣人，不会如老子所说的那样，有那么多缺点。当然，这样的立论是站不住脚的。另外一些人则认为确有其事，先秦古籍如《庄子》《韩非子》《吕氏春秋》等都载有此事。即便是儒家著作《礼记·曾子问》中也载有孔子自述问礼于老子的事四则。不过，他们之中对孔子问礼的地方、年代等各有不同的说法。

关于《老子》一书，争论就更多了，最主要的是成书年代。主张老子早于孔子的人，认为作于春秋末年，但书中有后人附加的部分；而主张后于孔子的人，认为从书中思想内容、文体风格以及用词等，论证为成于战国中期，或者末期，甚至有人认为出于汉初。这就涉及老子到底是什么时代的人。关于这个问题，司马迁《史记》的说法，有点含糊其词，先说老子"居周久之，见周之衰，乃遂去"；又说是战国时秦献公的周太史儋（dān）即老子，可是接着又说："或曰非也，世莫知其然否。"于是，有些人把太史儋也看作是老子，"聃""儋"音同通用，就是论据之一。如果这样，那么，前后跨越二百年左右，谁会相信老子有那么大岁数？虽然司马迁说："盖老子百有六十余岁，或言二百余岁。"可是，只要看到书中的"或言"，就可以明白，太史公不只是录述，并且存在疑问。1973年，长沙马王堆出土甲乙两种帛书《老子》，根据与今本文字、内容不同之处的比较，证明《老子》成于战国，而太史儋正是战国时人，说他是《老子》的作者，又多了一个力证。历史上早就有过一种调和的说法，说春秋时代确有老子其人，他的思想学说传到战国时，为太史儋所采纳，写成了《老子》。把老子和太史儋说成是两个人，是耶，非耶？也无从论断。

我们今天见到的通行本，是从宋刻本流传下来的。帛书《老子》比宋刻本要早一千五百年左右，它的篇次、章节次序和文字同宋刻本已有很多出入。由此推想，先秦时的《老子》，经过长期流传，辗转抄写而成的汉代帛书《老子》，其中文字的讹脱（错误、脱漏）衍误，以及改动，都在所难免，只要看到帛书《老子》已有甲乙两种文字有异的传本，就可以了解帛书《老子》的文字肯定会有很多不同于先秦的《老子》的地方，而先秦的《老子》已无从得见。这样，后人如果凭借《老子》的后世传本，去推断它的成书年代，是不是有点像刻舟求剑？何况再据此去判断作者其人。

老子的哲学思想在我的哲学史上有着极为深远的影响，不把它研究清楚，就很难弄清我国哲学史的演变与发展。然而两千年来，老子的问题是一大悬案。21 世纪 20 年代到 30 年代，学术界曾有过激烈论争，新中国成立以后的 50 年代末、60 年代初，也开展过讨论，但是，仍然没有破掉这个疑案。因此，老子究竟姓甚名谁，他的生平事迹又究竟怎样，以及《老子》成书的年代等，到今天依旧是我国文化史上一个没有解开的谜。

墨子破云梯

战国初年，楚国的国君楚惠王想重新恢复楚国的霸权。他扩大军队，要去攻打宋国。

楚惠王重用了一个当时最有本领的工匠。他是鲁国人，名叫公输般，也就是后来人们称为鲁班的。公输般使用斧子不用说是最灵巧的了，谁要想跟他比一比使用斧子的本领，那就是不自量力。所以后来有个成语，叫做"班门弄斧"。

公输般被楚惠王请了去，当了楚国的大夫。他替楚王设计了一种攻城的工具，比楼车（古代战车的一种，上设望楼，用以窥探敌人的虚实）还要高，看起来简直是高得可以碰到云端似的，所以叫作云梯。

楚惠王一面叫公输般赶紧制造云梯，一面准备向宋国进攻。楚国制造云梯的消息一传扬出去，列国诸侯都有点担心。

特别是宋国，听到楚国要来进攻，更加觉得大祸临头。

楚国想进攻宋国的事，也引起了一些人的反对。反对得最厉害的是墨子。

墨子，名翟，是墨家学派的创始人，他反对铺张浪费，主张节约；他要他的门徒穿短衣草鞋，参加劳动，以吃苦为高尚的事。如果不刻苦，就算是违背他的主张。

墨子还反对那种为了争城夺地而使百姓遭到灾难的混战。这回他听说楚国要利用云梯去侵略宋国，就急急忙忙地亲自跑到楚国去，跑得脚底起了泡，出了血，他就把自己的衣服撕下一块裹着脚走。

这样奔走了十天十夜，到了楚国的都城郢都。他先去见公输般，劝他不要帮助楚惠王攻打宋国。

公输般说："不行呀，我已经答应楚王了。"

墨子就要求公输般带他去见楚惠王，公输般答应了。在楚惠王面前，墨子很诚恳地说："楚国土地很大，方圆5000里，地大物博；宋国土地不过 500 里，土地并不好，物产也不丰富。大王为什么有了华贵的车马，还要去偷人家的破车呢？为什么要扔了自己的绣花绸袍，去偷人家一件旧短褂子呢？"

楚惠王虽然觉得墨子说得有道理，但是不肯放弃攻宋国的打算。公输般也认为用云梯攻城很有把握。

墨子直截了当地说："你能攻，我能守，你也占不了便宜。"

他解下了身上系着的皮带，在地下围着当作城墙，再拿几块小木板当作攻城的工具，叫公输般来演习一下，比一比本领。

公输般采用一种方法攻城，墨子就用一种方法守城。一个用云梯攻城，一个就用火箭烧云梯；一个用撞车撞城门，一个就用滚木礌石砸撞车；一个用地道，一个用烟熏。

公输般用了九套攻法，把攻城的方法都使完了，可是墨子还有好些守城的高招没有使出来。

公输般呆住了，但是心里还不服，说："我想出办法来对付你了，不过现在不说。"

墨子微微一笑说:"我知道你想怎样来对付我,不过我也不说。"

楚惠王听两人说话像打哑谜一样,弄得莫名其妙,问墨子说:"你们究竟在说什么?"

墨子说:"公输般的意思很清楚,不过是想把我杀掉,以为杀了我,宋国就没有人帮助他们守城了。其实他打错了主意。我来到楚国之前,早已派了禽滑釐等300个徒弟守住宋城,他们每个人都学会了我的守城办法。即使把我杀了,楚国也是占不到便宜的。"

楚惠王听了墨子一番话,又亲自看到墨子守城的本领,知道要打胜宋国是没有希望了,只好说:"先生说得对,我决定不进攻宋国了。"

就这样,一场战争被墨子阻止了。

道家与庄子

庄子(约前369—前286),庄氏,名周,字子休(一说子沐),宋国(今安徽亳州)人。对于庄子在我国文学史和思想史上的重要贡献,封建帝王尤为重视,在唐开元二十五年庄子被诏号为"南华真人",后人即称之为"南华真人",《庄子》一书也被称为《南华真经》。其文章具有浓厚的浪漫色彩,对后世文学有很大影响。庄子是战国时期宋国蒙(今安徽亳州蒙城人,也有说是河南省商丘市东北民权县)人,曾做过漆园吏。生活贫穷困顿,却鄙弃荣华富贵、权势名利,力图在乱世保持独立的人格,追求逍遥无恃的精神自由。他是著名的思想家、哲学家、文学家,是道家学派的代表人物，老子哲学思想的继承者和发展者，先秦庄子学派的创始人。他的学说涵盖着当时社会生活的方方面面，但根本精神还是皈依于老子的哲学。后世将他与老子并称为"老庄"，他们的哲学为"老庄哲学"。

他的思想包含着朴素辩证法因素，主要思想是"天道无为"，认为一切事物都在变化，他认为"道"是"先天生地"的，从"道未始有封"，庄子主要认为自然的比人为的要好，提倡无用，认为大无用就是有用。就像一棵难看的树被认为无用，有一个木匠要找一棵树做房梁，但这棵树太弯了，没法做房梁；第二个木匠找树做磨的握柄，要弯的，但这棵树太难看了，又没办法；第三个木匠要做车轱辘，但这棵树长得不行，从某方面讲是无用的。但从庄子的角度看，无用就是有用，大无用就是大有作为，所以庄子提倡无用精神（"道"是无界限差别的），属主观唯心主义体系。"道"也是其哲学的基础和最高范畴，即关于世界起源和本质的观念，又是指人的认识境界。主张"无为"，放弃一切妄为。又认为一切事物都是相对的，因此他否定一切事物的本质区别，极力否定现实，幻想一种"天地与我并生，万物与我为一"（《齐物论》）的主观精神境界，安时处顺，逍遥自得，倒向了相对主义和宿命论。在政治上主张"无为而治"，反对一切社会制度，摈弃一切文化知识。

庄子的文章，想象力很强，文笔变化多端，具有浓厚的浪漫主义色彩，并采用寓言故事形式，富有幽默讽刺的意味，对后世文学语言有很大影响。其超常的想象和变幻莫测的寓言故事，构成了庄子特有的奇特的形象世界，"意出尘外，怪生笔端。"（刘熙载《艺概·文概》）庄周和他的门人以及后学者著有《庄子》（被道教奉为《南华真经》),道家经典之一。《汉书·艺文志》著录《庄子》52篇,但留下来的只有33篇。其中内篇7篇,一般认为是庄子所著;外篇杂篇可能掺杂有他的门人和后来道家的作品。

《庄子》在哲学、文学上都有较高的研究价值。研究中国哲学,不能不读《庄子》;研究中国文学,也不能不读《庄子》。鲁迅先生说过:"其文汪洋捭阖(bǎi hé,原意是开合,指运用手段使联合或分化),仪态万方,晚周诸子之作,莫能先也。"(《汉文学史纲要》)名篇有《逍遥游》《齐物论》《养生主》等,《养生主》中的"庖丁解牛"尤为后世传诵。

法家与韩非

韩非,战国末韩人,和李斯都曾师事荀况。他是战国末法家中的重要代表人物。《韩非子》一书是其思想之集大成。他认为人类历史是发展变化的,所以应该根据当时的实际来制定政策,即仁义只适用于古代,而当今就必须依靠暴力和法治。在此基础上,韩非继承和总结了战国时期各个法家学派的经验,认为法、术、势三者必须并重。法固然重要,但君主要有一定的权力和威势,否则法令就难以贯彻下去。除了势以外,君主还要有一套控驭臣下的权术,否则君主的地位就不会巩固。他又以申不害、商鞅为例,说明只有法或只注重术都是有缺陷的。故韩非成为战国法家学说的集大成者。

荀子的人性恶为韩非所继承。他认为人的本性是趋利避害,因此治国就离不开刑、赏,而且用刑越严越好。他又提出:"明主之国,无书简之文,以法为教,无先王之语,以吏为师。"即不允许法家以外各个学派的存在，彻底否定德化和教育的作用，使极端的专制主义贯彻到文化思想领域。上述一些主张对促进秦统一和加速秦灭亡都起过一定的作用，但其法治的若干基本准则，在以后的 2000 年中，一直为许多王朝所采用。

出现于战国时期的诸子百家，是当时文化发展方面取得的巨大成就之一。诸子的学说，是当时人智慧的结晶，对以后中国历史的发展产生过重要的影响，是中国古代宝贵文化遗产的重要组成部分。

都江堰

美丽富饶的成都平原，被人们称为"天府"乐土。从根本上说，这是李冰父子修建都江堰的功劳。这个距今 2200 多年的水利工程，使"蜀人旱则借以为溉，雨则不遏其流，水旱从人，不知饥馑（荒年。五谷收成不好叫饥，蔬菜和野菜吃不上叫馑，因之以饥馑）"。

都江堰位于成都平原西部灌县的岷江上。岷江是长江的一条支流，发源于四川西北部。岷江的上游是高山峡谷，水流湍急，挟带大量沙石，一到成都平原，地势平缓，流速也随之减缓，沙石就沉积下来，日积月累，淤塞河道。每逢夏季雨水季节，由于河床抬高，水就会泛滥成灾，暴发洪水。雨季一过，枯水季节又会造成干旱。在这种不是洪水就是干旱的情形下，早期的人们很难发展农业生产。

为了彻底治理岷江的水患，治理开发好西蜀，公元前 256 年，秦昭襄王任命很有才干的李冰为蜀郡守。有关李冰的生平，因为秦始皇焚书坑儒和秦汉战争的毁坏，很难找到相关记载，我们只能从民间传闻中知道，他是战国时期秦人，"能知天文地理"，是一位杰出的科技专家，同时也是一个勤政爱民的地方官。

李冰到达蜀地之后，在其子二郎的协助之下，广泛召集有治水经验的人，然后对岷江的地形和水势进行了实地勘察。经过充分的论证和研究之后，李冰决定开建都江堰水利工程。

在战国时期，科技还不发达，营建都江堰这么浩大的水利工程，李冰凭借他的聪明才智，克服了许多困难。例如，要凿穿玉垒山，因为当时还没有炸药，难度非常大。李冰就让人们把木柴堆积在岩石上，放火点燃，岩石被烧得滚烫，然后再浇上冷水，岩石就在急骤的温度变化中炸裂开了。再例如在水流湍急的岷江中，修筑堤堰十分困难，石块很容易被水冲走。李冰就让人从山上砍来竹子，并编成竹笼，里面装满鹅卵石，层层叠放在一起，这样就不容易被冲走，分水堤也就修筑起来了。

李冰依靠当地人民群众，克服了各种困难，终于筑成了一座集防洪、灌溉、航运功能于一体的综合性水利工程——都江堰。都江堰由鱼嘴、人字堤、飞沙堰、宝瓶口、内外金刚堤和丈堤等构成，是一个有机的整体。其中鱼嘴、飞沙堰和宝瓶口作为都江堰渠首的三大主体工程，是整个工程的核心。

鱼嘴，又叫"都江鱼嘴"或"分水鱼嘴"，因其形如鱼嘴而得名。它昂首于岷江江心，将岷江一分为二。西边叫外江，俗称"金马河"，是岷江的正流，主要功能是排洪；东边沿山腰的叫内江，是人工引水渠，主要功能是灌溉。鱼嘴的设置非常巧妙，不仅能够分流引水，而且能在洪、枯水季节起调节水量的作用，这既保证了灌溉，又防止了洪涝灾害。

飞沙堰，又叫"金堤"或"减水河"，因其具有泄洪排沙功能而得名。它长约180米，主要功能是把多余的洪水和流沙排入外江。飞沙堰的设计高度能使内江多余的水和泥沙从堰上自行溢出；若遇特大洪水，则自行溃堤，洪水沙石也可直排外江。"深淘滩，低作堰"是都江堰的治水名言。内河在岁修时深淘是为了避免河道淤塞，保证灌溉；低作堰则为了恰到好处地分洪排沙。

宝瓶口宽20米，高40米，长80米，是前山伸向岷江的长脊上人工开凿而成的控制内江进水的咽喉，因其形似瓶口且功能奇特得名。它是自流灌溉渠系的总开关。内江水流经宝瓶口后通过干渠。

这三大主体工程，虽看似简单，却包含着系统工程学和流体力学等处于当今科学前沿的科学原理。它所蕴藏的科学价值备受人们推崇，连外国水利专家看了整个工程设计之后，都惊叹不已。

李冰在治水的过程中，排除了种种迷信的阻挠，坚决用科学的方法来治理水患，而且他成功地解决了秦王的亲戚华阳侯的嫉妒以及制造的一系列的谣言和中伤事件，及时地处理了工程当中的问题和紧急状况。但是华阳侯的险恶行径还是使李冰受到了革职的处罚。温柔贤惠的李夫人甘当人质，为李冰赢得了宝贵的治水机会，工程才取得了最后成功。百姓们对李冰感恩戴德，但李夫人却病死在咸阳。以后，他又多次对都江堰进行改进，保证了都江堰对水患的遏制作用。

都江堰，作为全世界迄今为止年代最久、唯一留存的以无坝引水为特征的水利工程，以其千载传承的科学性和实用性，当之无愧成为一座丰碑！

除了都江堰，李冰在蜀郡还兴建了许多有益于民的水利工程，他在成都市建了 7 座桥，修了石犀溪，对沫水（又名青衣水）进行了治理。他组织百姓开凿河心中的山岩，整理水道，便利了航行。李冰还对管江、汶井江、洛水进行过疏导，又引水到资中一带灌溉稻田。李冰还在蜀郡修筑桥梁，在广都主持开凿了盐井，为开发成都平原，发展农业生产做出了重大贡献。

郑国渠

郑国渠是公元前 237 年，秦王政采纳韩国水利家郑国的建议开凿的，灌溉面积达 18 万公顷，是我国古代最大的一条灌溉渠道。按照《史记》记载，郑国渠流经今天陕西省的泾阳、三原、高陵、临潼、阎良等县，绵延 300 余里，相当于 124 公里，灌田 4 万余顷（4 万秦顷合现代 2.8 万顷，即 280 万亩）。对于这样一个在今天看来规模也很巨大的水利工程，《史记》记载却非常简单：一个是来自他乡的工匠，一个是即将称霸天下的大国。在这个看似简单的故事背后，掩藏着一段不同寻常的历史。两千多年前，正是中国历史上的大变革、大转折时代，杀红了眼的各国诸侯为了各自的利益，不停地进行混战。就在位于今天陕西省一带的秦国，为完成统一中国的霸业，正在把锋利的刀刃指向邻近的韩国。就在韩国将要灭亡的时刻，韩国水工郑国说服了秦国的当政者，在当时秦国境内的泾河瓠（hù）口一带开渠引水，修建了这项工程。富有戏剧性的是，最初被韩国当作救命稻草的郑国渠，恰恰又使韩国走向了灭亡。

秦国要实现称霸天下的目的，就要首先灭掉韩国。韩国所处的位置正好控制了秦国东出函谷关之后，到黄河下游地区去的交通要道。公元前 249 年，秦国夺取了韩国都城新郑的重镇成皋、荥阳，韩国此时处于崩溃的边缘。面对强敌，即将亡国的韩惠王派出了一个手无寸铁的水利工程师，这个人拥有的武器只是一张嘴，他要执行的任务就是说服秦国兴修水利，这个人就叫郑国。在韩国看来，认为这是疲乏秦国、救亡图存的好办法，也就是历史上有名的"疲秦之计"。春秋战国时期的社会现实是：把水利作为强国之本的思想已经产生，各国还把水利当作关系农业丰歉、国家强盛的大事，而秦国的关中平原，当时还没有大型的水利工程。韩国的建议与当时秦国的主政者吕不韦急于建功立业的想法不谋而合，商人出身的吕不韦没有来得及仔细思考这一建议背后隐藏的杀机，就把韩国赖以救命的"疲秦计"，当成了可以使秦国富国强兵、实现大统一的一着好棋。于是，秦国当年便组织力量，开始修建郑国渠。

公元前 246 年的泾河边，成了当时中国最为壮观的建设工地。据历史研究，当时修建郑国渠多达 10 万人，而郑国本人则成为这项庞大工程的总负责人。郑国渠能在这个时期建造，因为从春秋中期以后，铁制的农具、工具已经普遍使用了。据史料记载，郑国设计的引泾水灌溉工程充分利用了关中平原的地理和水系特点，利用关中平原西北高、东南低的地形，又在平原上找到了一条屋脊一样的最高线，这样，渠水就由高向低实现了自流灌溉。为保证灌溉用的水源，郑国采用了独特的"横绝"技术，就是通过拦堵沿途的清峪河、蚀峪河等河流，让河水流入郑国渠，河流下游的土地得到了改善。郑国渠最著名的石川河横绝遗址，在陕西省阎良县的庙口村，至今，村里上了年纪的老人仍然可以找到郑国渠同石川河交汇的河滩地。郑国渠巧妙地连通泾河、洛水，取之于水，用之于地，又归之于水。就在今天看来，这样的设计也可谓巧夺天工。公元前237年，郑国渠就要完工了，此时意外的事情出现了，秦国识破了韩国修建水渠原来是拖垮秦国的一个阴谋。危急之中的郑国对秦王说："当初，韩国派我来，是为了疲乏秦国，杀掉我郑国并没有什么，可惜工程半途而废，这才是秦国真正的损失。"从后代历史发展情形来分析，证明秦国当时有一个非常清楚的战略考虑。秦国在一个整体宏观的战略构想下，最后权衡利弊得出一个结论：修建水利工程对于开发关中农业的意义，远远能够抵消掉对国力造成的消耗。这是秦国最后决定一定要把工程修下去的根本原因。公元前236年，郑国渠工程从它戏剧性的开始，一波三折，用了10年时间终于修建成功。郑国渠和都江堰一北一南，遥相呼应，从而使秦国挟持的关中平原和成都平原，赢得了"天府之国"的美名。

第四篇　秦・西汉・东汉

〔秦〕

秦始皇的三大统一

秦国是消灭其他六国而统一起来的，但是由于七雄并立时间长久，各国在文字、货币、度量衡等方面有很大差异。秦统一六国后，为了加强统治，维护统一，实行了统一文字、货币、度量衡的措施。

汉字产生后，经过长期的发展演变，至春秋战国时期，随着社会动荡和急剧变化，各地文字的形体和读音都有所不同，出现了"言语异声，文字异形"的现象。当时，同样的字，不同的国家往往写法不同。典型的例子是"马"的字形：在齐国有 3 种写法，在楚、燕国有另外 2 种写法，在韩、赵、魏还有 2 种不同的写法。这不但不利于文化的发展和各地人民间的交流，而且还给秦朝的各种文书、档案的书写、阅览和传播造成巨大困难。

面对这种情况，秦始皇接受李斯的建议，于公元前 221 年发布"书同文"的诏令，规定以秦国小篆为统一书体，与小篆不同者全都废掉。为了在其他六国推广小篆，秦始皇命李斯、赵高、胡毋敬分别用小篆书写《仓颉》《爱历》《博学》3 篇，作为文字范本。

李斯等人所书的小篆字范，其实是对中国几千年来文字自然发展的一次总结。尽管上述 3 篇范本早已失传，但是小篆被大量使用在秦始皇出巡时的纪事石刻中。据记载，这些石刻大多是李斯的手笔，其中《泰山刻石》存有 9 字，《峄（yì）山刻石》有南唐的摹本,《琅琊(láng yá)台刻石》尚存 86 字。这些小篆字形结构有较大的变化:字体整齐划一,布局紧凑,笔画匀称,很明显地纠正了六国文字结构繁杂、难写难认的缺点。

在秦朝,除了小篆以外,还流行一种比小篆更为简易的隶书。这种字体,以前认为是程邈创造的,但是实际上是人们在抄写公文狱讼时,仓促中用不规则的草书篆体,渐渐创造出来的。这种"草篆"最初主要由狱吏使用于德隶,所以叫隶书。秦始皇对隶书也进行了整理,经过整理后的隶书,笔画直线方折、结构平整、书写方便,不仅在民间使用甚广,而且各级政府的官方文体也多用隶书,只有少数重要诏书除外。

秦始皇统一文字,有利于多民族国家的统一发展。从此,汉字的结构基本定型。

春秋战国时期是我国商品经济迅速发展的时期,不同的国家,铸币也往往不同。但是,铜币已成为当时流通领域里的主要货币,各国的铜币在形状、大小、轻重以及计算单位上却存在很大差异。从形状上看,当时各国的铜币可以分为布币、刀币、圆钱、铜贝四类。布币的形状类似金属农具铸,主要在赵、魏、韩等国使用;刀币的形状像刀,主要在齐、燕、赵国流通;圆钱分为外圆内有方孔和圆孔两种，主要是在秦、东周、西周以及赵、魏的黄河沿岸地区使用；铜贝形状类似海贝，俗称"蚁鼻钱"，主要是在楚国使用。

币制不统一，严重阻碍了各地商品的流通及统一国家的财政收支。所以，秦统一后，秦始皇下令统一全国货币，采取的措施主要有三项：首先，将铸币权收归国家，禁止地方和私人铸币。对于私自铸币者，不仅没收其所铸钱币，还要拘捕和严惩。其次，明确规定货币种类。秦朝的法定货币为黄金和铜钱，黄金属于上币，铜钱属于下币。铜钱为圆形方孔钱，上面铸有"半两"的字样，每钱重十二铢。再次，废除原来六国使用的布币、刀币、铜贝等各种货币，不准以龟贝、珠玉、银锡等充当货币。

秦始皇统一货币，消除了各地区币制上不统一的状态。秦王朝制定的圆形方孔钱，成为中国封建社会货币的基本形制，沿用了两千多年。

秦统一前，各国的度量衡也十分混乱，计量单位不统一。单以长度而论，就有数种传世铜尺可以为证，如长沙楚国铜尺两边长度分别为 22.7 厘米和 22.3 厘米；安徽寿县楚铜尺长为 22.5 厘米；洛阳金村铜尺长 22.1 厘米。1 尺的长度相差多达 0.6 厘米。在量制方面，各国的差异更大。齐国自田氏以来，实行以升、豆、登、种为单位，即"五升为豆，各自其五以登于釜，十釜为种"，而魏国则以益、斗、斛为单位。至于衡制方面，就更加混乱了，单位名称差别更大。楚国的衡器是天平砝码，以铢、两、斤为单位；赵国则以镒、祈为单位；东周、西周以乎、妍为单位。

度量衡是商品交换中所必不可少的，而且是国家收取赋税的重要标准。秦统一后，秦始皇下令，以秦国的度量衡为标准，统一其他六国的度量衡器。具体措施是将统一度量衡的诏书全文刻在新制作的度量衡标准器上。这样既可以提供更多的标准器，又可以宣传秦始皇的功绩。统一后，秦朝的度制以寸、尺、丈、引为单位，以十为进位制度；量制方面以龠（yuè）、合（gě，一升的十分之一）、升、斗（十升为一斗）、桶（斛）为单位，也是十进制；衡制方面以铢、两、斤、钧（古代重量单位，合三十斤）、石（十斗为一石）为单位，进位是24铢为1两，16两为1斤，30斤为1钧，4钧为1石。

文字、货币、度量衡的统一，在中国历史上占有重要地位，成为维护中国封建国家统一的重要基础。

蒙恬征匈奴

秦灭六国初步统一全国后，由于在统一战争期间，各国（特别是燕、赵、秦三国）均无暇顾及北部边疆的匈奴，致使匈奴在这段时间内迅速发展。至统一全国初期，匈奴已东逐东胡至燕山以东，西逐月氏（yuè zhī）至祁连山以西地区，匈奴主力在阴山地区西部与贺兰山地区之北，其中一部已经侵入河套地区至秦原筑长城的边地，对关中地区形成极大的威胁。

秦始皇三十二年，令蒙恬北征匈奴。将侵入陇西河套地区及原赵国边境的匈奴军队击破，并驱逐其至贺兰山脉及狼山山脉以西，以及原赵国所建长城以北。

蒙恬决定以主力军从上郡（今陕西省）进入河套北部，而以一部分军力从绥德县北地郡（今甘肃庆阳市）出萧关，进入河套南部地区，以扫荡河套地区的匈奴军队。待扫清河套地区之敌后，再分兵两支，主力军由河套西北渡，进攻高阙（今内蒙古自治区五原县）与狼山山脉。另一部由河套西南渡黄河，攻占贺兰山脉高地，以侧应主力军。

秦始皇三十二年夏秋之季，按原订的作战计划，蒙恬自上郡出发，经榆林进入河套北部，一部军由义渠萧关之道进入河套南部，两军所至，攻击散落的匈奴部落，未遭遇重大抵抗。到当年初冬，已经将河套地区的匈奴部落全部扫荡肃清，匈奴残部向西北方向渡河而逃。蒙恬乃将两军推至黄河南岸，度过冬季，以待来年春季的战斗。

秦始皇三十三年初春，蒙恬主力军由九原（今内蒙古自治区五原县）渡过黄河，攻击高阙与陶山（今狼山山脉），一部西渡黄河进入贺兰山脉。匈奴震于秦兵威势，向北远遁。于是秦赵原来被匈奴侵占的土地全部恢复。战后蒙恬奉命修筑西北边防长城，驻节上郡。蒙恬在世之时，匈奴不敢南下。

秦征南越之战

在秦统一六国之后，中国的西南部、东南部广大地区还没有统一起来。秦代所指的南越地区即今福建、浙江东南部，广东和广西的一部分地区。这个地区气候温和，雨水充沛，森林茂密，十分富饶，但为山川所阻隔，南越与群蛮部族仍过着相当原始的生活，社会的发展远远落后于中原地区。居于中国境内的越人主要分布于今华南和华东的广大地区，分为西瓯、东瓯、南越、闽越等几个部分。西瓯约在今广东西南部、广西南部；南越遍布于今广东南部、北部与西部地区；东瓯、闽越散居于浙江、福建一带，西瓯人主要从事农业生产，南越和闽越主要从事渔猎和农业。越人"断发文身"，文化知识落后，各部互不统属，甚至经常自相残杀，作战虽勇敢，但缺乏大部队的整体协同观念，更没有相应的战略头脑，无论政治，军事、经济等方面均明显地劣于秦军。南越居住的地区，高山大川纵横交织，沼泽密布，陆路交通极为不便，一些城邑之间虽有山路相通，但也多蜿蜒于崇山峻岭之间，对大部队的进军极为不利；相比之下，水路交通尚比较便利。东面有鄱（pó）阳湖五水，西面有洞庭湖四水，有的可以通达南越、闽越、西瓯部族居住的一些地区，为水路进军的重要通道。秦国此时正值并灭六国之后，国富兵强，军威鼎盛，秦始皇想乘胜南征，统一中国东南与西南的广大地区，以完成全国统一大业。

秦军统一南越之战，系在广大地域对付分散之众多部族作战，无法集中力量于一地作战略决战，因而采取多路分兵进击的作战行动，如遇重大抵抗再合兵共击。据《淮南子·人间训》记述，秦军征南越计划分五路大军作战：一军塞镡越之岭，一军守九嶷（yí）之塞，一军处番禺之都，一军守南野之界，一军驻余干之水，这样各路大军可适时向前推进，分别进入闽地、粤地，广州、桂林等地，既分路行动，也相约合击，确保作战胜利。

从秦始皇二十六年（前221）起，秦始皇派尉屠睢率50万大军按照以上的作战计划，进入与南越、闽越等接界的地区，"三年不卸甲弛弩"，秦始皇三十三年（前214），五路大军开始按预定计划行动。

秦军统帅尉屠睢亲自率领第三路军，从长沙、宜章南下，发展顺利，击溃越族许多部落，瓯君采宁战死。

秦之另一路军于出兵当年顺利进至闽中区，击破了闽越人的抵抗，将所占地区建立为中郡。

秦第五路与第四路军，分别由镡城、零陵分进合击，占领了桂林周围广大地区，进而占据红河流域的广大地区，建立了桂林郡和象郡。

秦王朝为了支持对南越西瓯的战争，还组织人力开凿灵渠，以沟通湘江与桂江的支流漓江，这对支援当时的战争和南方以后的开发起到不小的作用。秦统一中国东南、西南广大地后，除了设置闽中郡、南海郡、桂林郡和象郡外，还安置了从内地迁移的几十万谪民、贾商赘婿（就婚、定居于女家的男子）等，以开发这些地区的经济，繁衍生息，这对四郡地区的发展进步起了重要作用。

赵高弄权

赵高心计颇深，他一心想往上爬。他清楚地知道，只有利用自己在宫中这个有利条件，取得秦始皇信任，才会有出头的日子。

赵高虽受宫刑，但他生性狡黠刁猾，善于揣摩皇帝的心思。他看到，秦自从商鞅变法以来，是一个"以法为教"的国家。尤其是秦始皇，推崇法家，信奉阴阳五行学说。秦始皇统一天下后，按照五行学说，严定刑法，"事无大小皆决于法"，致使秦法过于严苛。赵高看准了秦始皇的心思，于是，他学习当时的显学——"狱律令法"，他博闻强记，有时始皇披阅案牍（官府文书。牍，dú，古代用于写字的木片，即木简），遇有疑义，经赵高在旁参决，都能得到解决。同时，赵高又写得一手好字；而且仪表不俗，身躯伟岸，强壮有力。因此，他得到了秦始皇的青睐。

于是，始皇擢（zhuó，提拔、提升）拔他为中车府令。这是一个负责皇帝乘舆（shèng yú，古代特指天子和诸侯所乘坐的车子；泛指皇帝用的器物）和印信、墨书的宦官头儿。当时，秦始皇在全国推行文字统一，把原来的大篆〔也叫籀（zhòu）文〕改作笔画简便的小篆（秦篆），就让丞相李斯写了《仓颉篇》，赵高写了《爱历篇》，太史令胡毋敬写了《博学篇》，作为规范的字体供全国学习，这说明秦始皇十分赏识赵高。

赵高又紧紧盯住第二个目标，他想营造几条退路。于是，他开始考虑始皇身后的皇位继承人问题。他对秦始皇二十几个儿子的各方面的情况做了比较分析，照常理，长子扶苏宽仁忠厚、德才兼备，在朝臣中最有威信，当然是最有可能成为继承人的，可他屡次反对始皇用严刑酷法来治理国家，致使始皇十分生气。尤其是焚书坑儒这件事，他曾向始皇进谏道："如今天下初定，黔首（百姓）未安，这些儒生议论朝政，您就用这样的重法来惩治他们，恐怕会人人自危，天下不安的。"这更加激恼了刚愎自用的秦始皇！始皇一气之下，将扶苏贬到北部边境上郡去当大将蒙恬的监军。

赵高发现秦始皇最宠爱的是年仅十几岁的小儿子胡亥（hài），便想方设法笼络讨好这位娇纵的小王子，他事事处处迎合胡亥的心理，满足他的需要，很快就深得胡亥的欢心。始皇见了，十分高兴。后来，干脆让赵高做胡亥的老师，教他书法、文字及狱律令法的知识。胡亥十分讨厌学习，将一切判决讼狱（诉讼）之事委托给赵高办理。赵高深知始皇性情，"乐以刑杀为威"，所以，遇有刑案，总是夸大其词，办成重罪，以迎合始皇之意。就这样，赵高博得了始皇父子的欢心，被认为是个忠臣。

赵高更加妄为起来。有一次，事被发觉，秦始皇把他交付蒙恬的弟弟蒙毅审理。蒙毅猜不透秦始皇的真意，不敢徇私，于是按律定罪，判了死刑，并废除了宦籍。不料秦始皇念赵高明断有识，干练有才，办事勤敏，格外加怜，特下赦书，不仅免其一死，还官复原职。

李斯之死

秦始皇三十七年（前210），秦始皇在巡游途中死在沙丘。赵高诱惑李斯，伪造遗诏，废公子扶苏，立胡亥为帝，即秦二世。赵高出任郎中令，在宫中左右二世，操纵政权。一方面，捕杀秦始皇时的大臣；另一方面加重徭役赋税，给劳动人民带来更加深重的灾难。陈胜、吴广领导的农民起义爆发后，陈胜派吴广率军西进，围困荥阳（今河南荥阳），袭击三川郡（今河南洛阳东北）。身为郡守的李斯之子李由无力抵御，只好全力固守。与此同时，由周文率领的另一路起义军数十万人，一直打到咸阳附近的戏水（在陕西临潼东）。秦朝的统治面临着严重危机。

李斯对赵高的行为和当时的局势深感不安，他曾多次请求进谏，均被秦二世拒绝。秦二世反而把吴广攻打三川郡，李由不能抵抗的责任，归咎于李斯，并责备李斯身为丞相，却让天下"群盗"纷起。李斯深感恐慌，为了保住自己的爵位和俸禄，便给秦二世上表《劝行督责书》。在《劝行督责书》里，李斯一方面劝秦二世坚持申不害、韩非和商鞅的法治，要独揽大权，以防旁落，主张用严刑峻法监督和控制群臣，这样臣下就会奉公守法，不敢作乱，天下安宁、国家富足；另一方面暗示二世要警惕赵高篡权。当时，秦二世昏庸无能，一切听信于赵高，对李斯的进谏书置之不理。赵高却对李斯心生不满，欲借二世之手，除掉李斯。

李斯见进谏书被搁置，便想面见二世，但因二世深居宫中而没有机会，便求赵高引见。赵高趁二世在宫中有美女相伴饮酒作乐时，通知李斯求见。如此三次，二世皇帝大为不满。他对赵高说："在我闲暇之时，丞相不来奏事，偏偏在我娱乐时来捣乱，这不是看不起我，故意与我作对吗？"赵高见目的已经达到，便趁机陷害说："当初沙丘之谋，李斯曾参与在内。现在陛下做了皇帝，李斯仍然担任丞相。我看他这样做，显然是想割地封王。况且，李斯的长子李由任三川郡守，楚地盗寇陈胜等人都是李斯邻县或同乡的百姓，所以他们才敢如此横行造反。他们经过三川郡时，李由不肯派兵出击。我早就听闻李斯父子跟陈胜等人有书信往来，而且丞相在朝中的权力比陛下还要大。"秦二世信以为真，想要查办李斯，又担心赵高所言不确，便派人到三川郡查访李由勾结陈胜等人的罪状。李斯得知后，知道此事系赵高陷害所致，便又给二世上书，指责赵高诬陷良臣，并指出赵高有篡权野心，如不早早除掉，恐生祸患。但是，二世受赵高蒙蔽已深，不但不听李斯劝告，反而更加信任赵高，将此事告知了赵高。赵高进一步诋毁李斯说："李斯最忌恨的就是我，我一死，他便可实现杀君谋反的阴谋。"秦二世一听，勃然大怒。

此后，农民起义队伍进一步壮大，秦朝关中已无兵力前去镇压。李斯与右丞相冯去疾、将军冯劫再次上书进谏，请二世减轻赋税，停止征发徭役，罢修阿房（ē páng）宫。二世并不理会李斯的一片忠心，反而斥责李斯说："现在群盗遍及各地，你身为丞相不尽力禁止，却让我停修先帝所要修的阿房宫，你上有负于先帝，下不为我尽忠，还在相位有何用？"于是派人将三人捕入狱中。冯去疾、冯劫自杀，李斯交由赵高审讯。

李斯在狱中被赵高严刑拷打，百般折磨，只好承认有谋反的罪行。但是，李斯仍然寄希望于秦二世，幻想他能醒悟过来，赦免自己。因此，在狱中又上书二世皇帝，书中以罗列自己七大罪状为名义，陈述追随秦始皇三十多年来立下的功绩，借以表白自己忠心耿耿，决无谋反之罪，以感动二世皇帝。但是，李斯的上书，都落在赵高的手中。赵高责骂李斯说："你身为囚犯，已失去了上书的资格。"

为了不使李斯翻供，赵高又命令手下十多人，假扮成秦二世的使者，对李斯轮番审讯。李斯不知有诈，便更改口供，把实情向这些人陈述，却遭到赵高一次又一次的严刑拷打。经过这样的审讯，李斯惨遭折磨，再也不敢陈述实情。后来，二世皇帝派使者前去审讯时，李斯以为与前十余次一样，都是赵高的党羽，只好一一乱供，不再申辩罪行。秦二世听了使者的回报，甚为高兴地说："若不是赵高，我差点上了李斯的当。"

秦二世派去调查李由罪状的使者到达三川郡时，李由已被项梁起义军杀死。使者回来后，赵高便将使者所调查的实情一一篡改，编造了许多李由谋反的罪状，以此陷害李斯。二世皇帝二年（前208）七月，李斯以谋反罪被判处死刑。在押赴刑场的路上，李斯对二儿子说："我多想再跟你一起，带着黄狗、苍鹰，到上蔡东门猎逐狡兔，可是已经办不到了。"说罢，父子对着痛哭起来。李斯被腰斩于咸阳街头，全家老小无一幸免。

李斯死后，赵高做了丞相。赵高飞扬跋扈，为所欲为，第二年，便逼死秦二世，改立扶苏之子子婴为秦王。

陈胜、吴广起义

秦始皇专横跋扈、穷奢极欲，遭到了人民的强烈反抗，全国各地都酝酿着反抗秦王朝暴虐统治的起义。秦二世继位，变本加厉地压榨百姓，肆虐残暴远远超过了他的父亲。

公元前 209 年，阳成的地方官派了两个军官，押着 900 名农民送到渔阳去戍守筑城。队伍行进到大泽乡时，天空乌云密布，下起了滂沱大雨。大雨接连下了几天，冲毁了前进的道路，队伍已不能按期到达渔阳——按照秦朝的法律，误期到达的人是要被斩首的。

为了便于管理，押送的官吏就从这 900 名农民中挑选出两个身高体壮的人当小队长，帮助他们管理队伍。这两个人，一个叫陈胜，一个叫吴广。

陈胜出身贫苦，但胸怀大志。他给地主当雇工时，在一次休息时，把犁往田垄上一放，对同伴说："如果将来我们当中有人富贵了，可千万不能忘记穷朋友。"大家听了，有人惊奇，也有人嘲笑他："你穷得替别人耕地，怎么会富贵呢？"陈胜见别人不理解自己，就长叹一声，说："燕雀哪里知道鸿鹄的志向呢！"

当这 900 人处于危险境地时，陈胜就和吴广商量对策。他们一致认为：逃亡是死，造反也是死，反正都是难逃一死，不如举旗造反，干出一番惊天动地的事业来，即使死了也轰轰烈烈。

为了鼓动人心，坚定大家反秦的决心，陈胜和吴广将写有"陈胜王"（wàng）三字的丝帕塞到渔夫新打来的鱼的肚子中，等到戍卒买回了这条鱼，剖开鱼肚，发现了那块丝帕，看到上面的字，大家都感到十分惊异。接着，吴广又悄悄地隐藏在草丛中，半夜时点燃篝火，学着狐狸的叫声喊："大楚兴，陈胜王。"

戍卒们都被惊醒了，大家议论纷纷。陈胜和吴广乘势杀死了那两个押送的官吏。陈胜登上高处，振臂高呼："由于下雨，我们误了行期，按秦朝律法是要被斩首的，大丈夫不死则已，死就应该死得轰轰烈烈；王侯将相，难道天生就应当富贵吗？"

大伙儿早就憋了一肚子怨气，听了陈胜慷慨激昂的话，都积极响应，拥护陈胜为王，起兵反秦。陈胜带领大家砍倒树木作为武器，举起竹竿，挂上旗号，这就是"斩木为兵，揭竿为旗"。后来人们就把这样的起义都叫作"揭竿而起"。

陈胜封自己为将军，封吴广为都尉，借着扶苏和项燕的名义，定国号为"大楚"，开始向秦朝的地方官府发动进攻。

起义军首先攻占了大泽乡。邻近的农民听到这个消息，都拿出粮食慰劳他们，青年们争先恐后地拿着锄头、铁耙去投军。由于前来投奔的人太多，没有那么多刀枪和旗子，他们就砍了很多木棒做枪，削了竹子做旗杆。就这样，陈胜、吴广建立了历史上第一支农民起义军。

接着，起义军用很短的时间就攻占了附近的 6 个县。原六国的贵族也纷纷起义响应。一时间，起义军遍布整个关东，天下形势大乱。

昏庸的秦二世受赵高蒙蔽，对此竟一无所知。直到陈胜的大军到达距咸阳仅剩一百多里的时候，秦二世才得到消息，他万分惊慌，匆忙任命章邯为统帅，释放了正在修筑骊山的刑徒，让他们充当兵士，才把陈胜的大军镇压下去。

陈胜七月在大泽乡举起反秦旗帜，十二月兵败身亡，前后仅半年时间，但大泽乡起义却造成了天下反秦的局面。自此，群雄并起，腐朽的秦王朝迅速走向灭亡。

项梁起兵

项梁是秦朝下相（今江苏宿迁）人，他的父亲就是原楚国著名的大将、被王翦所打败的项燕。项家在楚国世代为将，有着悠久的尚武传统，因战功显赫，被封于项（今河南沈丘），成为楚国的贵族。

秦始皇二十六年（前223），楚国被秦军攻灭。项燕战死。项家随即成为秦朝政府的打击对象。项梁万不得已，带着自己的侄子项羽逃到栎阳（今陕西临潼北）。这里距离秦都咸阳很近，反而比较安全。可项梁在栎阳出了事，被栎阳县官抓了起来，关进了栎阳监狱，后被救出。但没过多久，项梁又杀了人，因而不得不带着项羽离开关中，逃到了几千里外的吴中（今江苏南部）地区。当时，六国诸侯虽然被秦吞灭，但六国贵族的后代时刻都在寻找时机，准备恢复昔日的割据局面，项梁也不例外。到达吴中后，项梁表面上和吴中的士大夫阶层处得非常好，暗中却交结豪杰，利用给别人主办徭役和丧事的机会，用兵法"部勒宾客及子弟"，还要项羽学习兵法。而"吴中贤士大夫皆出项梁下"，由此，项梁集结了一定的力量，为起兵反秦奠定了基础。

秦二世元年（前209）七月，陈胜在大泽乡起义，天下纷起响应。天下义军蜂起，秦灭亡成为必然之势，殷通也想乘机捞点利益。他向来知道项梁的才能，便把项梁找来商议，想要以项梁和另一个豪杰桓楚为将。但项梁有自己的打算。他向殷通谎称，只有他一个人知道当时逃亡在外的桓楚的下落，然后以商议军情为名，让项羽持剑闯入，杀了殷通，夺取了印绶。"乃召故所知豪吏"，告诉他们，自己要起兵反秦。"遂举吴中兵。使人收下县，得精兵八千人"，公开打起起义的大旗，很快占领了吴中地区。

这年腊月，陈胜被章邯军击败。广陵（今江苏扬州）人召平奉陈胜之命徇广陵，未能下。听说陈胜败走，不知下落，秦军很快就要打来，局势严重。他当机立断，渡江到吴中，"矫陈王命"，拜项梁为楚王上柱国，并令他"急引兵西击秦"。项梁接受了命令，以8000人渡江而西。一路上，他陆续收编了陈婴、黥（qíng）布和蒲将军等人领导的几支义军。到达下邳（今江苏睢宁北）时，兵力已经达六七万人。

项梁军下邳时，广陵人秦嘉已经立景驹为楚王，驻扎在彭城（今江苏徐州）东。他听说项梁接受陈胜的指挥，便想进兵攻击项梁。项梁大怒，对军吏说："陈王先首事，战不利，未闻所在。今秦嘉倍（背弃、背叛）陈王而立景驹，逆无道。"随即挥军进击，击败秦嘉，追击至胡陵，杀死了他。

项梁消灭秦嘉后，准备挥兵向西。这时，章邯率领的秦军攻了过来。项梁派别将朱离石和余樊君二人率兵迎战。但二人被秦军打败，余樊君战死，朱离石逃了回来。项梁大怒，杀掉了朱离石，引兵入薛（山东滕州市）。这时，陈胜牺牲的消息传来。项梁感到有必要重新树立一面反秦的大旗，便召集各路将领到薛地商议大事。刘邦此时已在沛（pèi）起兵，也参加了这次会议。会上，居鄛（今安徽省桐城市双港镇附近。鄛，cháo）人范增劝项梁立原楚国王室之后，认为"秦灭六国，楚最无罪。自怀王入秦不反，楚人怜之至今，所以楚南公说：'楚虽三户，亡秦必楚。'"。立楚王之后，具有更大的号召力。项梁听从了范增的意见，将楚怀王的孙子、在民间为人牧羊的心立为楚王，仍号楚怀王，以从民望，而项梁自号为武信君。

在薛休整数月之后，项梁引兵西攻，在东阿（今山东东阿）大败秦军。他又派刘邦和项羽二人率军进攻定陶（今山东曹县），向西攻至雍丘（今河南杞县），在这里大败秦军，杀死了秦丞相李斯的儿子——三川郡守李由。

接连获得几次胜利之后，项梁轻视起秦军来，认为秦军不值得畏惧。部下宋义劝项梁提高警惕，认为秦军在几次失败之后，必然要增加兵力，寻机反扑。但项梁听不进去，并派宋义出使齐国。

秦军在几次失利之后，见项梁指挥的义军如此强大，便把进攻的焦点对准了项梁。秦朝政府调集了所有精锐部队，由章邯指挥，开始向义军反扑。这时，项梁还沉浸在胜利的喜悦中，根本没注意到敌军动向。章邯在做了充分准备之后，在一天晚上，趁着夜色急行军，令人马皆"衔枚"（古代军队秘密行动时，让兵士口中横衔着像筷子的东西，防止说话，以免敌人发觉），向项梁的义军发起突然袭击。

毫无准备的义军被打得大败，项梁也在混战中牺牲了。

项梁虽然死了，但他领导的义军主力并未被消灭。项羽和刘邦当时正率军在外，逃过了这场大难。以后，他们成为反秦、灭秦的主力。项梁的功绩是不可磨灭的。

巨鹿之战

秦末，各地纷纷起兵反秦，项羽与叔父项梁也在这时起兵。因为项家世代为楚将，楚地的起义将领都来归附他们，于是项梁的势力逐渐壮大起来。起义军辗转各地，多次正面对抗秦军。

公元前207年，秦将章邯率领军队30万，将巨鹿义军重重包围，章邯本人则带着一支精锐部队驻扎在巨鹿（今河北平乡）之南，并且放话：谁敢救援巨鹿，就攻打谁。将军宋义和副将项羽奉命领兵前去救援。军队行至安阳后，宋义下令停驻不进，等了46天仍不下令前进。这时已经是十一月，北方天冷，又有雨雪，楚营里军粮接济不上，士兵们忍受饥寒，不满的情绪蔓延开来。

项羽忍耐不住，催宋义快快前进，宋义不同意，项羽非常气愤。第二天，项羽进入军帐，拔出剑来把宋义杀了。他提着宋义的头，对将士们说："宋义背叛大王，我奉大王的命令，已经将他处死了。"大伙见项羽把宋义杀了，都表示愿意听从项羽指挥。

项羽杀了宋义之后，先派部将英布、蒲将军率领2万人做先锋，渡过漳水，切断秦军的运粮要道，把章邯和王离的军队分割开来。然后，项羽率领主力渡河。渡过河后，项羽命令将士们每人只准带3天的干粮，将做饭工具全砸了，把渡河的船只全部凿沉了，他对将士们说："这次打仗，有进无退，三天之内，一定要击败秦兵！"

秦将王离听说这件事情后，笑项羽不懂兵法，不给自己留一条后路，随即率领部分秦军前来与项羽交战。项羽的勇气和决心对将士们起了很大的鼓舞作用，楚军士气振奋，很快就把王离的军队包围了起来，他们越战越勇，一个楚兵抵得上 10 个秦兵。经过多次激烈战斗，楚军大获全胜，活捉了王离，章邯带着残兵溃逃，围困巨鹿的秦军就这样被瓦解了。

秦始皇修筑长城

公元前 221 年，秦始皇消灭了割据称雄的六国，统一了中原，建立了中国历史上第一个统一的中央集权的封建专制国家。正当秦始皇雄心勃勃地准备实施国内改革措施的时候，居住在长城以北的匈奴人却不时南下，进犯中原，前来骚扰北部边境地区。早在秦统一六国前，匈奴就趁着燕国、赵国衰落的时候，夺取了黄河河套一带的大片土地，严重威胁着秦王朝的安全。公元前 219 年，秦始皇命大将军蒙恬率 30 万大军赶走了南下入侵的匈奴人。

一天，秦始皇临朝议事，被派往海外寻找仙人讨取长生不老药的燕国人卢生上奏说："仙书上讲，'亡秦者，胡也'。"秦始皇也早就深感匈奴是强大秦帝国的外患，对秦构成了巨大威胁。为了抵御匈奴的再次侵犯，秦始皇命大将军蒙恬和太子扶苏带人大修长城。为了修长城，他们到处抓民夫，三丁抽一，五丁抽二。沉重的劳役、严苛的赋税，使得黎民百姓哭声遍野，家家不安，农民敢怒不敢言，只能借古讽今。

在我国流传了两千多年的孟姜女哭长城的故事，就是借孟姜女的经历，对秦王朝修筑长城使百姓妻离子散、家破人亡、民生涂炭的罪恶加以控诉。

故事是这样的：陕西同官县有姓姜的一家种了一架葫芦，架上有一枝蔓爬到邻居孟员外家的院子里，结了一个挺好看的大葫芦。两家争着抢着要这个葫芦，哪知道用刀把葫芦一切开，从葫芦里跳出个眉清目秀的小姑娘。给孩子起个什么名字呢？两家人一合计："这是咱们两家的后代，就叫孟姜女吧。"一晃十几年过去了，孟姜女长得如花似玉，又聪明伶俐。当时，苏州有个书生叫范杞梁，他听说秦始皇到处抓人修长城，心里非常害怕，便更名改姓，急忙外出逃生。这天晚上，范杞梁逃到陕西同官县孟员外家的后花园里，正赶上孟姜女带丫鬟去乘凉。孟姜女看到树后藏着一个人，叫出一看，是个年轻书生，品貌出众，心中已有了几分爱意。后经范杞梁慢慢述说由来，对他更加怜惜。孟姜女到员外跟前，一五一十地叙说所见，员外就把范杞梁招为上门女婿。孟家有个家人，早就惦记上了孟姜女。范杞梁一来，就被招为上门女婿，他的如意算盘白打了，他一生气就跑到县官那里去报信，说孟员外家窝藏着逃亡的民夫。县官就下令把范杞梁抓走服劳役去了，一对鸳鸯被活活拆散了。春去秋来，转眼就到了十一月，天气转凉，孟姜女想到丈夫还穿着单衣，心中万分难过，于是打定主意去给丈夫送寒衣。她经过千难万险，来到长城附近，到处打听，但谁也不知道她丈夫的下落。她心里特别难过，就坐在长城边上大哭起来，一连哭了三天三夜，哭得天昏地暗。她哭着喊着，只听轰隆一声，哭倒了长城八百里，在长城脚下露出了她丈夫范杞梁的尸体。

当然，秦始皇修长城御匈奴的事业，客观上是有利于国家安定统一的。公元前214年，秦王朝经过修缮，终于将秦、赵、燕三国昔日修的长城连贯为一，西起临洮，东至辽东。气势雄伟的万里长城是世界历史上最伟大的工程之一，它像奔腾的巨龙屹立在世界的东方。如今，这令世人赞叹叫绝的万里长城，已成为中华民族文明史的骄傲。

秦始皇建骊山陵

秦始皇即位后，即大肆征发徭役，大兴土木。为了使自己死后能继续享有豪华的生活，在骊山北麓（今陕西临潼区东南）为自己修建坟墓。这座坟墓即骊山陵。

据史料记载，骊山陵高五十余丈，周四五里多，墓基很深，并用铜液进行灌注。墓中筑有各式各样的宫殿以及百官位次。殿内陈列着各色珍奇珠宝，配以水银做成的百川、江河、大海，以机械使其转动，形象逼真，用明珠做成日月星辰，用人鱼膏（鲵鱼的脂膏，可以点火照明）做成蜡烛长期照明。为了防止后人挖掘坟墓，命令工匠装置了许多机弩，如有盗墓之人穿坟入内，弓弩就会自动发射，将入墓者杀死。据考古工作者实地挖掘表明，骊山陵的地宫呈长方形，长约460米，宽约400米。经钻探还发现，陵园有内外城垣。城垣呈长方形，有10个城门，外城4个，内城6个。内外城四角都有角楼。近年来，在骊山陵东侧发掘陪葬的兵马俑坑3个。俑坑总面积为12600平方米，陶俑与真人真马大小相仿，估计全部武士俑的数目当在6000左右，排列成一个完整的军阵场面。

为了修建这座坟墓，秦始皇在征战六国过程中，就征发人力物力：前后共征发全国刑徒及奴隶 78 万人；征集北山的石椁、巴蜀等地的优质木料，千里迢迢运往骊山。当时流行着这样一首歌谣："望石甘泉口，渭水为不流，千人歌，万人吼，运石堆积如山阜。"可见修筑陵墓工程之浩大。始皇死后，秦二世胡亥在埋葬始皇时，竟下令把后宫无子女的宫女全部殉葬；为了不泄露陵墓的秘密，把参加修陵的工匠全部活埋。

修建陵墓的刑徒和奴隶不甘于残酷的奴役，纷纷起来反抗，骊山刑徒英布就同一些徒长、豪杰联合起来，带着一批刑徒逃亡到江中为"群盗"。沛县泗水亭长刘邦在押送刑徒赴骊山途中，和被押者一起逃至芒砀山（位于今河南永城市境内。砀，dàng），啸聚（互相招呼着聚集在一起）起义，这些小股的农民起义，汇流成河，揭开了反秦斗争的序幕。

推行郡县制

郡县制起源于楚国，而秦都是中国历史上最早在全境推行"郡县制"的朝代。秦始皇统一天下后，曾出现过应否置郡的争论。当时不少大臣，特别是李斯的上司王绾（wǎn），认为原楚国、燕国、齐国等地的领土都远离秦国，主张实行分封，授各地贵族以世袭的诸侯名分，只有廷尉李斯认为分封制是周朝诸侯混战的根源，他大胆地反驳道："周制定的这个政策已经证明是一个政治灾难。周王室的亲戚一旦取得他们的土地，立刻互相疏远和进行战争，而天子却无力阻止他们，所以结论是'置诸侯不便'。"他力排众议，建议实行郡县制，并得到秦始皇的采纳。在郡县制底下，共设三十六郡，每郡有守（相当于省长）、尉（相当于防区司令）和监

（相当于监察专员）各一。郡下辖县，郡（守）与县（令），由皇帝直接任命。至汉代仍承袭这个制度，形成州郡县三级行政管理，自此成为日后各朝地方政制的基础，直到唐朝，才被道路制所取代。

商鞅变法时，废分封，行县制。秦统一后，秦始皇采纳李斯的建议，决定在全国范围废除分封制，以郡县制作为中央控制地方的制度。

郡，是中央政府以下最高一级地方行政机构。秦始皇统一六国后，国土空前广袤（mào），分天下为三十六郡。"郡"设郡守、郡尉、监御史等职官，分掌行政、兵事、监察职责。郡守是郡的最高行政长官，对上承受中央命令，对下督责所属各县。设置于少数民族聚居地的同级地方行政机构称为"道"。县级以下有"乡""里"两级地方基层行政机构。此外，还有负责地方治安并兼管公文传递的"亭"。

县，是郡的下级行政机构。县的长官称县令，由朝廷任命，主要任务是治理民众，管理财政、司法、狱讼和兵役。郡守通过每年的考核和平时的检查，对县令的工作进行考察。

秦朝这套从中央到地方的统治机构，管制上有明确的职责分工，既相互配合，又彼此牵制，统治机构的最高统治权掌握在皇帝一人手中，确保了封建地主专制统治。这套金字塔般统治机构的建立，标志着封建专制主义中央集权制度的进一步强化。

郡县制与周代分封制相比较，最主要的差别在于形成了中央垂直管理地方的形式。西汉王朝继续推行郡县制。汉初曾分封诸侯王而形成"郡""国"并存的局面，后逐步消除与中央抗衡的地方割据势力，使"大一统"政体更为巩固。

郡县制废除了奴隶主贵族时代的世袭特权，有利于形成中央对地方的垂直管理模式；废除了分封制，基本上解除了地方割据势力对封建中央政权的威胁，既是封建专制主义中央集权制度的重要组成部分，也是官僚政治取代贵族政治的重要标志。

焚书坑儒

秦始皇统一中原以后的第九年，也就是公元前 213 年，有一天，秦始皇在咸阳宫摆席庆贺头一年打败匈奴等少数民族的大喜事，文武官员全都出席了。有 70 个在学术思想上有名望有地位的文人，也参加了这次宴会。宴会进行当中，文人的领袖周青臣举酒颂扬秦始皇的功德，他说：“早先秦国的疆域不到 1000 里，依赖陛下的英明，消灭了六国，统一了中原，赶走了蛮人和夷人。如今凡是太阳月亮照得到的地方，全都服从陛下的统治了。陛下废除了分封，设立了郡县制度，从此免除了战争的祸患，使得天下人都能过着安乐的日子。这样的太平盛世，必定能代代相传，直到千秋万世。陛下的威德，真是上古的那些三皇五帝也望尘莫及啊！”

秦始皇听了周青臣的颂扬，心里甜滋滋的，他连连点头夸奖周青臣道：“说得好！说得好！”

可是这一番颂扬却触怒了另外一些满脑子旧思想的文人，有个叫淳于越的文人，他听周青臣说分封制不好，郡县制好，心里十分难过。赶快往前走几步，急急忙忙地对秦始皇说：“陛下！我听别人说，殷周两代的国王传了一千多年，他们分封子弟功臣做诸侯，像众星拱月那样拱卫中央朝廷，那个制度本来就好得很。如今陛下统一了中原，子弟却毫无地位和实权，将来万一出个像当年齐国田常那样谋篡王位的乱臣贼子，又有谁能挽救得了那种局面呢？我听老一辈的人说过：事情不照老规矩办而想要长久，根本就不可能。现在周青臣又当面奉承陛下，加重陛下的过错，我看他不是忠臣。陛下还是应当重新谋虑关于分封子弟的事情才好！"

淳于越再一次重提分封的事情，秦始皇听了心里有些厌烦。他叫大家再议论议论，看究竟是分封制好，还是郡县制好。这时候，已经升任丞相的李斯反对淳于越的谬论，他对秦始皇说："古今时代不同，情况已经随着时代改变了，我们绝不能再拿古代的制度到今天来实行。如今天下已经安定，法令已经统一，老百姓应当努力种田做工，读书人应当努力学习现行的法令制度。可是如今还有那么一批读书人，总是死抱住老一套的东西不肯放弃，老是根据过去古书上的记载来攻击当前的政治制度，这对于陛下的统治是很不利的，必须予以严厉禁止。我建议：史官所收藏的图书，凡不属于秦国历史的，全都拿来烧了；不是政府任命的博士官所收藏的《诗经》《尚书》，而是私家收藏的这一类书籍，一律焚烧掉，杜绝混乱思想的根源。"

秦始皇觉得确实是这样，如果听任那些有旧思想的人到处宣扬旧制度，的确会妨碍他的统治。于是他决定接受李斯的建议，下令焚书。焚书的具体办法是：除了那些讲医药、占卜、种树一类的书以外，凡不是秦国史官所记的历史书，不是官家收藏而是民间所藏的《诗经》《尚书》和诸子百家的书籍，在命令下达的30天之内，都要缴到地方官那里去焚毁。

以后还有偷偷谈论古书内容的，处死刑；借古时候的道理攻击当前政治的，全家都要处死。

官吏知道不告发的，判处同样的罪。命令到达后30天不烧毁书籍的，在脸上刺字后罚去做4年筑长城的苦工。凡有愿意学习法令的人，只许跟官吏去学，不许偷偷地照着旧时代的古书去学。

焚书的命令发布以后，各郡各县的官吏不敢怠慢，都立即严格地遵照命令去执行。他们派出许多士兵和办事的差役，挨家挨户地收缴书籍。在很短的时间里，到处都出现了焚书的熊熊烈火，焚烧那些刻写在竹木简上的古代书籍，使中国的文化事业遭受了一次浩劫。秦国以外的历史书和记载着诸子百家学术思想的书籍，凡是收缴上来的，差不多全都被烧光了。秦朝以前的许多历史事实和学术思想情况从此失传。这是秦始皇摧残中国文化的一大暴行。

秦始皇下令焚书，令许多读书人心生反感，不仅那些有旧思想的人反对秦始皇的暴行，连一些在朝廷里享受着高官厚禄的文人，也都在暗地里议论，说秦始皇这样压制舆论，摧残文化，做得太过分了。

焚书的第二年，即公元前 212 年，有两个替秦始皇求不死药的方士侯生和卢生，偷偷地议论说："秦始皇这个人，十分残暴，自信心太强。他在灭亡六国统一中原以后，就自以为是自古以来最了不起的一个君主了。他专靠残酷的刑罚来统治天下，大臣们谁也不敢对他说真话，他对谁也不信任，大大小小的事情都得由他自己亲自来决定。像他这样贪图权势的人，我们还是不要为他求仙药的好。"他们两个人商量好以后，就偷偷地带着从秦始皇那里领来的钱财，逃走了。

秦始皇听说读书人在背后说他的坏话，侯生、卢生居然逃走了，十分生气，决定要狠狠地惩治他们。

于是秦始皇下了一道命令，叫御史大夫去查办那些在背后诽谤他的读书人。被抓去审问的人，受不了残酷的刑罚，为了给自己开脱，就一个一个地攀连其他的人，攀来攀去，一下子查出来 460 多个方士和儒生。秦始皇一怒之下，也不详细审问、查证核实，就叫人在咸阳城外挖了个大坑，把他们全都给活埋了。其实 460 多人当中，真正反对秦始皇的只是少数人，大多数人都是含冤死去的。这是秦始皇对读书人的残暴屠杀。

秦始皇焚书坑儒，目的是统一思想，压制那些反对中央集权制的思想和言论，但是他的做法太过分，太残暴了。焚书，既毁灭了秦以前长期积累起来的文化财富；坑儒，又杀害了许多精神财富的创造者。从此以后，秦朝宫廷里真正有学问的人大大减少，而那些专会阿谀奉承、欺上瞒下的奸贼如赵高之流，逐渐成了秦始皇身边的重要人物，秦朝开始走下坡路了。秦始皇是一个完成统一大业的了不起的皇帝，同时也是一个对人民实施残暴统治的皇帝。

刘邦入关中

　　秦二世胡亥三年（前207）二月，刘邦北击昌邑县（今山东巨野县南部），在此遇到了一个重要的人物——他为西汉的建立立下了汗马功劳，后来又成为刘邦的眼中钉、肉中刺，非要除之而后快，他就是彭越。彭越是砀郡昌邑县人，常在大野泽（古代鲁西南的一个巨大湖泊，梁山泊由此演变而来）中打鱼，陈胜、项梁起兵后，

大野泽附近的一百多个少年无赖找到彭越，想让他领导众人起兵响应，但彭越没有答应。那群人再三请求，彭越没有办法，最后还是勉强答应了。彭越与他们约定：明天日出时到此相会，迟到者斩首。第二天，有十几人迟到，最后一人竟到中午时才来。彭越说："我年龄大了，你们非要强迫我做首领，现在竟有十几人迟到，不能都杀了，就杀最后那个人吧。"其他人都笑着说："不能这样，这次就算了吧，下次不敢了。"但彭越还是把最后那个人斩首示众了，然后设坛祭奠，发号施令，其他人都大惊失色，没有一个人胆敢抬头注视彭越。于是，彭越开始聚众略地（占领土地），收集诸侯的散兵游勇，得到上千人。刘邦进攻昌邑，彭越率军前往助战。从此彭越归属于刘邦，成为刘邦手下的一员虎将。

昌邑久攻不下，刘邦于是放弃昌邑，率军西进。经过高阳（今河南杞县西南）时，高阳人郦食其前来拜见刘邦。郦食其是一位六十多岁的老儒生，家贫落魄，在一个村庄做守门人。恰巧，刘邦手下的一个骑兵是这个村庄的人，郦食其找到他，让他为自己通报一声。骑兵说："沛公不喜欢儒生，凡是戴着儒生帽子来拜见的客人，沛公就会摘下他的帽子做便盆，在里面撒尿。沛公跟儒生说话，经常破口大骂。你不能以儒生的身份去见他。"沛公来到高阳客栈，派人去召见郦食其。郦食其被带进刘邦的卧室，当时刘邦坐在床上，正由两名侍女洗脚。郦食其只是抱拳拱手，并没有下拜，说："你是想帮助秦国攻打其他诸侯，还是想率领诸侯消灭秦国？"刘邦破口大骂："竖儒，天下人已经被秦国坑害很久了，所以诸侯并起，攻打秦国，你怎么能说我帮助秦国攻打诸侯呢？"郦食其说："要想聚合义兵消灭秦国，不应该这样无礼地接见长者。"于是，刘邦马上停止洗脚，穿戴好衣服，命人摆上美味佳肴，请郦食其上座，并且连声道歉。郦食其说："你纠合散乱之兵，不足万人，就想直接入关中、进咸阳，这简直是虎口拔牙。陈留（今河南开封东南），是天下的关键紧要之处，四通八达之地，现在城中粮食很多，我与县令关系不错，请派我到城中，劝他投降。假使他不来投降，你带兵进攻，我做内应。"于是，刘邦派郦食其到陈留城中，亲自率军随后跟进，很快占领了陈留。郦食其劝说弟弟郦商带领4000人前来归顺刘邦，刘邦让郦商做将领，带领陈留兵马一起西进。由于郦食其能言善辩，刘邦常常让他做说客，出使诸侯。

六月，刘邦攻打南阳郡，南阳太守退保宛城（今河南南阳市）。刘邦准备绕过宛城直接入关，张良劝他说："您虽然想快速入关，但秦兵还很多，并且占据险要位置。现在如果不占领宛城，而是先入关，如果宛城人马从后面攻击我军，加上前面强大的秦军，我军就会腹背受敌，这样做是非常危险的。"于是，当天夜里，刘邦率军悄悄地返回宛城，把宛城围了个水泄不通。南阳太守想自杀，他的下属陈恢说："我愿意去游说刘邦，保住宛城。如果失败，你再自杀也不晚。"陈恢见到刘邦，说："我听说你们约定：谁先入关就封谁为王。宛城郡县共有几十座城池，守城官吏和百姓都认为投降会被杀死，所以都坚守城池，拼死抵抗。现在您如果强攻，士卒死伤惨重。为您考虑，不如劝说宛城投降，然后封赏太守，还让他镇守宛城，您可以率领宛城士兵向西攻秦。其他各县肯定会闻风而降，您西进也就没有后顾之忧了。"刘邦说："好，这个主意不错。"七月，南阳太守投降，被封为殷侯，封陈恢为千户。解除了后顾之忧的刘邦，率领大军继续西进，一路上顺风顺水，通过武关进入关中，直至灞上（今西安东南）。

公元前 206 年十月，刘邦大军已经开进灞上，逼近咸阳。秦王子婴知道大势已去，于是封好皇帝的大印，脖子上系着绸带（象征捆绑），坐着白马拉的普通车子，率领文武百官出城投降，在路旁等候刘邦。诸将都说把子婴杀了算了，刘邦说："当初怀王派我西攻秦，是因为我能够宽容待人。况且子婴已经投降，杀了不吉祥。"于是命手下人好好看管秦王子婴。

大军终于进入咸阳，就像一帮穷人突然迈进了富丽堂皇的天堂，诸将争先恐后地奔走于各个府库之中，抢夺金银财宝，各种口袋、车辆都装得满满的，这当中只有一个人没有忙着强夺财物，而是冲进丞相府收缴了全部地图、书籍和档案资料，他就是萧何。正是有了这些图书资料，刘邦才知道了全国人口的多少，以及天下强弱险要之处，这为他以后统治西汉帝国提供了准确可靠的数据。在这件事上，萧何立下了首功，也显示出他的非同寻常之处：诸将考虑的是自己和眼前利益，他考虑的却是国家和未来，见识远远高于众人。

此时，刘邦贪婪好色的流氓本性也显露了出来。他看到秦国宫殿宏伟华丽，美女成千上万，狗马珍宝无数，就想住下不走了。屠夫樊哙（kuài）这时却头脑清醒，他对刘邦说："您是想夺取天下呢，还是想做一个亿万富翁呢？正是这些奢侈华丽的东西，才导致秦朝灭亡，你怎么能再使用它们呢？希望你尽快回师灞上，不要留在宫中。"刘邦不听。张良又接着劝道："因为秦王胡作非为，您才能打到这里。现在刚刚进入咸阳，您就想享受荣华富贵了，这简直是助纣为虐。忠言逆耳利于行，良药苦口利于病，愿您能够听取樊哙的建议。"刘邦虽然心有不甘，但还是率军撤离了咸阳，驻扎在灞上。

十一月，在灞上，刘邦召集各县的父老、豪杰开会，他公开宣布了自己的政策。他说："关中的父老乡亲已经被秦朝的残酷刑罚坑害很久了，我与诸侯约定，先入关者称王，我应当称王关中。现在与百姓约法三章：杀人偿命，伤人、偷盗者一律治罪。秦朝的其他法律全部废除，各级官吏还是就任原职。我之所以来到关中，是想替你们除去祸害，绝不会掠夺你们的财物，希望你们不要害怕。现在，我驻军霸上，是等待诸侯们到来，然后重新制定新的规章制度和法律法规。"刘邦派人把自己的政治文告张贴于各县乡、村镇。关中百姓大喜，争着把牛羊、酒肉献给士卒，刘邦再三推辞、坚决不接受，并说："仓库的粮食很多，不缺吃的，不想麻烦你们。"百姓更加高兴，唯恐刘邦不在关中称王。

有人劝说刘邦："关中财富十倍于天下，并且地形险要，东有函谷关，易守难攻。听说项羽已经封章邯为雍王，将在关中称王，如果他们到来，恐怕您就不可能再占有关中。现在应该派兵守住函谷关，阻止诸侯的军队进入关中，然后征集关中百姓，扩充自己的军队，与关东诸侯抗衡。"刘邦觉得有道理，马上派兵封闭了函谷关。

刘邦路遇张良

陈胜起义后，秦嘉在留县（今江苏沛县东南）起义响应，并立楚王的后人景驹为楚王。沛县距留县很近，刘邦因为屡攻背叛自己的雍齿不克，就想到留县向秦嘉请兵，联合起来攻打丰邑。刘邦在去留县的路上，遇到了另一支起义军的首领张良。

张良一家世代为韩国宰相。秦灭韩之后，张良以全部家产进行反秦活动。在秦始皇东巡的时候曾收买刺客,在博浪沙(今河南郑州市东北)刺秦始皇,因为误击中副车(皇帝的从车),秦始皇才得以幸免。从此张良便更姓改名,藏匿在下邳(今江苏邳州市南),以逃避秦始皇的追捕。陈胜起义后,他在下邳集合了一百多人,响应起义。秦嘉在留县起义后,张良就带领自己的起义人马,想去参加秦嘉的起义队伍,正好在路上碰见了也要去找秦嘉的刘邦。刘邦欢迎张良加入他的起义队伍,并任命张良为厩将(负责车马后勤方面工作的将领),与他一起去拜会秦嘉。

这时秦统治者镇压反秦斗争的主力军,章邯人马与陈胜的起义军在陈县(今河南淮阳市)一带展开决战。章邯原是秦的少府,是一个专管皇帝内府钱财的官。当陈胜的数十万西征军已经打到咸阳近郊时,秦二世令章邯临时组织骊山刑徒击败了陈胜的西征军,并一直追至陈胜的根据地陈县一带。章邯派他的部下司马夷率领一支军队,攻占了相县〔今安徽濉(suī)溪县西〕后又进至砀县(今河南夏邑县东)。刘邦与秦嘉联军在萧县(今安徽萧县)西与之接战,战斗不利,退兵固守留县。稍做整顿后,刘邦率军攻克砀县,又进占了下邑(今安徽砀山县),得兵五六千人,再还军攻丰邑,仍未攻下。

张良在下邳藏匿的时候,曾拜黄石公为师,向他学习《太公兵法》。张良参加刘邦的起义军后,常给刘邦讲解《太公兵法》。张良为别人讲兵法,别人都说难以理解,不爱听;而给刘邦讲兵法,刘邦却能很快理解和接受,并加以具体运用。所以张良很敬佩刘邦,认为终于找到了一位知己,决定追随刘邦参加反秦斗争,改变了去找秦嘉的想法。

张良是一位不可多得的军事人才,刘邦取得张良的信任,这是他的一大成功。萧何、曹参等人，虽然在政治斗争上都很有远见，在政治上可以给刘邦很大的帮助，但他们都不懂兵法，无法在战略战术上给刘邦出主意。现在刘邦得到了张良这样一位军事人才，就弥补了他参谋班子里的缺陷。这对以后刘邦在军事上得到发展有重要的意义。

刘邦身上有浓厚的流氓无赖习气，不尊重别人，这是他性格上的致命弱点。但是他在遇到张良以后，与这个贵族出身的人能一见如故，取得张良的信任，其中除了他愿意向张良虚心学习兵法外，必有更深一层的原因。从后来张良几次离开刘邦，又几次极力争取投靠刘邦来看，刘邦身上必定有不少吸引张良的地方。刘邦最吸引张良的，除了他坚决反秦的斗争意识外，对人宽容大度，善于听取别人的意见，勇于暴露自己的缺点，这是他最能争取和团结朋友的地方。张良出身韩国大贵族，除了有坚决的反秦斗争意识外，将地位和钱财看得很淡，这也是刘邦对他放心的地方。所以他能与刘邦一见如故，一拍即合，成为与刘邦合作到底的少数几个功臣之一。

刘邦智取宛城

阳城属秦南阳郡管辖。刘邦在阳城将队伍做了一些修整后，为了加强军队的机动力量，能尽快进入关中，就把军中的骑兵集中起来，与秦南阳郡守吕齮（yǐ）在犨县（今河南平顶山市南）东郊进行了激战，吕齮战败退守宛县（今河南南阳市）。刘邦认为吕齮已是战败之军，怕再进攻宛县会延误进关时间，就放下宛县不攻，率军继续西进。

张良认为刘邦这种把敌人留在后方，自己贸然前进的战术很危险，万一前面遇到强敌，暂时失利，很可能陷入腹背受敌的境地，张良就对刘邦说："你虽然急于要西进入关，但也要考虑到现在秦兵还很多，到处都在依险据守，抵抗起义军前进，现在我们没有攻下宛城就西进，前面有秦的强大队伍抗击我们，如果宛城的秦军再从后面发动袭击，我们的处境就危险了！"

　　刘邦是一个善于接受别人正确意见的人，他觉得张良的话很对，就马上改正，连夜率军从另一条路返回宛城，并更换了旗帜。黎明的时候，在宛城守军未发现的情况下，把宛城又包围起来。宛城的守军误认为这是另一支起义军，吕齮见宛城再次被包围，起义军不拿下来绝不会再撤走了，觉得守城无望，就想自杀。

　　吕齮的部下陈恢见郡守想自杀殉职，就劝他说："你不要忙于自杀。我再想想解救的办法，如果无效，你再自杀也不晚。"

　　陈恢有什么高招呢？他只不过想借反秦起义军急于入关的心理，为吕齮的投降讨价还价罢了。陈恢逾城到了城外，找到刘邦，向刘邦建议说："我听说你在西征时，楚怀王有约在先，先入咸阳者封为王，宛县是南阳郡的都城，南阳是个大郡，下属有县城数十座，人口众多，积存的粮食也很多。现在郡守自认为投降起义军必然会被处死，所以不投降，要死守宛城，在这样的情况下，你如果强攻宛城，必然损失很大，一时也难以攻下。如果你不攻下宛城继续西征，宛城郡守必然会率军在后边进攻你，在这种形势下，你如果强攻宛城，就会延误先进入关中占领咸阳的机会；如果放弃宛城西进，又有强敌在后，随时有前后被夹攻的危险。为了摆脱你进退两难的处境，我向你建议，最好的办法是劝宛城守军投降，封其郡守为起义军的官吏，让他为起义军驻守这里，还可以征调他的兵马，为起义军西征出力。你如果在宛城这么办了，秦其他地方的守城将领听说起义军来了，必然也会争着开城门欢迎你，你不用费一兵一卒之力，在西征的路上就会畅通无阻，很快到达咸阳。"

由此看来陈恢既了解刘邦的处境，又很熟习当时秦朝地方官吏的思想和心理状况。秦的一些地方官吏已经看到秦统治即将瓦解的形势，他们之所以还拼死反抗起义军，是因为过去为秦统治者卖命，作恶多端，怕得不到起义军的谅解，遭到报复。陈恢的话再一次提醒了刘邦，在西征中要加强政治攻势，不能光靠武力解决问题，所以刘邦很高兴地接受了陈恢的意见，接受宛城的投降，封吕齮为殷侯，还封陈恢为千户，这样就不但没有因为攻宛城损失兵力和耗费时间，反而能从宛城得到军事和物资上的支援。

刘邦在宛城的这一封秦的投降官吏为侯的做法，很快就传到其他秦的地方官吏耳朵去了，对秦的统治起到了政治上的瓦解作用。原本秦的一些地方官吏在强大的反秦起义浪潮中，正感到走投无路，刘邦的这一做法，给他们指明了政治前途和出路。从此以后，刘邦的西征就很顺利，西征军所到之处，秦的地方官吏纷纷不战而降。

刘邦的西征军接着又攻丹水（今河南淅川县西），秦守将高武侯戚鳃（xǐ）、襄侯王陵投降了。丹水已经靠近武关，但刘邦没有从这里马上进攻武关，他为了解除后方可能的威胁，又向东南进攻胡阳（今河南唐河县南），在这里遇到了参加反秦起义的秦番阳令吴芮派来的进行反秦活动的部将梅鋗（xuān），梅鋗和刘邦的军队采取联合行动，迫使析县（今河南淅川县北）、郦县（今河南南召县南）的秦守军投降。这样，刘邦就基本上清除了秦朝在南阳郡的力量，为西入武关扫清了障碍。

刘邦在进入武关前，一方面派魏人宁昌为使者去劝说秦二世投降，但使者被秦二世扣留了，没起作用；另一方面，为了争取进入关中后得到秦百姓的支持，减少进军阻力，刘邦在这时整顿军队纪律，约束部下不得烧杀抢掠。这些都为刘邦入关后的胜利进军，创造了条件。

刘邦从砀县出发西征之后，占领宛县是继占领陈留之后取得的第二次大的胜利，这两次胜利都是依靠计谋和政治攻势取得的，因为刘邦当时的兵力有限，如果单纯依靠军事行动，肯定不会取得那么大的战果。这说明由于秦统治者的残暴和不得人心，也由于全国反秦斗争的高涨，秦的统治实际上已经临近瓦解。

宛县是南阳郡的郡治所在，它是刘邦西征中继颍川郡的阳翟外占领的第二个郡的首府。但颍川郡是个小郡，地位远不如南阳郡重要，所以刘邦占领宛县，不但打开了进入武关的门户，在政治上也有十分重要的意义和价值。

鸿门宴

秦朝末年，刘邦和项羽率领着各自的军队进攻秦军，并立下誓约"先入关者王"。

虽然项羽的军力远胜刘邦，但最先攻入咸阳的却是刘邦。为此，项羽大怒，认为刘邦捡了个大便宜，便想出兵进攻他。

那时，刘邦带着 10 万兵马驻扎在灞上，项羽带着 40 万兵马驻扎于鸿门。时任刘邦左司马曹无伤悄悄派人通知项羽："刘邦占领了函谷关，他想在关中称王的野心已经十分明显了。"

收到消息后，项羽震怒，随即下令："明日清晨用酒肉犒劳军士，然后出发攻伐刘邦。"

素来与刘邦谋臣张良交好的项伯（项羽的季父，即年龄最小的叔父），连夜赶到刘邦军中，将这一情况告诉给了张良，劝他赶紧远离刘邦，以求自保。

张良没有要离开刘邦的意思，反而把项羽要来攻打的消息报告给刘邦。随后，在张良的陪伴下，刘邦会见了项伯，他再三强调自己根本没有反对项羽的想法，并让项伯到项羽面前为他讲情。项伯同意了，希望刘邦能亲自去向项羽赔礼道歉，将事情解释清楚。

次日清晨，刘邦亲自前往鸿门向项羽道歉，随行的是张良、樊哙和一百多名随从。见到项羽后，刘邦将姿态放得很低，一言一行都对项羽毕恭毕敬。看刘邦态度谦恭，项羽的怒气慢慢消了，还留他在军中饮酒，并让范增、项伯、张良作陪。

宴席之上，范增多次对项羽使眼色，并数次将身上佩戴的玉玦（jué，半环形有缺口的佩玉）举起来，示意项羽除掉刘邦。但项羽一直视若不见。

所以，范增借故离席，出大帐后找到项庄（项羽的堂弟），对他说："大王过于心慈手软，你去大帐敬酒，找个机会除掉刘邦。"

于是，项庄就去敬酒，说："军营之中没有什么娱乐，我来舞剑给大家助助兴吧。"说罢，就拔剑起舞。他一边舞一边转，一会儿就到了刘邦面前。

看出项庄舞剑用意的项伯站起来说："咱们二人来场对舞吧。"言罢，也拔出剑舞了起来。项伯在舞剑的同时，用身体将刘邦掩护了起来，让项庄没有下手的机会。

见眼前情况危急，张良赶忙出去找樊哙前来救援。随即，樊哙就闯入了大帐。

项羽十分欣赏直率勇猛的樊哙，赏给他酒喝，并让他在刘邦身边就座。如此一来，项庄就更没有下手的机会了。后来，刘邦以上厕所为借口离开大帐，然后在樊哙的保护下，由小路平安返回灞上。

萧何月下追韩信

项羽进了咸阳，杀了秦王子婴和秦国贵族 800 多人，还下令烧阿房宫。跟随项羽进关的 50 多万兵士，谁没受过秦朝的压迫？他们见了豪华的阿房宫，想到他们过去受的罪，心里燃烧起报仇的火苗。项羽一声令下，大伙儿就放起火来。这场火一直烧了 3 个月，把阿房宫烧成一堆瓦砾。

项羽原来是楚国的贵族，趁着农民起义的机会，参加了反秦战争。灭了秦朝以后，他不可能为广大农民着想。他决定重新划分封地，把统一了的中国又弄得四分五裂。

当时名义上的首领还是楚怀王，项羽把他改称为义帝，表面上承认他是帝，实际上只让义帝顶个虚名，一切分封的事都得听他主张。他把六国旧贵族和有功的将领一共封了 18 个王，自称为西楚霸王。春秋时期不是有霸主吗？项羽自称霸主，等于宣布他有权号令别的诸侯，诸侯都得由他指挥。到了第二年，项羽干脆把挂名的义帝杀了。分封诸侯以后，各国诸侯就都分别带兵回自己的封国去，项羽也回到他的封国西楚的都城彭城。在 18 个诸侯中，项羽最忌的是刘邦。他把刘邦封在偏远的巴蜀和汉中，称为汉王；又把关中地区封给秦国的三名降将章邯等人，让他们挡住刘邦，不让刘邦出来。汉王刘邦对他的封地很不满意，但是自己兵力弱小，没法跟项羽计较，只好带着人马到封国的都城南郑去。汉王到了南郑，拜萧何为丞相，曹参、樊哙、周勃等为将军，养精蓄锐，准备再和项羽争夺天下。但是他手下的兵士们却都想回老家，差不多每天都有人开小差逃走，急得汉王连饭都吃不下。

有一天，忽然有人来报告："丞相逃走了。"汉王急坏了，真像突然被人斩掉了左右手一样难过。到了第三天早晨，萧何才回来。汉王见了他，又气又高兴，责问萧何说："你怎么也逃走？"萧何说："我怎么会逃走呢？我是去追逃走的人呀。"汉王又问他："你追谁呢？"萧何说："韩信。"萧何所说的韩信，本来是淮阴人。项梁起兵以后，路过淮阴，韩信去投奔他，在楚营里当个小兵。项梁死了，韩信又跟着项羽，项羽见他比一般兵士强，就让他做个小军官。韩信好几回向项羽献计策，都没被采纳，他感到十分失望。等汉王刘邦到南郑去的时候，韩信便去投奔汉王。韩信到了南郑，汉王也只给他个小官做。有一次，韩信犯了法被抓了起来，差不多快要被砍头了。幸亏汉王部下的将军夏侯婴经过，韩信高声呼喊，向他求救，说："汉王难道不想打天下了吗，为什么要斩壮士？"夏侯婴看韩信的模样真是一条好汉，就把他放了，还向汉王推荐他。汉王让韩信做个管粮食的官。

后来，丞相萧何见到韩信，跟他谈了谈，认为韩信的能耐不小，很器重他，还几次三番劝汉王重用他，但汉王总是不听。韩信知道汉王不肯重用他，趁着将士纷纷开小差的机会，也找个机会走了。萧何得知韩信逃走了，急得直跺脚，立即亲自骑上快马追赶出去，追了两天，才把韩信找了回来。汉王听说萧何追的是韩信，生气地骂萧何："逃走的将军有十来个，没听说你追过谁，单单去追韩信，是什么道理？"萧何说："一般的将军有的是，像韩信那样的人才，简直是举世无双。大王要是准备在汉中待一辈子，那就用不到韩信；要是准备打天下，就非用他不可。大王到底准备怎么样？"汉王说："我当然要回东边去，哪能老待在这儿呢？"萧何说："大王一定要争天下，就赶快重用韩信；不重用他，韩信早晚还是要走的。"汉王说："好吧，我就依着你的意思，让他做个将军吧。"萧何说："叫他做将军，还是留不住他。"汉王说："那就拜他为大将吧！"萧何很高兴地说："大王英明！"萧何把韩信找来，想马上拜他为大将。萧何直爽地说："大王平日不大注重礼节。拜大将可是件大事，不能像跟小孩闹着玩似的叫他来他就来。大王决心拜他为大将，要择个好日子，还得隆重地举行拜将仪式才好。"汉王说："好，我都依你。"汉营里传出消息，汉王要择日子拜大将啦。几个跟随汉王多年的将军个个兴奋得睡不着觉，认为这次自己一定能当上大将。

赶到拜大将的日子，大家知道拜的大将竟是平日被他们瞧不起的韩信，一下子都愣了。汉王举行拜将仪式以后，再接见韩信，说："丞相多次推荐将军，将军一定有好计策，请将军指教。"韩信谢过汉王，向汉王详详细细地分析了楚汉双方的情况，认为汉王发兵东征，一定能战胜项羽。汉王越听越高兴，只后悔没早点发现这个人才。打那以后，韩信就指挥将士，操练兵马，东征项羽的条件渐渐成熟了。

暗度陈仓

鸿门宴之后，项羽虽然暂时放过了刘邦，但对他仍有所忌惮。他封刘邦为汉王，领地是汉中、巴蜀地区。同时，他又将秦都咸阳附近的土地封给秦朝的三个降将章邯、司马欣和董翳（yì），目的是让他们监视刘邦。

项羽分给刘邦的汉中、巴蜀等地，偏处西南，交通不便，经济不发达，文化也非常落后；而分给三个降将的土地却是肥沃的关中平原，控制着汉中通往中原的通道。刘邦明白项羽刻意打压自己，一怒之下，就要带兵和项羽大战一场。

这时，刘邦的智囊萧何和张良极力拦住了他。萧何理智地说："项羽统辖着四十万大军，而我们的将士不过十万人，如果真打起来，吃亏的肯定是我们。"

刘邦气愤地说："我知道咱们实力不如项羽。可我若服从项羽的命令，带着军队进入汉中，就根本没机会再回关中了。"

张良劝道："不会没机会的。争夺天下的关键在于民心，关中的民众一向敬服您。即便您到了汉中，只要您奋发有为、选贤任能，也必然能重新夺取关中。"

刘邦考虑良久，想不出更好的策略，只得按萧何和张良的建议行事。到了四月，刘邦率领手下将士启程前往汉中。

那时，汉中只有一条对外通道。这条道路穿过无数高山险谷，其中很多路段都是用木板修成的栈道，每次仅能容单人单匹马通过。张良向刘邦提议，等大军通过后，就立即烧掉栈道，以示自己绝无返回之意，从而消除项羽的戒心。

刘邦的军队刚出发，项羽就派人一路尾随着。数日后，他收到密报，说刘邦放火烧了栈道，已经到达汉中。项羽得到这个消息，认为刘邦不会再对自己构成威胁了，就带着庞大的军队安心地回自己的都城彭城去了。

而刘邦才稳定下来，就开始为日后离开汉中做准备。他一方面根据萧何的举荐，任用军事奇才韩信为大将军；另一方面积极训练军队，筹备军需物资。

当初项羽分封的三秦将中，雍王章邯的封地废丘最靠近汉中，章邯时常派人到汉中打探消息。某日，探子回报章邯：汉王刘邦日前提拔的大将军韩信正命数百人修复栈道，像是要从此路出兵，进军关中。

章邯听后哈哈大笑，对身边的人说："区区一个无名之辈，谅他有什么本领，想修好栈道，没个三五年时间是根本不可能的；等修成了，我就派兵守住关中出口，就算他插翅也难飞过来。"说完，章邯只是让人继续监视汉中，却没有采取任何防御措施。

不料，到了八月，章邯派出的人急匆匆地前来报告："韩信已率十余万汉军到达关中。"章邯大惊失色，问："汉军到什么地方了？他们是何时修完栈道的？"探子说："汉军已经到达陈仓了。他们走的是西边的故道，根本没经过栈道。"

原来，韩信早就发现汉中西北部有条捷径，能从故道直通陈仓，就决意从这条路北进。他率领十余万汉军秘密行军，长途奔袭，最终出其不意地到达了陈仓。而此前韩信派人"明修栈道"，只是为了吸引章邯的注意力罢了。

章邯慌慌张张地派兵去陈仓截击汉军。可是，这时韩信已经指挥军队抢占了有利的位置，汉军气势正旺，锐不可当，章邯的军队根本不是他们的对手。韩信趁势挥军东征，关中百姓自发地接应汉军。汉军节节胜利，先后降服了雍王章邯、塞王司马欣和翟王董翳。刘邦重新占据咸阳，他在萧何的辅佐下，用心经营关中，为之后的"楚汉之争"做好充分的准备。

垓下之围

公元前202年，项羽领导的楚军被刘邦率汉军围困在垓（gāi）下。一连数天，汉军围而不攻，楚军渐渐粮绝，项羽勇猛，屡次率兵突围，但都以失败而告终。

一天晚上，从包围楚军的汉军营中隐约传出歌声，项羽仔细倾听后不禁大惊：原来，汉军所唱的歌谣，都是楚地民歌。项羽自号西楚霸王，楚地原本是他的大本营，而楚军中最精锐的八千江东子弟兵，都来自楚地。项羽听着四面传来的楚歌，惊呼道："难道楚地已经尽数被汉军占领？他们军中怎么有如此多的楚人？"

楚军将士听到四周楚歌阵阵，也和项羽一样，以为自己的故乡都被汉军攻占了，有的人心为所动，也跟着哼唱起来；有的人想起了家中的父老、妻小，甚至失声痛哭，楚军阵地内一片哀号之声。

实际上，汉军并没有完全占得楚地，汉军中的楚人也并不多。这四面楚歌，据说是张良出的计策，意在让楚军军心动摇而故意唱的。汉军听到楚阵中传出哭泣声，越发唱得起劲。由于汉军的多日围困，楚军本已斗志全无，又听到四面楚歌，更是人心溃散，许多人趁夜出逃，有的逃回家中，有的逃到汉营投降。

　　听到楚歌四面传来，项羽心情烦乱，回到帐内喝酒解愁。因为他知道，军心一散，就再无挽回的希望了，而此时自己心中所念的，只有钟爱的美人虞姬和那共同他出生入死的乌骓（zhuī，青白杂色的马）马。

　　项羽依依不舍地看着乌骓马，用手拍了拍它的脖子，命人牵走，可是，乌骓马心念主人，无论如何都不肯走。

　　面对此情此景，项羽忍不住泪如雨下，四周的兵士也都个个深埋着头，痛哭流涕。以往楚军所向披靡、声威浩大的景象历历在目，而此时大势已去，将士叛离，项羽心中大感凄凉，不禁悲痛地高声唱道："力拔山兮气盖世！时不利兮骓不逝！骓不逝兮可奈何！虞兮虞兮奈若何！"虞姬附和着项羽的节拍，一边舞剑，一边唱歌。虞姬为了不让自己成为项羽的负累，听罢歌声便自尽了。项羽抹去眼泪，一跃跳上乌骓马，朝营外冲杀出去。

张良一计攻心，四面楚歌，使楚军溃乱不已，随项羽突围的仅有八百来人，待他们一路冲杀到乌江岸边时，只剩下区区二十余骑了。项羽把乌骓马送给了乌江亭长，然后与身边仅存的二十余人，手持刀剑匕首，同汉军进行最后的殊死搏斗。他手刃了百名汉军将士，自己也多处受创。前有乌江相阻，后有汉军追兵，此时乌江亭长撑着一只小船赶来，劝慰项羽先行渡江，待返回楚地仍可继续为王。项羽悲痛地说道："当年八千江东子弟随我起兵，现在无一人存活，我哪儿还有脸面去见江东父老啊！"曾经威风凛凛的西楚霸王，最终在乌江边自刎身亡。

文景之治

汉惠帝死后，吕太后以皇帝年幼而名正言顺地临朝执政。她陆续把自己的内侄、侄孙都封了王，还让他们掌握了军权，使整个朝廷大权几乎全落在吕家手中。吕太后临朝的第8年，得重病死了。吕家要造反，最终在大臣周勃等人的努力下，平定了叛乱。大臣们通过慎重讨论，决定迎立刘邦的儿子代王刘恒即位，就是汉文帝。

汉文帝和汉景帝统治的39年间，朝廷实行无为而治、休养生息的政策，发展生产，平缓刑狱，汉朝一片升平气象。这一时期为以后汉帝国跨入汉武帝全盛时期奠定了基础，历史上称之为"文景之治"。

文帝即位后，派遣使者遍告四方百姓，表示自己将对四方采取怀柔政策。他还给因吕后时期统治不当而起兵造反称帝的南越王赵佗写信，承认前代在统治方针上的错误，并说："我们两方多年的战乱造成许多灾难，我想这是大家都不忍心看到的。现在岭南的土地就归你治理了，但两个皇帝并立一定会引起争端，这是仁者所不愿见到的，我愿与你共弃前嫌，重修旧好。"这封信既婉转表达了与赵佗修好的意愿，又明确表示皇帝只能有一个，赵佗必须取消帝号。赵佗读完文帝的信后十分感动，他对臣子们说："一个国家不能有两个国君。现在汉朝皇帝这样圣明，从此以后，我就除去皇帝的仪仗，不再称帝了。"此后，赵佗一直以臣下自居，南越与汉通好数十年，相安无事。

北部的匈奴族仍是汉朝的一大威胁，"和亲"政策虽然暂时缓和了汉朝和匈奴的关系，但边境战争还是时常发生。文帝时，汉朝曾与匈奴有过几次冲突。公元前158年，北方的匈奴起兵侵犯上郡和云中一带。汉文帝立即派兵马抵抗，另外又派三名将军保卫长安，将军刘礼驻扎在灞上，徐厉驻扎在棘门（在今陕西咸阳市东北），周亚夫驻扎在细柳（在今陕西省咸阳市西南渭河北岸）。为鼓励守边将士，汉文帝还亲自到军营进行慰问。汉文帝所到之处都受到热烈欢迎，可是到了周亚夫的细柳营时却受到拦截，兵士要在得到周亚夫的命令后才准以放行。周亚夫也没行叩拜大礼，只用军礼见皇帝，文帝的随从都十分气愤，要文帝治周亚夫的罪，可文帝说："只有周亚夫才是真正的将军啊！"

景帝时曾有一位抗击匈奴的名将李广，匈奴人十分惧怕他，称他为"飞将军"。李广曾有一次追击敌人，被敌人发现了行踪，但由于双方都不明底细，所以都没有轻举妄动。李广镇定地扎下营来，让对方不知虚实。匈奴人怕汉军有埋伏，不敢下山出击，半夜时悄悄退走了。正是李广的威名，保障了边境的安定，也使得内地百姓得以休养生息。

汉文帝和景帝统治时期，都减轻了赋税和徭役。文帝在位之初就连续颁布了两道关心民间疾苦的诏书，要求地方政府鼓励生产、努力赈济贫民。他还接受贾谊的建议，大力推广农业生产。文帝时曾有两年减免一半田租，实行三十税一。景帝时继续执行重农方针，使三十税一成为西汉的定制。

汉文帝还十分注意节俭。一次他想建造一座露台，预算要花费黄金一百斤，他说："一百斤黄金相当于十户中等百姓的家产，我继承先帝的宫室都感到惶恐和惭愧，不能再浪费财力了。"他随即便取消了这个计划。文景统治时期还减轻刑罚，严惩贪官，社会风气十分清明。

经过汉文帝和景帝的休养生息政策，汉朝社会的经济很快得到恢复并取得很大发展。据说，到了景帝执政的时候，国家仓库里的钱多得数不过来，由于常年不用，串钱的绳子都烂掉了；粮仓里的粮食也多得吃不完，一直堆在露天。

"文景之治"为汉帝国的繁荣昌盛和向外开拓奠定了坚实的物质基础。

汉匈漠北之战

经漠南、河西两大战役打击，匈奴势力遭受重创，但仍未停止南下骚扰汉边。公元前 120 年，匈奴又从右北平、定襄攻汉，杀掠千余人；还用汉降将赵信计谋，欲把汉军引至漠北歼之。

公元前 119 年，汉武帝震怒于匈奴多次战败仍贼心不改，遂决定来一次大规模的军事行动。经过充分准备后，武帝命大将军卫青、骠（piào）骑将军霍去病各统骑兵四万、五万，几十万步兵及转运者，分别从定襄（今内蒙古自治区和林格尔）、代郡〔今河北蔚（yù）县〕出发，深入漠北，寻歼匈奴主力，予以打击。

匈奴单于听说汉兵远来扫荡，不敢怠慢，"远其辎重，以精兵待于漠北"。卫青率精兵出塞，不久歼单于本部，同时令李广、赵食其从东面迂回策应。抵达漠北后，"见单于兵陈而待"，卫青当机立断，创造性地运用车骑协同的新战术，命令部队以武刚车"自环为营"，以防匈奴骑兵突袭，而令五千骑兵进击匈奴。伊稚斜单于乃以万骑迎战。两军从黎明激战至黄昏，杀得难分难解。临近日落时，突然刮起大风，飞沙走石，两军不辨敌我，卫青乘势分轻骑从左右两翼迂回包抄匈奴。伊稚斜单于见汉军人马尚强，情知再打下去会吃亏，遂趁夜幕降临时，跨上一匹千里马，率数百壮骑杀出重围向西北方逃走。匈奴军溃散，卫青乘势追击，斩杀和俘虏敌人一万九千余名。

与此同时，飞将军李广和赵食其肩负着迂回截击匈奴单于的任务，日夜兼程行军，然而大漠深处一眼望去全是茫无涯际的荒沙，找不到一个当地人。李广军因没有向导，走迷了路，李广焦急却无可奈何，怕再往前走与卫青主力军队更会不上面，下令回军南还。

卫青经过殊死血战，击溃匈奴单于主力，原本期望李广能在单于后方截断伊稚斜的退路，然后汉军前后夹击，围歼单于，但北追二百余里却不见李广军，伊稚斜单于最终逃脱。卫青继续挥师挺进，兵至寘颜山赵信城，缴获了匈奴屯集的大批粮食和军用物资，并在该地休整一天，然后放火烧毁赵信城后班师回国。到达漠南以后与李广、赵食其会合，卫青差人往李广军营询问迷路经过，并说要上报天子。卫青派去的人劝李广把走失单于的责任推给赵食其，以避惩罚，但李广为人正直，并不答应。卫青闻讯恼怒，又遣人催逼李广的幕僚去中军受审，李广说："他们无罪，迷路责任在我，我自己去受审。"他把责任揽在自己身上。来人走后，李广慨然叹道："我自年少从军，与匈奴大小七十余战，想不到今天却被大将军如此催逼，我已年过花甲，怎能再受这样的侮辱？"说罢拔剑自刎而死。左右无不泪如雨下。

率兵从东路出代郡的霍去病却取得了辉煌的战绩，足以使他彪炳史册（形容伟大的业绩流传千秋万代）。他深入两千余里，凭借兵精马壮的优势，对匈奴左贤王发起猛烈攻击。霍去病少年英雄，身先士卒，左贤王垂垂老矣，怎是他的对手？战不多时，左贤王就率亲信弃军而逃，匈奴兵大溃。霍去病即率众追击，一直追到狼居胥山，歼其精锐，斩杀北车耆（qí）王，俘屯头王、韩王等三王以及将军、相国、当户、都尉等 83 人，俘虏 70443 人；并封狼居胥，登临瀚海，祭告天地后班师凯旋。

漠北之战重创了匈奴势力，从此"匈奴远遁，而漠南无王廷"，危害汉朝百余年的边患基本得到解决。

霍去病从此威名远扬，汉武帝十分喜欢他，并下令给他建造府第，被他拒绝了。他的"匈奴未灭，何以家为"的洋溢着爱国激情的名句，激励着世世代代后人。年仅 24 岁的霍去病于元狩六年（前 117）去世，武帝在自己的陵墓旁为他修建了一座状如祁连山的坟墓，用以表彰他抗击匈奴的卓著功绩。

武帝战胜匈奴，打通了到塔里木盆地及中亚的商路，匈奴控制的河西走廊归属于汉朝。从此，在从中原到中亚的丝绸之路上，西汉的外交使节和商人往来不断，丝绸之路逐渐成为中西交流的一座桥梁。

李陵降匈奴

李陵，西汉骁骑将军李广之孙，李广长子李当户的遗腹子。祖籍槐里（今陕西省兴平市），先祖李信曾为秦朝将军，追捕过燕太子丹。李陵壮年以后，被选拔为建章营羽林军的长官。他善骑射，爱人下士，因李家世代为将，所以朝廷让他率领 800 名骑兵。后来李陵升为都尉，掌管丹阳（今安徽、江苏、浙江的一些地区）境内的楚人 5000 名，在酒泉、张掖（张掖与酒泉均在今甘肃省。掖，yè）一带教练射术，以防备匈奴。

汉天汉二年（前 99），汉将贰师将军李广利带领 3 万骑兵，在祁连天山（甘肃境内祁连山）攻打匈奴右贤王，杀死匈奴 1 万多人，撤回途中被匈奴重兵围困。此时，汉军已缺粮数日，死伤者甚多，假司马赵充国身陷胡阵，负伤二十多处，贰师将军派兵才得以解脱。后来，汉廷又出兵西河，与强弩都尉路博德会合于涿邪山（今蒙古国境内满达勒戈壁附近），但没能取得什么战果。

此时，武帝诏见李陵，派他带领步兵弓箭手 5000 名，从居延（今内蒙古自治区额济纳旗东南）出发去分散匈奴的兵力。李陵随即叩头请战说："我的守边士卒都是武艺高强的勇士奇才，愿自带一队人马到兰千山南以分散匈奴的兵力。"武帝说："我发的兵很多，已经没有骑兵给你了。"李陵说："没骑兵，我愿以少击众，带步兵5000 人进入匈奴的要地。"武帝同意后便下诏给路博德，令他半路去接应李陵的军队。路博德羞于做李陵的后援，因而上奏说："现在正是秋季，匈奴的马膘肥体壮，不好与之交战，希望留李陵将军到春天一齐出击。"武帝听后很恼怒，怀疑是李陵反悔不愿出击才让路博德上书的。因而令路博德率兵去攻打西河，命李陵九月再出兵。于是李陵出遮虏障地区，到东浚稽山（约在今蒙古人民共和国土拉）南龙勒水上，察看敌情，见没什么情况便回到受降城宿营，从这里率其步兵5000人出居延，北行30日，到达浚稽山。观察了山川地形后，派部下陈步乐回朝报信，陈步乐说："李陵正率领得力的士卒与匈奴以死相拼。"武帝非常高兴，随即拜陈步乐为郎。

李陵在浚稽山与单于相对，单于骑兵3万包围了李陵的部队。汉军深居两山之间，以车为营。李陵率士卒出营，令前边的士卒拿戟盾，后面的拿弓箭，单于见汉军人少，就直取李陵的大营，汉军千弩齐发，匈奴士卒应弦而倒，胡兵逃回山上，汉军追击并杀死他们数千人。单于大惊，召当地骑兵8万来攻打李陵。汉军边战边撤，几日后到达一山谷中，军中士卒多数受伤，李陵命令士卒，伤三处者坐车，两处者推车，伤一处者继续战斗。又杀死胡兵3000多人。李陵率兵沿龙城向东南走了四五日，到了大片芦苇荡中，胡兵顺风放火，李陵也命令士卒放火用以自救。李陵又南行到达山下，单于在南山上，派他的儿子率骑兵攻击李陵，汉军在林间与胡兵进行了地面战斗，又杀死胡兵数千人，发箭连射单于，单于下山逃走。据当时捕到的胡兵讲："单于说：'这是汉朝的精兵，攻其不下，日夜引我们南行靠近边塞，难道会真的没有伏兵？'部下们说：'单于大王率数万骑兵亲自与李陵几千步兵交战都没能取胜，以后匈奴就再也没有能够守边的人了，现在恶战山谷，离平地还有四五十里呢，我们不好取胜，应该撤回。'"

此时，李陵的军情已非常紧急，一天要打数十个回合，又杀伤匈奴 2000 多人。就在与胡军交战失利要撤退时，汉军的军侯管敢被韩延年所辱，投降了匈奴。单于才得知：汉军现在是兵无后援并且箭支已尽，只有李陵和韩延年各带的 800 名士兵在前面，只需精骑一射即可击破。单于大喜，立即派兵，一方面夹击汉军，一方面诱导李陵和韩延年投降。汉军在山谷中，四面箭如雨下，最后汉军南撤至鞮（dī）汗山，50 万支箭全部用完，士卒只剩下 2000 多人，他们有的拿着拆下的车条，有的拿着刀到达山谷，单于派兵挡住他们的去路，顺势往下抛石头，李陵士卒伤亡惨重。晚上李陵换便衣独自出营，劝住左右的人说："不要随我，我一人去取单于的头。"很久，李陵归来，叹息说："我们兵败将死。"于是将旌旗、珍宝埋入地下，李陵说："再有几十支箭，我们就可脱险，现已无兵器可用了，天亮就要被俘，大家各自散去，能逃脱的再回去报效朝廷吧。"半夜，李陵、韩延年都上了马，十几名壮士跟随着他们，单于数千骑兵追杀其后，韩延年战死，李陵说："我已没有脸再回汉廷去见皇帝了。"于是就投降了匈奴，他的军队几乎全军覆没，能逃回汉朝的只有 400 多人。

李陵兵败之地离边塞只 100 多里，朝廷闻讯，想让李陵死战，后得知李陵投降了匈奴，武帝大怒，责问陈步乐，陈步乐自杀身亡。单于得到李陵以后，因其家族声望很高，打仗又英勇顽强，就把自己的女儿嫁给他，使李陵在匈奴有了尊贵的地位。汉朝知道了这件事，就把李陵的母亲、妻子、儿子都杀了，从此以后，李家的声名败坏，凡与李陵有关的人都感到羞耻，朝廷上下也都一致谴责李陵。太史令司马迁对这件事却有不同的看法，他认为：

李陵带步卒不足五千，深入匈奴的内地去牵制数万骑兵，转战千里，矢尽粮绝，杀伤匈奴一万多人，今虽兵败降胡，但从他的赫赫战功看，真是虽败犹荣，古之名将不过如此。他不愿死，只是为了保存自己再寻机报国。武帝认为司马迁是在败坏贰师将军李广利的名誉而为李陵辩解，司马迁因此触怒武帝，受到牵连而遭宫刑。

事后，武帝悔悟，认识到李陵是因为没有救兵才战败的，狡诈的路博德对此事负有责任。所以朝廷就赏赐了那些逃回汉朝的李陵的士卒，以作补偿。

巫蛊之祸

汉武帝至晚年，有着人到晚年的通病，即变得糊涂而易听信别人的谗言，最终致使父子相残，导出一场大祸。

当初，汉武帝即位十几年无子，到 29 岁那年，卫子夫（卫青之姐）才为武帝生下了一个儿子，取名叫刘据。汉元狩元年（前122）被立为皇太子，时年 7 岁。开始，武帝对刘据十分宠爱，为立禖（求子之神），使东方朔、枚皋等人做禖祝。少年时，武帝派当时的著名学者瑕丘江公等教刘据读书。长大成人后，武帝为刘据立博望苑，使通宾客，从其所好，但刘据性情仁恕温谨，时间长了，武帝又嫌他没有大才，不类己。而武帝其他宠姬王夫人生了刘闳，李姬生刘旦、刘胥，李夫人生刘髆（bì）等。这样，卫皇后和太子刘据逐渐失宠，二人也因此常常感到不安。汉武帝察觉到了这一点，便对卫皇后的弟弟、大将军卫青说："汉家庶事草创（开始创建），加上四夷侵凌中国，朕不变更制度，后世便无法则可循；若不出师征伐，天下不安，为此而不得不劳民伤财。但若后世如朕所为，那便是袭亡秦之迹了。太子敦重好静，必能安定天下，不使朕为之担忧。欲求守文之主，哪里有贤过太子的人选？听说皇后和太子有不自安之意，哪里有那回事？卿可以朕意晓之。"卫青听后，顿首称谢。卫皇后知道后，也脱簪请罪。太子刘据每次劝武帝不要发兵征伐四夷，武帝总是笑着说："我承当这个劳顿，让你承受安逸，有何不可？"

汉武帝每次出都巡行，都把京城中的政事交给太子处理，把宫里的事交给皇后处理。太子处理完后，只拣些比较大的事情向武帝汇报，武帝也并无异议，有时连问都不问。武帝用法很严，多任用深刻严狠的官吏；而太子则非常宽厚，常常做一些平反从轻的事情。太子这样做，虽得百姓之心，而用法大臣却多不悦，皇后恐怕时间长了会开罪于大臣们，便经常告诫太子，要他留心武帝的意思，不要擅自按自己的意思办。武帝听说后，认为太子做得正确，而皇后做得不对。群臣之中，宽厚长者多因此而依附太子，而喜欢深酷用法之辈则经常攻击太子。大凡奸邪之臣，党羽众多，所以称誉太子的人少，而诋毁太子的人多。卫青去世后，太子的外家亲戚再无为大臣者，那帮奸佞小人便乘机而起，竞相诬陷，欲构成太子之罪。

汉武帝上了年纪之后，很少和儿子们见面。皇后更是难得见一次，太子曾经入宫拜谒皇后，半天才出来。宦官苏文便向武帝报告说："太子在宫中和宫人调戏。"武帝听后，下令把太子的妃嫔宫人增加够二百人。太子后来知道苏文所为，心中十分愤恨。苏文和其他两个宦官常融、王弼常常暗中寻找太子的过错，然后添油加醋地报告武帝。卫皇后知道后，气得咬牙切齿，要太子向武帝请求杀掉苏文等人。太子说："只要我们不犯错，还怕他们吗！陛下耳聪目明，不信邪佞，不必担忧。"一次，武帝身体不爽，派常融召太子进宫，常融回来说：太子听说武帝生病后"面有喜色"。武帝听后，默然不语。等太子到来后，武帝仔细观察，发现太子的脸上尚留有泪痕，而在自己面前强颜欢笑，便感到奇怪。再一细查，才知道常融进谗言，便将常融处死了。卫皇后十分小心谨慎，严加防备，躲避嫌疑，虽然已经不再受宠，但仍受到礼遇。

武帝晚年，方士和神巫多聚集长安，大都是歪门邪道，蛊惑人心，花样百出，无所不为。女巫们往来宫中，教美人们度厄（旧时迷信，认为人有灾难，可以通过祭神逃过），每间屋子里都埋上木人进行祭祀。因为妒忌恚詈（huì lì，怨恨），互相告发，都说对方祝诅武帝，大逆不道。武帝发怒，杀宫中人和大臣数百人。武帝心中既已疑惑，一天白天睡觉，梦见有数千木人持杖想打自己，武帝猛然惊醒，因而从此身体不适，恍恍惚惚，记忆力严重减退。这时，奸臣江充乘机干起了害人的勾当。江充为绣衣直指（皇帝特派的执法大员）时，曾没收太子的车马，和太子结下矛盾。此时见武帝年老，恐武帝去世后为太子所不容，便因是为奸，说武帝之病在于巫蛊。于是，武帝便派江充为使者，专治巫蛊之事。江充领着胡巫到处挖地寻找木偶人，凡是祭祀、作巫法之人，尽皆逮捕加以酷刑，逼其招供。民间转相诬告以巫蛊，官吏总是以大逆不道之罪进行处治。自京师长安、三辅地区和地方郡国牵连致死的达数万人。这时，武帝年事已高，时犯糊涂，怀疑自己左右之人都为巫蛊诅咒自己。左右之人不管有无，都不敢讼冤。江充既摸透了武帝的心思，便指使胡巫檀柯报告武帝说："宫中有蛊气，不除掉，陛下之病难好。"武帝让江充入宫，坏掉御座，掘地求蛊，又派按道侯韩说和宦官苏文等人帮助江充，江充先治后宫中那些武帝很少临幸的夫人，再逐渐引至太子和卫皇后的宫中，把地下挖得一片狼藉，太子和皇后连个放床的地方都没有。之后，江充诬告说："在太子宫中挖到的木人最多，又有帛书，所言不道。"太子听后，不知所措，问少傅石德该怎么办，石德怕牵连被杀，说："既然江充奸佞，无以自明，不如矫诏收捕江充，穷治其奸诈。而且皇上有病，住在甘泉宫（今陕西淳化西北），皇后及家吏请问皆不服，陛下之存亡未可知，而奸臣如此，太子难道不想想秦朝扶苏的事情吗？"太子想到甘泉宫去见武帝，而江充等逼迫太子甚急。太子无奈，只得从石德之计。汉征和二年（前91）秋七月，太子派人诈为使者，收捕江充等人。按道侯韩说疑使者有诈，不肯交诏，太子的宾客杀死了韩说。抓到江充后，太子亲自看着斩杀江充，大骂说："你这浑蛋，以前乱了赵国父子还嫌不够，如今要来离间我们父子！"将江充杀死，又把胡巫烤死在上林苑。

杀死江充后，太子派舍人无且持节夜入未央宫，都告诉了卫皇后，调发内厩射士，出武库中之兵器，又调发长乐宫卫队。长安城中扰乱，传言太子造反；宦官苏文逃跑，逃至甘泉，对武帝诬告太子行为不端。武帝说："这是太子恐惧，又愤恨江充，所以有变。"便派使者召太子。使者不敢见太子，却回来报告说："太子已经造反。欲斩臣，臣逃归。"武帝大怒。丞相刘屈氂（máo）闻变，拔身逃跑，连印绶都丢了，又派长史乘快马报告武帝。武帝问："丞相何为？"长史说："丞相秘之，未敢发兵。"武帝发怒说："事情到这一步，还保什么密！"便赐刘屈氂玺书（古代以泥封加印的文书，秦以后专指皇帝的诏书）曰："斩捕反者，自有赏罚。以牛车为盾，毋接短兵而多杀伤士众！紧闭城门，毋令反者逃出！"太子见事情难以挽回，也宣告城中百官说："皇上在甘泉病困，疑有变；奸臣欲作乱。"武帝从甘泉移至长安城西的建章宫，诏发三辅近县兵，部署给中两千石以下官员，丞相兼将之；太子也派使者矫诏赦免长安城中都官囚徒，命少傅石德和宾客张光等分别率领，又派人去发长安近郊的胡人骑兵，未成。太子立车北军南门，召护北军使者任安，令发兵，任安拜受节，入营后闭门不出。太子被迫带人驱城中四市之人几万人和丞相刘屈氂所率军队交战，打了五天，死者数万。民间都传言太子造反，故多不附太子，而丞相之兵却越来越多。

第六天，太子兵败，从长安南门逃出。武帝派人奉策收卫皇后玺绶，卫皇后自杀。武帝以任安老于世故，见兵起，欲坐观成败，便将任安处死。被太子劫掠打仗的人皆徙敦煌。诸太子宾客曾出入宫门者，全都被杀。

当时，武帝怒甚，群臣忧惧，不知所出。壶关（今山西长治北）三老令狐茂上书武帝说："臣闻父亲像天，母亲像地，子犹万物，故天平、地安，物乃茂盛；父慈、母爱，子乃孝顺。今皇太子为汉朝之适嗣，承万世之业，体祖宗之重，亲则为皇帝之宗子。江充，布衣之人，闾阎（原指古代里巷内外的门，后泛指平民老百姓）之隶臣（奴仆、贱臣）；陛下显而用之，使他衔至尊之命以迫蹴（逼迫）皇太子，造饰奸诈，群邪错谬，使亲戚之路隔塞而不通。太子进则不得见陛下，退则困于乱臣，蚀冤结而无告，不忍愤怒之心，起而杀掉江充，恐惧逋逃，子盗父兵，以救难自免而已。臣窃以为太子无邪心，过去江充谮杀赵王太子，天下莫不闻。陛下不省察

428

而深责备太子，发盛怒，举大军而求之，三公自将，智者不敢进言，辩士不敢说话，臣窃为陛下痛心！唯陛下宽心尉意，亟罢甲兵，毋令太子久亡。"武帝见到后，心中有所感悟，然尚未公开颁布赦令。

太子逃出长安后，向东逃到了湖县（今河南灵宝西），藏在一个农户家里。主人家中贫穷，靠卖鞋来养活太子。太子有一个故人在湖县，家中比较富有。太子派人去找他，结果被当地官吏发觉。八月，当地官吏率人围捕太子。太子估计自己脱不了身，便在屋中上吊自杀。主人格斗而死，跟在太子身边的两个儿子也一起被害。

太子死后，吏民以巫蛊相告者，案验大多不实。武帝此时颇知太子是惶恐而无他意。不久，（为高祖刘邦守庙的郎官）田千秋上书，讼太子之冤，说："子弄父兵，罪当笞（chī，古代用竹板或荆条打人脊背或臀腿的刑罚）。天子之子过误杀人，应当何罪？臣曾经梦见一白头翁教臣所言。"武帝大为感悟，召见了田千秋，对他说："父子之间，人所难言也，公独明其不然。此高祖之神灵使公教我，公当遵为我之辅佐。"立拜田千秋为大鸿胪（lú），而族灭江充一家，将苏文焚死于横桥（渭河桥）上。武帝怜大子于无辜，做思子宫，在湖县修了个归来望思之台。天下人闻知后，无不为武帝感到悲伤。

昭宣中兴

西汉昭帝和宣帝时代（约前87—前48），西汉处于恢复性稳定及发展阶段。汉昭帝8岁即位，霍光辅政，继续实行汉武帝后期以来的政策，多次下诏赈贷（救济）农民，减免田租、口赋（古代

429

的人口税）等税收，减轻农民的力役负担。宣帝刘询即位后，更着力整顿吏治，推行一系列政治经济的措施，如招抚流亡、安定民生等，使社会生产重新得到恢复和发展。

昭帝政策针对武帝末年因对外战争、封禅（封为"祭天"，禅为"祭地"，是指中国古代帝王在太平盛世或天降祥瑞之时的祭祀天地的大型典礼）等所造成的国力严重损耗，农民负担沉重，大量破产，使得国内矛盾激化的情况，在霍光等的辅佐下，刘弗陵多次下令减轻人民负担，罢不急之官，减轻赋税，与民休息。

对外方面，改变武帝时对匈奴长期作战的政策，一方面加强北方戍防，多次击败进犯的匈奴、乌桓等；另一方面重新与匈奴和亲，以改善双方的关系。上述策略的实施，使得武帝时期的大规模战争停止下来，有助于国内的经济恢复与发展。在经济方面，因武帝实行盐铁专卖（旧时政府为限制工商发展，增加财政收入而实行的对盐和铁的垄断经营）引起天下议论，于始元六年（前81）召开"盐铁会议"，对武帝时各方面政策进行讨论。这次政策大讨论的情况，保存在桓宽所编著的《盐铁论》一书中。经过争论，取消了酒的专卖，而保留盐铁专卖。

昭帝时，因内外措施得当，使得武帝后期遗留的矛盾基本得到了控制，西汉王朝衰退的趋势得以扭转。史称"百姓充实，四夷宾服"。

《汉书》赞曰：（孝昭）承孝武奢侈余敝（过去留下来的劳顿疲敝）师旅之后，海内虚耗，户口减半，光知时务之要，轻徭薄赋，与民休息。至始元、元凤之间，匈奴和亲，百姓充实。举贤良、文学，问民所疾苦，议盐、铁而罢榷酤（què gū，汉以后历代政府所实行的酒专卖制度，也泛指一切管制酒业取得酒利的措施），尊号曰

"昭"，不亦宜乎！

汉宣帝刘询，生于武帝征和二年（前91），原名刘病已，是汉武帝和卫子夫的曾孙，戾太子刘据和史良娣的孙子，史皇孙刘进和姜王翁须的儿子。当年，巫蛊之祸爆发，家人蒙难，襁褓中的刘询曾下狱，后被祖母史家收养，直到武帝下诏掖庭养视，上属籍宗正。元平元年（前74）昌邑王被废后，霍光等大臣将他从民间迎入宫中，先封为阳武侯，于同年7月继位，时年18岁。第二年改年号为"本始"。

刘询即位之初，委政于霍光。地节二年（前68）霍光死后开始亲政。他大力整顿吏治，强化皇帝权威。为了打破霍氏左右朝政的局面，命令群臣奏事，以疏通下情，并规定丞相以下的百官都要奉职奏事，以便考核。地节四年，又借大司马霍禹谋反一事废皇后霍氏，从而彻底清除了霍氏的势力。刘询在位期间，励精图治，任用贤能，贤相循吏辈出。他能注意减轻人民负担，恢复和发展农业生产，诸如废除一些苛法，屡次蠲（juān，免除）免田租、算赋，招抚流亡，在发展农业生产方面继续霍光的政策。他也重视吏治，认为治国之道应以"霸道"、"王道"杂治，反对专任儒术。为维护法律正常行使，宣帝设置治御史以审核廷尉量刑轻重；设廷尉平到地方鞫狱（审理案件。鞫，jū），规定郡国呈报狱囚被笞瘐死名数，重视民命之余又加强中央对地方的控制。此外，宣帝又召集著名儒生在未央宫讲论五经异同，目的是为了巩固皇权、统一思想。

在对外关系上，刘询于本始二年（前72）曾联合乌孙大击匈奴，后袭破车师，平定西域。趁匈奴内部分裂之机，与呼韩邪单于建立友好关系，呼韩邪单于更是亲至五原塞上请求入朝，宣帝又得以完成武帝倾全国之力用兵而未竟的功业，使边境逐步宁息。神爵元年（前61）击败西羌，后任将军赵充国实行屯田，加强边防，使羌人归顺。神爵二年（前60），在乌垒城（今新疆轮台东北），设立西域都护府，监护西域诸城郭国，使天山南北这一广袤地区正式归属于西汉中央政权，具有划时代的重大意义。

汉宣帝刘询雄才大略，文治武功彪炳史册，为中华民族（尤其是汉民族）的中兴、繁荣做出了巨大贡献。在以制定庙号、谥号极其严格著称的西汉历史中，中宗宣帝刘询是四位拥有正式庙号的皇帝之一（另三位是太祖高帝刘邦、太宗文帝刘恒、世宗武帝刘彻，皆是一代英主），可见其功德之高。

王莽擅权

汉成帝是个荒淫的皇帝，即位以后，朝廷大权逐渐落到外戚（太后或者皇后的亲属）手里。成帝的母亲、皇太后王政君有八个兄弟，除了一个早死外，其他七个都被封侯。其中最大的王凤还被封为大司马、大将军。

王凤掌了大权，他的几个兄弟、侄儿都十分骄横奢侈。只有一个侄儿王莽，因为他父亲死得早，没有那种骄奢的习气。他像平常的读书人一样，做事谨慎小心，生活也比较节俭。人们都说王家子弟数王莽最好。

王凤死后，他的两个兄弟先后接替他做了大司马，后来又让王莽做了大司马。王莽很注意招揽人才，有些读书人慕名来投奔他，他都收留了。

汉成帝死后，不出10年，换了两个皇帝——汉平帝即位的时候，年纪才 9 岁，国家大事都由大司马王莽做主。有些吹捧王莽的人都说王莽是安定汉朝的大功臣，请太皇太后王政君封王莽为安汉公。王莽说什么也不肯接受封号和封地。后来，经大臣们一再劝说，他才只接受了封号，把封地退了。

2 年，中原发生了旱灾和蝗灾。由于多少年来，贵族、豪强不断兼并土地，剥削农民，逢到灾荒，老百姓没法活下去，都骚动起来。

为了缓和老百姓对朝廷和官吏的愤恨，王莽建议公家节约粮食和布帛。他自己先拿出 100 万钱，30 顷地，当作救济灾民的费用。他这样一带头，有些贵族、大臣也只好拿出一些土地和钱来。

太皇太后把新野（今河南新野）的 2 万多顷地赏给王莽，王莽又推辞了。

王莽还派八个心腹大臣分头到各地去观察风土人情。他们把王莽不肯接受新野封地这件事到处宣扬，说王莽怎么虚心，怎样谦让。当时，中小地主都恨透了兼并土地的豪强，一听王莽连封给他的土地都不要，就觉得他是个了不起的好人。

王莽越是不肯受封，越是有人请求太皇太后封他。据说，朝廷里的大臣和地方上的官吏、平民上书请求加封王莽的人共有48万多人。有人还收集了各种各样歌颂王莽的文字，一共有3万多字。王莽的威望越来越高。

别人越是吹捧王莽，汉平帝越觉得王莽可怕，可恨。因为王莽不准平帝的母亲留在身边，还把他舅舅家的人杀光了。汉平帝渐渐大了，免不得在背地里说些抱怨的话。

有一天，大臣们给汉平帝祝寿。王莽亲自献上一杯毒酒。

汉平帝没有怀疑，接过来就喝了。

第二天，宫里传出话来，汉平帝得了重病，没有几天就死了。王莽还假惺惺地哭了一场。汉平帝死的时候才14岁，当然没有儿子。王莽从刘家的宗室里找了一个2岁的幼孩封为皇太子，叫作孺子婴（即刘婴）。王莽自称"假（代理）皇帝"。

有些文武官员想做开国元勋，劝王莽即位做皇帝。王莽也觉得做代理皇帝不如做真皇帝。于是，有一批吹捧的人纷纷制造出许多迷信的东西来骗人，如"王莽是真命天子"的图书，在汉高祖庙里还发现"汉高祖让位给王莽"的铜匣子。

一直以推让出名的王莽这会儿不再推让了。王莽向太皇太后讨要汉朝皇帝的玉玺。王政君这才大吃一惊，不肯把玉玺交出来。她后来被逼得没法子，只好气愤地把玉玺扔在地上。

9年，王莽正式即位称帝。改国号叫新，都城仍在长安。从汉高祖称帝开始的西汉王朝，统治了200多年，到这时候就结束了。

王莽做了皇帝，打着复古改制的幌子下令变法。第一，把全国土地改为"王田"，不准买卖；第二，把奴婢称为"私属"，不准买卖；第三，平定物价，改革币制。

这些改革，听起来都是好事情，可没有一件不是办得挺糟糕的。土地改制和奴婢私属，在贵族、豪强的强烈反对下，一开始就没法实行；平定物价权掌握在贵族官僚手里，他们正好利用职权投机倒把、贪污勒索，反倒增加了人民的痛苦；币制改了好几次，钱越改越小，价越做越大，无形之中又刮了老百姓的一笔钱。

这种复古改制不但遭到农民反对，许多中小地主也不支持。三年以后，王莽又下了命令，王田、奴婢又可以买卖了。

王莽还想借对外战争来缓和国内的矛盾，这一来又引起了匈奴、西域、西南各部族的反对。王莽又征用民夫，加重捐税，纵容残酷的官吏，对老百姓加重刑罚。这样，就逼得农民不得不起来反抗了。

西汉的衰亡

西汉末年，土地兼并之风愈演愈烈，大批农民失去土地沦为奴婢，社会矛盾空前激化。王莽代汉建新之后，先后颁布了"王田令""私属令"等一系列新政，力图缓解西汉中期之后日益激化的社会矛盾。然而，王莽改制触动了大豪强与许多上层官僚的既得利益，遭到了他们的强烈反对与排斥；加之改革措施过激过快，终于使这场由封建统治阶级自上而下的自救式改革以失败而告终。王莽改制不但没能缓解西汉中后期以来不断激化的社会矛盾，反而使得这种矛盾空前激化，加之新朝末年水旱灾害不断，终于在新莽天凤年间爆发了著名的绿林与赤眉大起义。一时间，四方响应，天下大乱。新莽地皇四年（23），昆阳城下，面对新朝号称百万（实为 42 万左右）的围剿大军，西汉皇族后裔出身的刘秀沉着冷静、奋力死战，终于在其他绿林军的配合下，一举摧垮新莽 42 万大军。昆阳之战，标志着新王朝赖以维持其统治的军事力量基本上消耗殆尽。同年，绿林军攻破长安，王莽死于变民之手，新朝灭亡。新朝灭亡之后，曾与绿林军并肩作战的刘秀北渡黄河，与绿林军彻底决裂，从而开始了他占有河北，逐鹿中原，进而兼并天下的霸业。25 年，即东汉建武元年，刘秀在河北登基称帝，因刘秀系西汉皇族的后裔，故国号仍为"汉"，刘秀就是汉世祖光武皇帝。因刘秀所建立的汉王朝首都在洛阳，刘邦所建立的汉王朝首都在长安，在地理位置上一东一西，故后世称刘邦所建汉朝为西汉，刘秀所建汉朝为东汉。刘秀定都洛阳之后，不断对四方用兵，先后消灭了盘踞关中、号称百万的赤眉军，割据陇右立地称王的隗嚣与在西蜀称帝的公孙述等大小数十个割据势力。经过 12 年的东征西讨，刘秀终于在东汉建武十二年即 36 年扫灭了最后一个割据势力——"成家帝"公孙述。自此，经历了自新莽末年长达近 20 年的纷争混战，古老的中华大地再次归于一统。

张骞出使西域

汉初以来，北方匈奴的势力很强大，不仅奴役着西域几十个小国，还经常骚扰西汉的北部、西北部边境，使边地的社会生产遭到很大的破坏,人民生活不得安宁。汉初,西汉政府对匈奴采取"和亲"政策。汉武帝继位以后,由于汉朝经济的发展,国力空前雄厚,于是决定发动反击匈奴的战争。

汉武帝刘彻为了征讨匈奴更有把握,详细询问了一些投降过来的匈奴人,在他们那里了解到:汉文帝的时候,匈奴的单于名叫冒顿(mò dú),他趁居住在祁连山北麓的月氏人没有防备,命令他的右贤王向月氏发动了突然袭击,打败了月氏王,并杀害了很多月氏人,后来又征服了西域二十多个国家,月氏人只好逃到远远的西方,在那里重新安家立国。第二年冒顿死了,他的儿子向月氏人发动进攻,又把他们打败了,杀了月氏王,还按当时游牧民族的习惯,把月氏王的头骨做成了一只大酒杯。所以月氏人恨透了匈奴单于,想报仇雪恨,却苦于己弱敌强,没有帮手来共同抗敌。

汉武帝心想:月氏国在匈奴的西面,又与匈奴有这样深的仇恨,正好可以联络他们,共同出兵攻打匈奴,这样做就等于砍掉了匈奴的右臂,胜利就大有把握了。于是汉武帝下了一道诏书,在全国招募精明强干的人,出使西域去联络月氏。

月氏在匈奴的西面,要到月氏去必须经过匈奴的领地。胆小的人听到这个使命,哪里还敢来应征?

张骞是汉中成固人,在朝廷里做郎中,他守信义,多智略。他认为汉武帝主张攻打匈奴是为了国家安全,出使西域对打败匈奴具有重大意义,即使冒点儿险也是值得的,于是他报名应征了。一些勇士也纷纷报名应征,有个叫堂邑父的匈奴人也报了名。

公元前 139 年,汉武帝正式任命张骞为使者,堂邑父跟随着当翻译,还有其他应征的人,组成了一百多人的队伍。在众多长安人民和朝廷文武官员的送别声中，张骞和他的随员们跨上战马，驱赶着满载行李、礼物的驼队，开始了艰苦而伟大的西域之行。

张骞他们一出陇西就碰上了匈奴兵，双方交起手来。因为寡不敌众，大部分随员牺牲了，他和堂邑父等人被匈奴人俘虏了。匈奴单于知道了张骞一行人是到月氏国去的，非常生气，他说："月氏国在我们匈奴西边，我不准你们通过我的地盘到月氏国去！"他下令把张骞他们软禁起来，不过他对张骞还很优待，赐给他一个匈奴女人，让他在匈奴享乐。可是张骞心里一直怀念着汉朝，时刻不忘自己的使命。他始终偷偷保存着汉武帝交给他的"出使证明"，等待机会逃走。

过了几年，张骞和堂邑父终于找到了机会，弄到两匹好马，在一个漆黑的夜晚偷偷逃出匈奴，继续西去。一路上满是沙漠和草原，他们只能靠打来的飞鸟和野兽充饥，历尽千辛万苦，好不容易才到了大宛（大概在今费尔干纳盆地）国。

大宛国王早就听说过东方有个既辽阔又富有的汉朝，很早就想同汉朝建立关系，苦于一直都找不到门路。这次见到张骞他们到来非常高兴，不仅用好酒好菜招待他们，还派骑兵和翻译送张骞和堂邑父到了康居（约在今巴尔喀什湖和咸海之间），再请康居人送他们到月氏国去。

当时，月氏国王被杀害以后，国王的夫人被拥立为王，她率领民众西迁到了大夏国（中国史籍将主要由塞种人诸部控制的巴克特里亚地区称为大夏）境内，又征服了大夏国，并改名为大月氏国，定居在妫水（即阿姆河）一带。这里土地肥沃、物产丰富，四周小国又不敢来侵扰，他们生活得十分安乐。生活一安乐，他们就把报仇的事忘了。张骞来到这里后，几次向大月氏国王陈述汉朝想和他们联合共同抗击匈奴的意思，但是都没有得到正面答复。张骞在那里住了一年多，由于达不到目的，只好往回走。

张骞和堂邑父二人这次改走南道，沿着昆仑山北麓东归。可是没想到在回来的路上，他们二人又被匈奴人捉住了，又被软禁了一年多。后来由于匈奴发生内乱，他们才趁机逃出来，回到了汉朝首都长安。他们这次出使西域，一共花了13年时间。去的时候，张骞率领着一百多人，回来的时候只剩下他和堂邑父两个人了；去的时候张骞还是个年轻小伙子，回来的时候，他的下巴上已经长满胡须了。

张骞这次出使月氏，虽然没有达到预期的目的，但是他到了大宛、康居、大月氏、大夏等许多地方，了解到那里的风土人情，这些国家物产丰富，景色秀丽。他在大夏国的时候，看到了那里有汉朝四川出产的竹杖和细布，还打听到这些东西是从身毒国（范围主要指今日印度河流域一带）带来的。

张骞把这些情况都详细地报告给汉武帝，并且分析说："大夏国在长安西南，身毒国又在大夏东南，离四川不远。如果再出使西域，从四川这条路走，又近又安全。"汉武帝同意了张骞的建议，于是又派张骞从四川出发，再次出使西域，可惜这次出使没能到达目的地。

过了两年，汉武帝派张骞做正使，带领副使和将士三百多人，带着许多金银、绸缎和牛羊，再次出使西域。由于这时汉朝已经击败了匈奴，河西走廊已经被汉朝控制，张骞一行人非常顺利地到达了西域。张骞到了乌孙（西汉时由游牧民族乌孙在西域建立的行国，位于巴尔喀什湖东南、伊犁河流域）后，把副使分别派往大宛、康居、大夏、安息(亚洲西部伊朗地区古典时期的奴隶制帝国)等国，自己留在乌孙。他原打算劝说乌孙王同汉朝联合，由于乌孙内部正在进行争夺王位的斗争，加之他们远离汉朝，对汉朝的情况不太了解，尽管张骞竭力劝说，仍没有奏效。

公元前126年，张骞带着乌孙的使者回到长安。乌孙使者亲眼看到了长安的繁华景象，看到了汉朝的繁荣昌盛，心情十分振奋。他回国后，把看到的情况报告了乌孙国王，乌孙国王听了很高兴，便同汉朝建立了友好关系，并娶了汉朝的公主做夫人。

张骞从乌孙回来，朝廷封他为大行令，负责接待外国使臣，可是过了一年多他就病死了。他病死后不久，派到大宛等国去的副使才陆续带领各国使者回到长安，这些国家都和汉朝建立了友好关系，从此，西域各国和汉朝往来频繁。

张骞出使西域是中国历史上具有重大意义的一件大事。他两次出使西域，加强了西域各族人民与中原地区汉族人民之间的经济和文化联系，促进了封建的多民族国家的形成，同时，开辟了古代东西方国家经济文化交流的渠道——"丝绸之路"。

苏武牧羊

汉武帝天汉元年(前100)，匈奴使者奉单于之命前来求和，为了表示友善，汉武帝调给苏武一百多人，让他随身携带旌节(古代使者所持的节，以为凭信)，代表朝廷出使匈奴。

苏武抵达匈奴后，顺利地完成了任务。就在他们即将启程归国时，匈奴国内发生了动乱，苏武一行受到波及，不得已被扣留。不仅如此，匈奴人还想让苏武归顺，并派人来劝降。劝降的人名叫卫律，他之前是汉朝的将领，后来投降了匈奴。苏武并不听从卫律的规劝，甚至拔刀自刎以表自己对大汉的忠心，多亏卫律手疾眼快，才阻止了悲剧的发生，但苏武仍旧受了重伤。单于知道这件事后，十分钦佩苏武，认为他是个有气节的忠臣。

经过医治，苏武伤势渐好。单于并不死心，又命令卫律前来劝降。卫律绞尽脑汁，仍旧无法达成目的，还招致苏武大骂，说他忘恩负义，背弃朝廷，实在是个十恶不赦的小人。卫律没有办法劝降，无奈之下，只得将情况报告给单于。单于听后，愈加佩服苏武。但他仍不死心，软硬兼施，想让苏武投降。他叫人把苏武关进地窖，不给他食物，这样持续了几天，苏武仍不投降。见硬的不行，单于又转换方法，把苏武放出来，准备封他为王，苏武仍不为所动。见苏武软硬不吃，单于无奈，一气之下将他流放到北海（今俄罗斯贝加尔湖一带）。

到北海后，苏武成了牧羊人。没有吃的，他就以野菜、老鼠充饥；没有穿的，他就挤在羊群中取暖。虽然条件异常艰苦，但他相信，迟早有一天他能够手执旌节回到自己的祖国。旌节成了他的精神支柱，他白天放羊、晚上睡觉时都与旌节寸步不离。

日子一天天过去了，苏武的信念不但一刻也没有改变，随着时间的流逝，反而愈加坚定起来。那根旌节也从未离开过他的手，时间一长，旌节上的穗子全部掉光了。苏武总是紧紧握着旌节，向着故乡的方向遥望。就这样过了 19 年，汉武帝去世，汉昭帝即位，匈奴也有了新单于，汉朝和匈奴又开始修好。借此契机，苏武终于可以回故乡了。

当年出使时，苏武刚刚 40 岁，经过这 19 年艰难困苦的生活，他回到长安时头发和胡子已经雪白了。在朝堂之上，苏武将那根光秃秃的旌节献给汉昭帝，在场之人无不感动得流泪。之后，为表彰苏武，汉昭帝下旨封其为关内侯，邑三百户，朝中官员无不对其敬重有加。

削除藩王

汉高祖刘邦打下江山、建立汉朝之后，深知江山得来不易。为了使刘氏江山永固，他逐一剪除了各异姓诸侯王，接着分封刘氏子孙为王。刘氏诸王封地庞大，实力雄厚，割据一方。

到汉文帝执政时期，刘氏诸王势力越发强大，越来越不把朝廷放在眼里。贾谊、晁错等纷纷上书，建议汉文帝除掉这些同姓王，以消除后患，但汉文帝并未采取有效的行动。

汉文帝驾崩，汉景帝登基后没多长时间，就意识到了刘氏诸王的威胁。他下决心对刘氏诸王进行整治，首先采取的措施就是减少诸王的封地。汉景帝先后提拔晁错为内史、御史大夫，晁错提醒汉景帝要加倍小心刘濞（bì），因为他的势力在刘氏诸王中最为强大。

刘濞是高祖之侄，被封为吴王，他一直都有篡夺皇位的野心。在汉景帝还是太子的时候，有一次，刘濞的儿子进京，因为争抢道路被景帝的车误伤，不治身亡。对此，刘濞一直怀恨在心，汉景帝减少诸王土封地的举措更坚定了他篡权的决心。他暗中煮盐贩卖，并且私下铸钱，为自己积蓄了大量的财富。更有甚者，他窝藏朝廷追捕的逃犯，为自己所用。

刘濞手下的郎中枚乘看到其所作所为，便上书劝谏。他说：反叛朝廷有百害而无一利，如果反叛朝廷，那吴王的处境将十分危险——就像千钧的重物悬系在一根头发丝上。刘濞认为枚乘是危言耸听，并不听从他的劝阻。

汉景帝先发制人，决定剥夺吴国对会稽和豫章两郡的控制权。刘濞不听从安排，而是公开反叛朝廷，他觉得自己势单力薄，便说服了与他交好的六个诸侯王，以"清君侧，诛晁错"为旗号，共同起兵反汉，史称"七国之乱"。七国的势力非同小可，可以说，汉朝的半壁江山已经落入了叛军之手。

见叛军声势浩大，汉景帝十分震惊，甚至担心起来。以往和晁错有过节的大臣，认为这正是除掉他的大好时机，便向汉景帝进言："只有杀掉晁错，七国之乱才能平息。"汉景帝听信谗言，在长安东市将晁错腰斩。

之后，汉景帝给吴王下诏书，说自己已经杀掉了晁错，吴王师出无名，应该立即退兵。出乎汉景帝意料的是，刘濞并未理睬他的诏书，反而嘲笑道："我的军队已经逼近洛阳，可以说，我就是东方的皇帝，谁还有资格命令我，对我下诏书呢？"

见此情景，汉景帝才知道自己错杀了忠臣，后悔不已。焦急万分之际，汉景帝刘启想起父皇临终前的嘱咐，便调派周亚夫率兵平乱。周亚夫熟知兵法韬略，只用了两个月，便把叛军主力吴楚联军的粮道切断了，联军只得退兵。周亚夫乘胜追击，大败吴楚联军。其余叛军见主力既败，知道大势已去，便纷纷偃旗息鼓了。七国之乱被周亚夫转瞬平息。汉景帝因此对周亚夫另眼相看，朝廷文武百官更啧啧称赞："周太尉真正是国之栋梁啊！"

平定七国之乱有着很强的历史意义，它一方面缓解了由汉高祖分封诸王所引起的割据问题，另一方面也为汉武帝颁布《推恩令》来限制各诸侯王打下了坚实的基础。

汉武帝推恩令

推恩令，中国西汉武帝为削弱诸侯王势力而颁行的重要法令。西汉自文、景两代起，如何限制和削弱日益膨胀的诸侯王势力，一直是封建皇帝面临的严重问题。文帝时，贾谊鉴于淮南王、济北王的谋逆，曾提出"众建诸侯而少其力"的建议。文帝在一定程度上接受了这一建议，但没有完全解决问题。汉景帝即位后，采纳晁错的建议削藩，结果吴楚七国以武装叛乱相对抗（见西汉七国之乱）。景帝迅速平定了叛乱，并采取一系列的相应措施，使诸侯王的势力受到很大的削弱。但至武帝初年，一些大国仍然连城数十，地方千里，骄奢淫逸，阻众抗命，威胁着中央集权的巩固。因此，元朔二年（前127），主父偃上书武帝，建议令诸侯推私恩分封子弟为列侯。这样，名义是上施德惠，实际上是剖分其国以削弱诸侯王的势力。这一建议既迎合了武帝巩固专制主义中央集权的需要，又避免激起诸侯王武装反抗的可能，因此立即为武帝所采纳。同年正月，武帝颁布推恩令。推恩令下达后，诸侯王的支庶多得以受封为列侯，不少王国也先后分为若干侯国。按照汉制，侯国隶属于郡，地位与县相当。因此，王国析为侯国，就是王国的缩小和朝廷直辖土地的扩大。这样，汉朝廷不行黜陟，而藩国自析。其后，王国辖地仅有数县，彻底解决王国问题。

罢黜百家，独尊儒术

公元前141年春，汉景帝病逝，皇太子刘彻继位。他就是我国历史上被称为一代雄主的汉武帝。

16 岁的汉武帝一登上帝位，就不安于守业享乐，而是雄心勃勃，立志要做一番事业。他采取了一系列措施，下诏各郡县，举荐贤良方正、直言进谏的人，其中最著名的是董仲舒。

董仲舒是广川人，是西汉的思想家、政论家，还是位精通儒家学说的大学问家，治学精勤，在景帝时做过博士官。他看到汉朝建立以来几次王国谋反的事件，认为应当宣传大一统的思想，以便巩固皇帝中央集权的地位。他根据自己的理解和当时政治上的需要，改造了由孔子创立经孟子发展的儒家学说，并且把各家学说和阴阳五行等迷信思想融合在一起，使儒家学说变成了一种为封建政治制度服务的、带有宗教色彩的理论。他在汉武帝下诏举荐"贤良之士"的时候，向汉武帝提出了"天人三策"的建议。意思是说：天是有意志的，人世间的事物，是按天意存在和变化的。皇帝是上天的代表，皇帝的权力是上天授予的，人服从皇帝，就是服从天道。为维护封建秩序，他特别提出了"三纲五常"。在天道之下，君臣、父子、夫妻、兄弟之间，必须严格遵守上下尊卑的礼节，绝对不允许违反这种礼节。后来"三纲五常"成为封建伦理道德观念的中心内容，成为维护封建统治的有力工具，对人们的思想产生严重束缚。他还说："诸子百家的学说妨碍皇帝的绝对权威，只有儒家学说才能保持思想上的统一。"

但是，因为窦太后崇信"黄老学说"，极力主张清心寡欲，无为而治，武帝不敢得罪祖母，只好让董仲舒去做江都相。后来他又改任窦婴为丞相，拜田蚡（fén）为太尉，封赵绾为御史大夫，这三个人都是儒家的支持者。

小小年纪的汉武帝，登基不久便搜罗了这么多人才，早已为他的祖母窦氏所不满。于是，窦氏便加紧了对朝廷政事的控制，还借机罢免了丞相窦婴和太尉田蚡的官职，又责备武帝所用非人。武帝只能眼睁睁地看着一班大臣先后遭到贬斥和杀戮，却也无计可施。他只能等待时机，再图后计。

　　建元六年（前135），窦太后离世。21岁的汉武帝于是真正开始独立处理政事。他大力整顿朝纲，先后把窦太后安排的丞相、御史大夫等都罢免了，再任田蚡为丞相。他还下令在政府里设置专门授儒家学说的五经博士，在五经博士下面设置了50名弟子。这些弟子在五经博士的指导下攻读儒家经书，并规定每年对他们进行一次考试，他们只要在五经中能学通一经就可以做官，成绩优良的还可以做大官。后来，博士弟子的人数逐渐增加到3000人。这样一来，学习儒家的经书取得优异成绩便成了学士们做官的主要途径，其他诸子百家学说便逐渐被排斥摒弃掉了。依靠儒家学说做了官的人，自然会按董仲舒那一套理论，来帮助汉武帝治理天下，并用儒家学说来教育后代。从那时候起，中央集权的思想就开始正式成为中国社会的正统思想，儒家学说几乎完全统治了中国封建社会整个的思想文化领域。这便是历史上所说的"罢黜百家，独尊儒术"。

　　"罢黜百家，独尊儒术"的方针，对于加强中央集权的封建制度是有积极作用的，对封建统治阶级是极为有利的。但它把战国以来诸子百家自由宣传学术思想和政治主张的权利剥夺了，起到了禁锢人们思想的作用。后来又经过各个王朝统治者的补充和发展，使它更适合维护封建统治。中国封建社会之所以停滞不前长达两千年之久，同汉武帝提倡的"独尊儒术"是分不开的。

伏胜传《尚书》

相传秦始皇的时候，邹平有一个叫伏胜的人，从小聪明过人，又爱书如命。他四处拜师求学，刻苦读书，后来竟成了上知天文、下知地理的大儒，人称"伏老先生"。有一年，从京城传下圣旨，焚烧经书，凡是私藏经书的，一律杀头。一时间，读书人惶惶不安，赶紧烧书，唯恐遭杀头灭门之灾。而伏老先生怎么也不忍心把自己珍藏多年的经书烧掉，因为这比他的命还贵重。特别是《尚书》这部书，这是传世之宝，如若烧了它，岂不是连老祖宗都不要了吗？终于，他横一横心，宁肯杀头也不烧掉。于是，他把《尚书》和其他经书藏在夹壁墙内，拖儿带女，偷偷逃到了外乡。在兵荒马乱的日子里，伏老先生隐姓埋名，一直流落他乡，谁也不知他是一个读书识礼的先生。

话说刘邦夺了天下，登基坐殿，日子太平了，伏老先生回到了老家，这前后已是20年过去了，眼前的家乡已是墙倒屋塌，荒草一片，满目凄凉。他扒开墙壁一看，所藏书籍，虫蛀水湿，大半损坏了。百篇《尚书》只剩下了一少半，心疼得他老泪纵横。他将残书一篇篇、一页页装裱起来，日夜不停地抄录整理。但他仍担心这些书传不下去，就广招徒弟进行传授，府、县、州、郡的读书人纷纷奔到伏老先生的门下，听他讲解《尚书》。有个姓欧阳的学生学得最好，他把先生讲解的全部记录下来著成了一部《尚书大传》。一个姓张的学生后来竟成了名。这样，失传的《尚书》便在齐鲁一带传播开来，伏老先生的名声也就大了。后来，汉朝的皇帝下旨征求天下通晓《尚书》的人，找了几年也没找到。后来听说济南郡有位叫伏胜的，传授《尚书》已经多年，于是下旨召见伏胜。可是伏老先生已经九十多岁，行走不便，难以应召进京了。帝便亲自派文官晁错，不远千里来邹平学解《尚书》。此时，伏老先生耳聋眼花，言语不清，难以讲授，就叫女儿代他讲解。据说晁错是河南人，听不懂邹平的土语，所以弄错了的地方不少。不管怎样，数月之后，晁错总算学完并抄录了《尚书》，回到京城，就把这部书保存下来。古人都说，倘若没有伏胜，《尚书》也就失传了，就是传下来，没有伏胜的讲解，谁也读不懂。所以，历代都很尊敬伏胜，过去文庙里还有伏胜的牌位，被尊为圣贤。邹平就有伏胜祠、伏胜墓，门匾上还写着"尚书再造"的四个金字呢。

司马迁修《史记》

司马迁，字子长，西汉夏阳（今陕西韩城南）人。夏阳北有山，名为龙门，故司马迁自称"迁生龙门，耕牧河山之阳"，他是我国古代伟大的史学家。司马迁的先祖也是史官。父亲司马谈在汉武帝建元至元封年间任太史令，精于天文历算，通经史诸子之学，为汉初著名学者。他曾广泛搜集古代文献资料，立志撰写通贯古今的史书，有《论六家要旨》问世。此文对战国时期的主要学术流派阴阳、儒、墨、名、法、道六家，分别指陈长短，评论得失，至今仍不失为研究先秦思想史颇有学术价值的文献。司马谈为人正直，治学严谨，这对司马迁的为人、治学，都有深刻的影响。

司马迁 6 岁时，随父迁居京师长安附近的茂陵显武里，承父教诲，日夜攻读，10 岁便能诵读《左传》《国语》《世本》等历史文献。年纪稍长，跟从今文经学大师董仲舒学《公羊春秋》，继而改随孔安国学《古文尚书》，与此同时，就教于当世的著名学者多人，积学甚厚，为此后治史且成绩卓著打下坚实基础。

　　青年时代的司马迁，踌躇满志，宏愿在胸，他遍览群籍，熟谙（ān，精通）经传，深感博学尚需多闻。20岁时，司马迁便出行远游，开始了考察史迹、访贤问俗的壮举。南下江淮，肃立于汨罗江畔，凭吊伟大爱国诗人屈原；路经长沙，搜访西汉杰出政治家贾谊的遗迹；驱车九嶷山下，瞻仰舜墓。继而沿大江顺流而下，到达浙江，"上会稽，探禹穴"。之后，他渡江北上，至汉初三杰之一韩信的故乡淮阴，采撷遗闻，得"漂母饭信"（韩信年少家贫，受餐于漂母，及其达志以后，投千金以为报答）"胯下之辱"等逸事，后皆载述于《淮阴侯列传》。接着他北涉汶、泗，"过齐鲁之都"，来到向往已久的孔子故乡山东曲阜，体察孔子遗风，考询孔子事迹，又见祭奠孔子的齐鲁士人纷至沓（tà，多）来，对孔子倍生敬重。自峄山南下而至薛县，此乃战国四君子之一孟尝君的封地，司马迁深感此地的风土民情与邹鲁迥异，他着重收集了战国时期的"好客养士"的史料，后皆熔铸于《孟尝君列传》。自薛县南行，

到达楚汉必争之地彭城，他遍访耆老（年老而有地位的士绅），不耻下问，获得十分丰富的楚汉相争的史料。逗留数日，便满载而归，返回京师。这次游历祖国名山大川，使他长见识，广异闻，为此后撰写《史记》补充了丰富的史料。

司马迁回到长安，任职郎中，在宫内侍从武帝，多次跟从汉武帝外出祭祀山川，他时刻不忘治史，每到一处，都认真收集当地史料。公元前111年，他奉命出使"巴、蜀以南，南略邛、筰（zuó）、昆明"，终于使西南少数民族政权归附，汉王朝扩大了统治疆域。汉武帝历来好大喜功，翌年便举行隆重的封禅活动，其父司马谈陪同汉武帝前往泰山，途中病重，留滞洛阳。此时，适逢司马迁西征凯旋，闻讯心急如焚，顾不得复命，便日夜兼程，赶赴洛阳。父子相见，百感交集，司马谈握着他的手，流泪不止，语重心长地叮嘱道："余死，汝必为太史，为太史，无忘吾所欲论著矣！"司马迁垂手恭立，泪如泉涌，说道："我一定遵循您的指示去做。"不久，司马谈病故。司马迁立即赶至泰山，参加封禅大典。

公元前108年，司马迁继承父职，任太史令，得以周览"石室金匮"（古代国家收藏重要文献的地方）之书，为撰写《史记》开始正式收集文字史料。不久，他又受命主持改革历法，原来，汉初沿用秦代"颛顼历"，此种古历，多与天象不合，错误很多。司马迁指定邓平等人制定新历，半年后，新历始成，名为"太初历"，即今之夏历。"太初历"是我国历史上第一部较完整的历法，也是历法史上一次大变革，它第一次把二十四节气加入历法，对农业生产颇多裨益。此后，司马迁便集中精力，悉心撰写《史记》。

五年后，即公元前99年，司马迁因遭"李陵之祸"，中断了

《史记》的撰写。李陵是"飞将军"李广之孙，力大过人，善于骑射，他奉命随汉武帝宠妃李夫人之兄李广利迎击匈奴，亲率五千骑兵，长驱直入。匈奴败北，捷报传至京师，武帝大悦，举朝庆贺。不久，匈奴主力出兵浚稽山，与李陵军激战十余日，李陵因寡不敌众，矢尽粮绝，援兵未到，战败被俘，投降了匈奴。武帝闻听后，"食不甘味，听朝不怡"，朝廷中一些人乘机向李陵发难，肆意攻击。司马迁与李陵本无深交，但对其平时为人一向敬佩，对他的不幸深表同情，所以在武帝召问时，便仗义执言，指出李陵投降匈奴，本非所愿，有其客观原因。武帝闻听此言，勃然大怒，认为司马迁所言皆为辩护之词，当即将司马迁治罪下狱。一年后，传闻李陵在匈奴被委以重任，武帝下令抄斩其家，且将司马迁定为"诬罔主上"罪名而处以腐刑（宫刑）。腐刑在当时刑罚中是最残忍，也是最耻辱的一种。司马迁不堪受辱，本想以死明志，但又深为孔子、屈原、左丘明等发愤著述精神所激励，决心"就极刑而无愠色"，顽强地活下去。他遵父遗训，以惊人的毅力，继续撰写《史记》。公元前96年，司马迁出狱，任中书令。约公元前91年，即他55岁那年，经长达十年的艰苦奋斗，他终于完成了闻名古今中外的《史记》。

《史记》是我国第一部纪传体通史，开创了史书的纪传体例。

《史记》不但是我国古代杰出的史学名著，也是我国古代优秀的文学名著，它开创了传记文学的先河。自《隋书·经籍志》始，《史记》就被列为正史之首，鲁迅誉之为："史家之绝唱，无韵之离骚。"

司马迁本着实事求是的原则，根据史料繁简载述史实，详近略远，"其言秦汉，详矣"，反映了他重视近代史，特别是现代史的史学思想。《史记》共130篇，五十二万多字，包括12篇本纪、10篇表、8篇书、30篇世家、70篇列传，其中专记汉史和涉及汉史者75篇。《史记》所载上下三千年历史，而汉史不过百年而已。本纪，唐代史学评论家刘知几谓之"包举大端"。它以朝代或帝王为主，以年月为序，记述重大的历史事件，是《史记》全书的总纲。表，则以简明的表格反映错综复杂的历史事件和历史人物的活动，以补本纪、世家、列传之不足，共分世表、年表、月表等，以简驭繁，便于查检。书，专记历代政治、经济、天文、地理等文物典章制度的兴衰沿革。世家，记述的是诸侯世系及其活动。列传，则记述了官僚、大夫及社会各方面重要人物的活动，也涉及我国边疆各民族和一些邻国的历史。有的一人一传，有的多人一传，有的则一类人一传，即所谓类传。

司马迁是我国历史上罕见的有胆识的史学家。他为"究天人之际，通古今之变，成一家之言"，在《史记》一书中，记述了上自黄帝下至汉武帝长达三千余年的历史，为我们提供了十分丰富而又系统的史料。他勇于"秉笔直书""不虚美，不隐恶""是非颇谬于古人"，历来为进步的史家所称道，称他为"良史之才"。

尤其可贵的是，《史记》在重视历代政治兴衰的同时，开始关注社会经济。《货殖列传》对武帝朝全国各地经济生活状况予以详尽记载。《平准书》则对汉初统治者对人民的剥削和掠夺进行了淋漓尽致的揭露。司马迁指出："礼兴于有而废于无。"反映出作者在探讨历史发展规律过程中，已经初步认识到经济基础的决定性作用。

两千年来，《史记》一直是中国人民乃至世界人民非常喜爱的伟大史书，这不仅因为人们可以从《史记》中获得我国古代较为系统的历史知识，或是获得美妙的艺术感受，还因为这部伟大的著作是司马迁用生命写成的。

丝绸之路

公元前139年和公元前115年，汉武帝两次派张骞出使西域，同公孙、月氏等36个国建立了友好关系，开辟了享誉中外的"丝绸之路"。东西方文化交流日益频繁。西汉每年派出的使者和西域各国来朝的使者、商人相望于道，络绎不绝。当时最使商人感兴趣的是中国的丝绸，他们称中国的丝绸为"大也波儿"，意思是"和真的一样"，把中国称之为"丝国"。用中国丝绸制成的衣服，光辉夺目。西域各国王公贵族都争先恐后地购买中国丝绸，以显荣耀。因而商人们的丝绸生意日益红火，汉朝通往中亚各国的商路因而也成了商人们进货的必经之路，人们称这条商路为"丝绸之路"。

"丝绸之路"的主要路线是：从汉朝的长安出发，向西经甘肃的河西走廊，至敦煌分成南北两道。南道，从阳关西行，沿昆仑山脉北麓，经楼兰（今新疆若羌）、于阗（今新疆和田南）、莎车等地，越过帕米尔高原，到大月氏、安息、大秦（罗马帝国）等国。北道，从玉门西行，沿天山山脉南麓，经车师前王庭（今新疆吐鲁番西）、焉耆（新疆塔里木盆地古国，在今新疆维吾尔自治区焉耆回族自治县附近）、龟兹（今新疆库车东）等地，越过帕米尔高原，到达大宛、康居等地。

汉武帝为了联合西域各国一致抵抗匈奴，一而再、再而三地派出使者到西域各国。同时西域各国也派使者前来汉朝朝拜。这对双方都大有益处。西汉从西域各国得到了葡萄、石榴、西瓜、洋葱、胡萝卜、蚕豆、黄瓜之类的东西，尤其是高头大马，让汉武帝甚是欢喜。而汉朝的丝绸、漆器、玉器、铜器等精美工艺品和打井、冶铁技术先后都传到了西域，这样一来，极大地丰富了我国各族人民物质文化生活，促进了经济的共同发展，对于我们这个统一的多民族国家的巩固和发展有着深远影响。

汉朝和西域各国的友好往来，匈奴当然不服气，他们常常出没这一带破坏交通，抢劫使者、商人的财货。为了继续同西域各国来往，汉武帝先后设置了武威、酒泉、张掖、敦煌四个郡，并派兵防守，抗击匈奴，保护商路。武帝还下令在各郡设置专门供来往使者、商人休息，补充生活必需品的处所，极大地方便了使者和商人。

〔东 汉〕

刘秀建东汉

王莽执政后期，当权者越发腐败，老百姓生活在水深火热之中。为了改变现状，推翻王莽政权，广大民众先后组织了赤眉、绿林起义，王莽政权屡遭重创。

22年，舂陵（今湖北枣阳南）一支"舂陵军"，他们有七八千人，以恢复刘姓统治为旗号，由刘秀和他的兄弟刘绩领导。

刚开始的时候，舂陵军兵少将寡，又缺少作战经验，被王莽的军队逼迫得走投无路。后来，刘秀想到了一个好办法，他率领舂陵军与绿林军合并，以此来和王莽的军队抗衡。23年，绿林军建立了更始政权，尊汉宗室后裔刘玄为帝。刘绩被任命为大司徒，刘秀也出任太常、偏将军之职。

为了有效阻击王莽的军队，更始政权向北发兵，由大将王凤、王常、刘秀带领。他们一路攻城拔寨，直至昆阳（今河南叶县）。王莽见状大惊，急忙调遣大军四十余万，将昆阳围得水泄不通。更始军见对方势强，便采取了如下对策：一方面由王凤、王常等誓死守城；另一方面由刘秀率领十三名壮士杀出包围圈，去定陵、郾城求救。

刘秀一行人到达定陵、郾城后，向守将说明缘由。没想到守将并不愿意出兵相救，刘秀动之以情、晓之以理，才说服守将。守将遂派军一万多人，跟随刘秀出发。大军抵达昆阳后，刘秀见王莽军因昆阳城久攻不下而士气低落，便当机立断，亲为前锋，率军猛攻，杀死王莽军一千余人。昆阳城中的守军见状，也乘势杀出。王莽军腹背受敌，顿时大乱，最终一败涂地。

昆阳之战给王莽政权以毁灭性的打击，刘秀也因此声威大震，越来越多的义军首领投至刘秀麾下。昆阳之战也因为其以弱胜强、以少胜多的特殊性而被载入册。

更始帝见刘绩、刘秀两兄弟威望日盛，于自己统治不利，便编造了一个理由，将刘绩处死了。刘秀得到噩耗，悲愤不已，恨不得立即去找更始帝算账，但鉴于自己实力还不足以与更始帝抗衡，只好暂时忍下悲痛，主动到宛城向其请罪。没过多长时间，王莽政权就土崩瓦解了，更始帝把都城迁到了洛阳。

24 年刘秀迎来了增强自己实力的一次机会：他在邯郸剿灭了自立为帝的王郎，河北地区的地主豪强纷纷归顺。从此之后，刘秀不再服从更始帝的命令。

这一天，刘秀又把河北地区的铜马、高湖、重连等部的农民起义军招至自己麾下，他的实力得到了进一步增强，刘秀也因此被称为"铜马帝"。自此，刘秀完全脱离了更始政权。

25 年，刘秀重建汉政权，在鄗（hào，今河北柏乡北）称帝，之后在洛阳定都。刘秀就是光武帝，他建立的汉政权就是东汉。

刘秀取洛阳

建武元年（25）春，冯异在孟津开始与洛阳发生相互攻击战。同年七月刘秀开始总攻洛阳。在进攻洛阳之前，刘秀决定先让寇恂巩固河内，为总战略基地，相机窥取长安；另外以冯异守孟津，相机进取洛阳。寇恂奉刘秀之命守河内后，令属县积极讲武练兵，充实军备，养马造箭，整租税以充军粮。冯异守孟津，在河上统率二郡之兵，以拒洛阳来敌。正在这时，并州鲍永向更始称臣，但对刘秀他们也没有敌视的意思，所以当时上党（今山西晋城西北）地区虽然属于鲍永管辖，而寇恂、冯异并没有感受到来自北方的威胁。洛阳方面，此时盘踞洛阳的是更始舞阴王李轶、大司马朱鲔（wěi）、白虎公陈侨、河南太守武勃等，兵众号称30万，其所统治的地区，为自今开封以西，郾城以北，函谷关以东区域。所以河内与洛阳，遂形成对峙的局面。实际上冯异兵力不过三五万，洛阳兵力亦不过六七万。建武元年春，冯异利用李轶在南阳曾与刘秀首谋举事，此时赤眉军入关，更始势力动摇之际，给李轶发信，想说服李轶归附刘秀，信的内容大致为："苟长安尚可扶助，延期岁月，疏不间亲，远不逾（yú）近，季文（李轶的字）岂能居一隅哉？今长安坏乱，赤眉临郊，王侯构难，大臣乖离，纲纪已绝，四方分崩，异姓并起。是故萧王（光武）跋涉霜雪，经营河北；方今英俊云集，百姓风靡，虽向岐慕周，不足以喻。季文诚能觉悟成败，亟定大计，论功占人，转祸为福，在此时矣，如猛将长驱，严兵围城，虽有悔恨，亦无及己。"李轶也感到更始形势已今非昔比，而刘秀在河北的声势却日益强大；收到冯异的书信后，意志有所动摇。于是李轶给冯异回信说："轶本与萧王首谋造汉。今轶守洛阳，将军镇孟津，俱据机轴（比喻关键重要的处所），千载一会，思成断金；唯深达萧王，愿进愚策，以佐国安民。"从李轶的回信中，可以明显看出他想通过冯异来打通与刘秀的关节，想取得有利地位与条件后，再行降附，所以自从和冯异通信后，就不再与冯异交锋。

冯异收到李轶的回信，一面转报刘秀请示机宜，一面把兵力向北转移，以扩大河内的安全圈。随之向北取天井关（今山西晋城市南），攻克上党（今高平长治地区）两城；然后转兵向南，攻略成皋（今河南省荥阳）以东13县，并平定了各个屯聚，俘虏十余万人。于是，更始河南太守武勃，向东出兵讨伐投降冯异的各县，冯异因此又引兵渡河，与武勃战于士乡下（今洛阳市东），并大败武勃，斩杀武勃，获首五千余级；李轶在洛阳，闭城不救。冯异因此更知道了李轶通信后的心志，便将这种情况转报给刘秀，刘秀就利用这一有利因素，先对洛阳展开离间谋略战：一面回信告诉冯异说："季文多诈，人不能得其要领"，应该多加戒备；一面将李轶的书信向各守尉宣知，故意让洛阳方面的人知道。朱鲔听说后，果然派人刺杀李轶，于是洛阳城中人心离散，降者不断。

朱鲔杀李轶后，立即派遣讨难将军苏茂、将军贾强，领兵三万余人，从巩渡河攻温地，进而攻取河内；朱鲔又亲自领兵数万人攻平阴（今孟州市），以牵制冯异于孟津。冯异一面遣校尉护军率兵救温，一面抵御朱鲔的军队；寇恂亦急发属县兵到温；这样苏茂军被击溃，并斩了贾强，冯异乘胜渡河攻击，朱鲔军败退；寇恂、冯异合兵追到洛阳才回来，由此洛阳震恐。刘秀攻取洛阳的序幕正式拉开。这次序幕战，由于刘秀的离间计得以实现，再加上武勃、朱鲔先后在军事上遭到失败，洛阳形势，已危在旦夕，刘秀则因为冯异等在此战中的声威，诸将催促他赶快登上皇帝宝座。建武元年六月，刘秀在鄗即皇帝位，是为光武帝。这时，邓禹又在安邑大败王匡，河东完全收复。光武帝刘秀则于七月亲至河阳（今孟州市西35里）指挥，展开进攻洛阳的战斗。其部署是：一使建成大将军耿弇率强弩将军陈俊及其人马到五社津（今巩义市渡口），以配合荥阳以东的刘永，掩护其左侧背的安全。二使大司马吴汉率建义大将军朱祐、廷尉岑彭、执金贾复、扬化将军坚镡等11人，兵十余万，围攻洛阳。由于洛阳城坚池深，军备充实，以及朱鲔决心坚守，围攻持续到九月，仍未能攻克。于是，光武帝刘秀就利用岑彭曾做过朱鲔校尉的这层关系，派岑彭去说降朱鲔。岑彭到洛阳城下，向朱鲔陈说成败，朱鲔则以刘绩被杀，自己曾劝更始帝不要派遣刘秀徇河北等前事来推脱，担心投降后会受到刘秀报复。光武帝刘秀得悉朱鲔的忧虑后，立即指着河水发誓，保证朱鲔投降后的爵位与俸禄，朱鲔得到光武帝刘秀的确切保证后，就投降了。十月十八日，刘秀进入洛阳，随之定都洛阳。

匈奴的分裂

　　王莽的倒行逆施破坏了与汉匈的友好关系，也加速了他自身的灭亡。更始政权建立后，曾经派使者给匈奴送去汉王朝旧制规定的玺绶，要求恢复传统的友好往来。但是匈奴单于舆却很骄横，他说："匈奴与汉本为兄弟。后来匈奴发生内乱，汉宣帝扶持了呼韩邪单于，所以才称臣尊汉。现在汉王朝也经历大乱，政权被王莽篡夺，匈奴出兵攻击王莽，引起天下骚动，使王莽失败而汉王朝复兴。是匈奴有功于汉，汉应当尊我。"双方未能谈好恢复关系问题。其后，彭宠、卢芳等边郡割据势力又勾结匈奴，不断入侵。建武六年（30），刘秀派使臣去匈奴，匈奴也派使臣回访。不过单于舆自比冒顿，言辞仍然很狂妄，虽然使者经常来往，却伙同卢芳不断侵扰边郡。建武九年，刘秀派大司马吴汉领兵反击，经年无功而匈奴转盛，掳掠更加严重。刘秀转而采取守势，迁徙边郡人民退居内地。卢芳归降后，匈奴更大举入侵，兵锋直到上党、扶风、天水、中山（今山西东南、陕西西部、甘肃东部、河北中部）等郡国，杀掠破坏严重，这些地区连年不得安宁。建武二十二年，匈奴单于舆去世，匈奴内部因继承问题发生矛盾。呼韩邪单于的孙子、匈奴南边诸部首领右奥鞬（yù yīng）日逐王比害怕被蒲奴单于乘谋害，于建武二十三年派人带上匈奴地图到西河郡（治离石，今属山西）太守处请求归附。次年，他便率领南边八部共四五万人降汉，八部大人共议立比为单于，仍袭用呼韩邪名号，表示继承西汉末年汉匈关系的传统。刘秀采纳耿国的意见，按照汉宣帝时的旧制接受比的要求，承认他为南匈奴呼韩邪单于，从此匈奴分裂为南北两部。建武二十六年（50），汉王朝派使者立南匈奴单于庭于五原（今内蒙古包头）西部，设置"使匈奴中郎将"，负责率兵保护并指导监察南匈奴。汉王朝赏赐单于及其官员玺绶车马武器用具以及布帛粮食牛羊等物品，每年花费一万万两以上。不久，汉王朝因为与北匈奴交战失利，将单于庭南迁到西河美稷（今内蒙古准格尔旗北），当地派兵配合"使匈奴中郎将"保护单于，并恢复沿边郡县，迁还边民，南单于比也分派部众协助汉边郡吏民戍守，侦察北匈奴动静。

北匈奴蒲奴单于惶恐，也假意派遣使者要求和亲。班彪建议用西汉时呼韩邪、郅支两单于的历史教育北单于，指明必须表里如一、真心归附，如若耍花招企图离间汉与南匈奴的关系，只会自食恶果，落得郅支单于那样的下场。于是，汉王朝厚加赏赐酬答贡品，但不派使者回访。其后，北匈奴仍经常入侵抄掠，并引诱南匈奴部众。明帝永平八年（65），汉设立度辽营于五原曼柏〔今内蒙古自治区东胜（guì）东北〕，以隔绝其交通。由于北匈奴经常入境劫掠，焚烧城邑，河西郡县白天也得关闭城门防守。汉王朝准备反击，决定先经营西域，断其右臂。永平十六年，明帝派窦固等率领汉军和南匈奴、羌胡等族士兵共四五万人分兵四路出击，占领了西域一些据点。次年，耿秉、窦固等率军一万四千骑征服车师（今新疆奇台、吐鲁番等地），复置西域都护及戊、己校尉。但是，北匈奴立即前来争夺。永平十八年三月，北单于派骑兵二万进攻戊校尉耿恭、己校尉关宠，接着焉耆、龟兹等又攻杀西域都护陈睦。耿恭率领几百戍兵，勇敢机智地同强大的匈奴军队战斗。在当地人民支持下，耿恭等坚守到次年三月，才被前来营救的汉军接回，生还的仅剩下十三人。耿恭英勇善战深得士卒拥戴近似李广，而刚毅坚贞临危不屈又可媲美苏武。

章帝建初元年（76），南匈奴发生蝗灾大饥荒，汉王朝赈济其贫民三万多人。此后数年间，北匈奴部落经常前来归降，南匈奴和鲜卑等在汉王朝支持下不断进袭北匈奴也常有虏获，北匈奴日益衰弱。章和二年（88），北匈奴内乱，又遭到蝗灾饥荒，南下归降的前后相随不断。这时章帝去世，和帝继位年幼，窦太后临朝执政。南匈奴屯屠何单于上书窦太后称：据北匈奴新降渠帅报告，北单于兄弟争立，部众离散，很多人都打算归附汉王朝，应当趁此良机征服北匈奴，永远解除汉王朝的北部边患。"臣伏念先父归汉以来，被蒙覆载（比喻帝王的恩德），严塞明候，大兵拥护，积四十年，臣等生长汉地，开口仰食，岁时赏赐，动辄亿万。虽垂拱安枕，惭无报效之地，愿发国中及诸部故胡、新降精兵，遣左谷蠡（lù lí）王师子……将万骑出朔方（治临戎，今内蒙古磴口北）；左贤王安国……将万骑出居延（今内蒙古额济纳旗南），期十二月同会虏地。臣将余万人屯五原、朔方塞以为拒守……愿遣执金吾耿秉，度辽将军邓鸿及西河、云中、五原、朔方，上郡太守并力而北，令北地、安定太守各屯要害，冀因圣帝威神，一举平定，臣国成败，要在今年，已敕诸部严兵马讫，……唯陛下裁哀省察。"（《后汉书·南匈奴传》）窦太后征询耿秉的意见。耿秉认为从前武帝用尽全力想使匈奴臣服，未碰上时机，没能成功。宣帝时呼韩邪单于归降，边境安宁，汉匈和好，边民休养生息了六十多年，王莽变乱旧制，引起单于背叛，骚扰不止。"今幸遭天授，北虏纷争，以夷伐夷，国家之利，宜可听许。"耿秉自告奋勇，表示愿意出征。窦太后同意了这个建议，准备派其兄窦宪和耿秉率军督领南匈奴等部远征，不料却遭到公卿大臣们群起反对，以司徒袁安为首的三公九卿都到朝堂上书劝阻，反复力争竟达十次以上。他们主要理由是说，匈奴已经削弱，对边境危害不大；远征花费很多，未必有利。甚至还说什么章帝刚死，应当专心守孝；春天农忙季节，不应兴兵；匈奴衰弱远逃，攻打他是乘人之危、不合道义等迂腐之论。窦太后未加采纳。

和帝永元元年（89），窦宪、耿秉等率骑兵八千与南匈奴左谷蠡王等所部万骑，邓鸿率度辽营及沿边羌胡骑兵八千与南匈奴左贤王等所部万骑，以及屯屠何单于亲自率领的骑兵一万多分三路出击，与北单于大战于稽落山（今蒙古人民共和国达兰扎达加德西北），北单于败逃。汉军追击，俘获牲畜百余万头，北匈奴部众陆续归降的共八十一部、二十多万人，窦宪大军直达燕然山（今蒙古人民共和国杭爱山），命随军的著名史学家班固撰写了一篇铭文，刻石纪功，宣称这次远征是"上以摅高、文之宿愤（旧日的愤怒），光祖宗之玄灵；下以安国后嗣，恢拓境宇，振大汉之天声"，意思是说讨伐北匈奴是为汉高祖、汉文帝报仇雪耻，宣扬祖宗的神灵；也是保全后代，开拓疆土，发展汉王朝的声威。

次年，南匈奴屯屠何单于又上书要求乘胜进击，消灭北匈奴。汉王朝于是派左谷蠡王师子等率骑兵八千会同汉王朝军官远征至河云（今蒙古人民共和国吉尔吉斯湖附近）北，北单于受伤后仅带上轻骑数十逃跑，其夫人及家属五人均被俘获。永元三年，窦宪派耿夔（kuí）等领兵远击北匈奴于金微山（今阿尔泰山），又获大胜，"北单于逃走，不知所在"（《后汉书·窦宪传》），似乎从中国史籍中消失了，实际上北匈奴余部是逐渐迁向西方去的，并不是一下子就无影无踪了。据近人研究，他们的西迁可分四个阶段。第一，悦般时期（约91—160），他们迁居在乌孙西北，开始还曾向汉王朝派使臣，企图恢复和亲，但遭到拒绝。其后就不断同汉王朝争夺西域，直到桓帝元嘉元年（151），北匈奴呼衍王还曾率领三千余骑攻击伊吾（今新疆哈密西），在汉援兵赶到时才撤走。第二，康居时期（约160—260），大约是在鲜卑兴起后，他们再西迁征服康居，从此渐渐与中原王朝失去联系。第三，粟特时期（约260—350），大约居于今咸海一带。第四，阿兰时期（约350—374），大约居于今黑海北岸顿河草原，此后他们对欧洲历史曾发生重大影响。

北匈奴破败西迁后，南匈奴由于连战获胜，归附日多，发展到三万四千多户，近二十四万人，有战士五万多。但他们却未北返，仍然留居边塞，与汉族友好杂处，逐步从事农业活动。其上层子弟学习汉族传统典籍，思想意识渐渐汉化，正好同其生活方式的逐步汉化相互适应，以后汉匈便日趋于融合。但由于汉王朝政治日益败坏，官吏贪暴，法纪荡然，也经常发生摩擦以至战争。北匈奴故地广大漠北空出来之后，其遗民散居各地的还有十多万户。这时兴起于东北的鲜卑乘虚转徙，占据了这些地方，他们也是游牧民族，与北匈奴习俗相同，北匈奴遗民也就自称鲜卑，相互融合，从此鲜卑就逐渐强大起来。

当年汉武帝花费了那么昂贵的代价，几十年征战也未能征服的匈奴，这时却没怎么费力就解决了。看来匈奴自身的分裂是问题的关键，攻打北匈奴的主力正是南匈奴。南匈奴之所以如此努力，又同汉王朝较为恰当的民族政策有很大关系，这就是所谓的"招携以礼，怀远（安抚边远的人）以德"，即用尊重爱护的友好态度对待兄弟民族，主动搞好关系。历史证明，这是真正有远见的明智政策。

窦宪征匈奴

东汉建武二十四年（48），匈奴分裂为南北两部。南匈奴虽然内附，但北匈奴因据有天山以北的草原和天山以南的沙漠田，仍然不时犯边。汉明帝时，北匈奴寇掠更加频繁，焚烧边郡城邑，使得汉河西一带的城门昼夜关闭。北匈奴的侵扰势力的存在及其不时入侵，对汉朝社会经济的发展形成莫大的威胁。随着东汉中原政治局面的统一，社会经济的恢复和发展，汉朝国力的加强，以及南匈奴的积极协助，东汉政府决定征伐北匈奴。

东汉永平十五年（72），汉政府派遣窦固和耿秉出屯凉州（今甘肃省清水县北），做北征匈奴的准备。第二年，征召沿边守兵，命诸将率领南匈奴及乌桓、鲜卑等骑兵数万人，分四路出塞北征。这次出征，除了窦固出酒泉塞一路，在天山（今新疆维吾尔自治区吐鲁番市北）击败呼衍王部，将匈奴追至蒲类海（今新疆巴里坤湖），占据伊吾卢城（今新疆哈岳县）外，其余三路都因北匈奴闻风逃往漠北，没有战果而还。经过这次北伐，不断有匈奴人南下依附汉朝。东汉建初八年（83），北匈奴三木楼訾（zī）部落在大人稽留斯等的率领下，有38000人，驱马2万匹，牛、羊十几万头，至五原塞归附汉朝。随后，元和二年（85），又有以大人车利涿兵等为首的73批匈奴，先后入塞归附汉朝。北匈奴部分部落的归附，大大削弱了北匈奴侵扰集团的势力，加上南匈奴对北匈奴的攻击，以及平时受北匈奴控制和奴役的部族乘机反抗，北匈奴在漠北难以立足，只得举族迁至安侯河（今鄂尔浑河）以西。章和元年（87），鲜卑族兵又从左地猛攻北匈奴，大破之，斩优留单于，引起了北匈奴的混乱。有意归附汉朝的居兰、储卑、胡都须等五十八部二十多万人，纷纷乘机南下，至朔方、五原、云中、北地等郡附汉。于此混乱之时，漠北又发生了蝗灾，人民饥馑，族内矛盾尖锐起来，而北匈奴统治集团自优留单于被斩之后，优留的异母兄弟争立单于，各部分势力都离散了。这为汉朝进一步打击北匈奴势力创造了条件。于是，从建初二年（77）中止的军事远征，现在又重新被提到议程上来。

东汉永元元年（89）春，和帝力排众卿谏阻，着手准备出兵北匈奴。六月，窦宪、耿秉等率八千骑兵，会合南匈奴单于骑兵三万，分三路出击北匈奴。窦宪、耿秉一路兵出朔方鸡鹿塞（位于今内蒙古磴口县西北七十公里），南单于率一路兵出击满夷谷，度辽将军邓鸿率一路兵出击稠阳塞（今内蒙古自治区中西部的固阳县），三路兵在涿邪山会合。窦宪分遣副校尉阎盘，司马耿夔、耿潭率领南匈奴精锐骑兵一万余人，与北单于在稽落山展开激战，北匈惨败，单于落荒逃走，汉军乘胜追击，斩杀北匈奴一万三千余人，俘获大批匈奴士兵，并缴获牛马百余万头。匈奴军中的小首领相继投降汉军，擒后共有八十一部二十多万人。窦宪挥军追击匈奴至燕然山，命令中护军班固在此刻石立碑纪功，以宣扬汉朝威德。窦宪又派军司马吴记、梁讽携带金帛赠给北单于，向北单于宣扬汉朝国威，北单于叩首拜受。梁讽又劝说北单于仿呼韩邪单于遵奉汉朝的先例，称臣汉朝。单于非常高兴，派其弟右温禺鞮王奉贡，随梁讽入朝拜见汉天子。

永元二年（90）五月，窦宪又派副校尉阎盘率领两千余骑兵出击盘踞伊吾卢的北匈奴，夺取伊吾卢，并派兵与南匈奴共同出击鸡鹿塞。北单于受伤遁逃，仅以身免。永元三年（91），窦宪又派左校尉耿夔、司马任尚出居延塞，将北单于围困于金徽山，北单于只身逃往康居，匈奴的奴隶制政权全部瓦解，从此匈奴退出漠北地区。从公元前209年前冒顿单于建立政权起，匈奴在大漠南北的活动，至此整整300年。

班超统一西域

汉光武帝建立东汉王朝以后，请大学问家班彪整理西汉的历史。班彪有两个儿子，分别叫班固、班超，一个女儿叫班昭，从小都跟随他学习文学和历史。

班彪死了以后，汉明帝叫班固做兰台令史，继续完成他父亲所编写的历史书籍——《汉书》。班超跟着他哥哥做抄写工作。这哥儿俩都很有学问，可是性情不一样：班固喜欢研究百家学说，专心致志写他的《汉书》；班超却不愿意老是伏案写东西，他听说匈奴不断地侵扰边疆，掠夺居民和牲口，就扔了笔，气愤地说："大丈夫应当像张骞那样到塞外去立功，怎么能老死在书房里呢?!"就这样，他弃笔从戎了。

73年，大将军窦固出兵攻打匈奴，班超在他手下担任代理司马，立了战功。

窦固为了抵抗匈奴，想采取汉武帝的办法，派人去联络西域各国，共同对付匈奴。他赏识班超的才干，便派班超担任使者到西域去。

班超带着随从人员三十六个先到了鄯善（位于今新疆罗布泊西南）。鄯善原来是归附匈奴的，因为匈奴逼他们纳税进贡，勒索财物，鄯善王很不满意。但是这几十年来，汉朝顾不到西域那一边，他只好勉强听匈奴的命令，这次看到汉朝使者到来，他就殷勤地招待他们。

过了几天，班超发现鄯善王忽然对他们冷淡起来。他起了疑心，便对随从人员说:"你们看出来了吗? 鄯善王对待咱们跟前几天不一样了，我猜一定是匈奴使者到这儿来了。"

话虽这样说，毕竟只是一种猜想。刚巧鄯善王的仆人送酒食来。班超装作早就知道的样子说:"匈奴的使者已经来了几天? 住在什么地方?"

鄯善王和匈奴使者打交道，本来是瞒着班超的。那个仆人给班超一吓，以为班超早已知道这件事，只好老实回答说："来了三天了，他们住的地方离这儿有三十里地。"

班超把那个仆人扣留起来，立刻召集三十六个随从人员，对他们说："大家跟我一起来到西域，无非是想立功报国。现在匈奴使者才到几天，鄯善王的态度就变了。要是他把我们抓起来送给匈奴人，我们的尸骨也不能回乡了。你们看怎么办？"

大家都说："现在情况危急，死活全凭你啦！"

班超说："不入虎穴，焉得虎子？现在只有一个办法，趁着黑夜，到匈奴的帐篷周围，一面放火，一面进攻。他们不知道咱们有多少人马，一定着慌。只要杀了匈奴使者，事情就好办了。"

大家说："好，就这样拼一拼吧！"

到了半夜里，班超率领着那 36 个壮士偷袭匈奴的帐篷。那天晚上，正赶上刮大风。班超吩咐 10 个壮士拿着鼓躲在匈奴使者的帐篷后面，20 个壮士埋伏在帐篷前面，自己跟其余六个人顺风放火。火一烧起来，10 个人同时擂鼓、呐喊，其余 20 人大喊大叫地杀进帐篷。

匈奴人从梦里惊醒，到处乱窜。班超打头冲进帐篷，其余的壮士跟着班超杀进去，杀了匈奴使者和三十多个随从，把所有帐篷都烧了。

班超回到自己营房时，天才刚刚发白。班超命人请鄯善王过来。鄯善王一见匈奴使者已被班超杀了，便表示愿意服从汉朝的命令。

班超回到汉朝后，汉明帝提拔他做了军司马，又派他到于阗去。明帝叫他多带点人马，班超说："于阗国家大，路程又远，就是多带几百人去，也不顶事。如果遇到什么意外，人多反而添麻烦。"

结果，班超还是带了原来的 36 个人到于阗去。

于阗王见班超带的人少，接见的时候，并不怎么热情。班超劝他脱离匈奴，跟汉朝交好。于阗王决定不下，找巫师向神请示。

那个巫师本来就反对于阗王跟汉朝交好，他装神弄鬼，对于阗王说："你为什么要结交汉朝使者？那匹浅黑色的马还不错，可以拿来给我。"

于阗王便派国相去向班超讨要那匹黑马。班超说："可以，叫巫师自己来拿吧。"

那巫师得意洋洋地到班超那儿取马。班超也不跟他多说，立刻拔出刀把他给斩了，接着又提着巫师的头去见于阗王并责备他说："你要是再勾结匈奴，这巫师就是你的榜样。"

于阗王早就听说过班超的威名，见到这个场面，也吓得软了，说："愿意跟汉朝和好。"

鄯善、于阗（今新疆和田）是西域的重要国家，他们结交了汉朝，别的西域国像龟兹、疏勒等也都跟汉朝和好了。

西域各国从王莽执政时期起，跟汉朝不相往来已经有 65 年。到了这时候，才恢复到张骞通西域时期的那个局面，双方又经常有使者和商人交往了。

光武中兴

刘秀和绿林军联合作战，在昆阳大战中打败王莽的主力部队，立了大功。他哥哥刘䥅也打下了宛城，已经被拥立为更始皇帝的刘玄进驻宛城，拿宛城做了更始政权的临时首都。

刘玄在宛城安顿下来以后，他的地位虽说比较巩固了，可还是害怕刘䥅、刘秀兄弟势力强大起来，同自己争夺天下，就找个借口将刘绩杀了。这时候，刘秀正在别处，他听说哥哥被刘玄杀害，内心又是悲愤又是恐惧。他想到自身势力还敌不过刘玄，只好忍气吞声，跑到宛城向刘玄谢罪。表面上，刘秀对哥哥的死装出一点也不在乎的样子，既不替哥哥戴孝，又在别人面前谈笑如常，见了刘绩的部下，一句私话也不讲。他对刘玄更是百依百顺，从来不标榜自己在昆阳之战中的功劳，还把许多错误都揽在自己身上。可是一到晚上，他就关起门来，躲在被窝里偷偷哭泣，发誓要为哥哥报仇。刘玄只看到刘秀的表面活动，没看出刘秀的真实意图。为了安抚和笼络刘秀，他拜刘秀为破虏大将军，封为武信侯，只是没有给刘秀实权。

过了些时候，刘玄准备迁都洛阳，派刘秀先去洛阳整修宫殿。宫殿整修完毕以后，刘玄迁入洛阳，派刘秀到黄河以北去扩充势力。刘秀得到这样的好机会，不仅可以保全自己，免遭刘玄杀害，而且犹如蛟龙被放归大海，猛虎被放归深山，可以放手去发展自己的势力了。

王莽新朝政权被推翻以后，黄河以北的地主势力害怕农民起义的烈火燃烧到他们那里，纷纷组织起了地主武装。他们见刘秀到来，就都前来归附。这样，刘秀的势力逐渐壮大起来，在黄河以北站稳了脚跟。

更始皇帝刘玄怕刘秀的势力继续扩大，赶快派人去封刘秀为萧王，并且召回首都长安来商量国家大事（这时候刘玄已经迁都长安了）。刘秀已经有了自己的地盘，当然不愿意再受刘玄控制。他叫人给刘玄带去一封信，信上说："黄河以北还没有完全平定，我不能回长安去。"从此，刘秀跟刘玄实际上已经决裂了。

为了进一步扩大势力，刘秀对分散在冀州、兖州（今河北、山东、河南三省交界地区)一带的农民起义军进行了残酷的镇压。他打败了力量较强的铜马、青犊等农民军,用诱降的手段收编了一些零散的农民军,把黄河以北的广大土地全部攫取到自己手中。接着,他又乘赤眉军出兵西进的机会,派人两路出兵,扩充自己的势力。一路从河北南下,夺取了原赤眉军的地盘;一路从河北往西,进攻并州(今山西省)。经过几次战斗,刘秀派出去的军队都取得了胜利,他的势力进一步扩大,物产富饶的中原地区几乎全都落入他的手中。

刘秀一得势,便有更多的割据势力来归附他,那些归附他以后立了战功的大将,都急于拥戴刘秀做皇帝,以便能当个开国功臣。他们对刘秀说:"如今天下没有君主,大王是高祖九世之孙,众望所归,希望您趁早即位称帝,安定民心。"刘秀听了大将们的话,内心自然很是高兴,但是他怕时机还不成熟,就假装推辞,意思是希望有更多的人来劝他。大将看出了刘秀的心思,便发动更多的人联名给刘秀上书,劝刘秀即位称帝。大将耿纯代表大家说出了心里话,他对刘秀说:"天下的英雄,离别亲属,抛弃田园,跟着您在枪林箭雨之中出生入死,所希望的无非是想攀住龙鳞,附着凤翼,能够做开国元勋罢了。希望您赶快即位称帝吧!"

刘秀看到那些想要攀龙附凤的大将真的愿意拥戴他,便不再推辞了,于二十五年六月在鄗城正式即位称帝。接着,他派兵西进,进攻当时已经占领了关中地区的赤眉军。

这时候,赤眉军也已经建立了自己的政权,他们在华阴(今陕西华阴)拥立15岁的牧童刘盆子做皇帝,樊崇做了御史大夫。

那个在长安的更始皇帝刘玄,靠绿林军坐了江山,此时却经常在宫中饮酒作乐。将领们有事找他商量,他因为喝得酩酊大醉，不能出来见面，便叫他的侍中坐在宫殿上，前面挂上帐幕，代替他说话。将领们听不是他的声音，都很生气，在背后议论说："皇帝的宝座还没有坐稳当，就这样放荡起来了，这能靠得住吗？"刘玄还恣意杀害了好几个农民出身的绿林军将领，同绿林军公开分裂了。后来王匡等人被迫逃离长安，和赤眉军联合，一同打进长安，推翻了刘玄的统治。

赤眉军进入长安时，长安城里的老百姓扶老携幼、成群结队地到街上来欢迎。可是长安附近的地主却把粮食偷偷地藏起来，想要用饥饿来困死农民军。

富有政治斗争经验的刘秀，就乘着这样的时机，派大将邓禹一路打来。赤眉军虽然多次打败邓禹，可这一回由于缺乏粮食，不能坚持抵抗，樊崇只好下令放弃长安，准备往东打回山东老家去。一路上，他们遭到刘秀军队的伏击，损失极大，归路断绝了，只好被迫投降。樊崇在投降后想要恢复起义军势力，被刘秀发觉后惨遭杀害。

刘秀在农民起义声中起兵，利用农民起义军的声势扩大了势力，又在各派势力争斗中逐渐占得了上风。他在鄗城称帝以后，不久便定都洛阳。因为洛阳在长安东边，所以历史上称刘秀建立的汉朝为东汉，又叫后汉。刘秀是东汉的第一个皇帝，历史上称他为光武帝。

宦官之争

永康元年（167），汉桓帝死后，无子继位，当时的皇后窦妙与其父窦武等商议，最终选择了刘宏继承大统。刘宏，即汉灵帝。

灵帝继位，窦妙做了太后。当时灵帝年仅13岁，窦太后临朝称制，大将军窦武与太傅陈蕃扶持左右。窦武与陈蕃都对宦官专权深恶痛绝，因而密谋铲除宦官。在窦太后的支持下，他们杀死了在朝中专权的宦官管霸、苏康二人。窦武还曾计划除掉大宦官曹节等人，但因事机不密被宦官们知悉。曹节等人见势不妙，急忙率人入宫劫持汉灵帝和窦太后，并假传圣旨，派兵捉拿窦武。窦武慌忙避入军营。宦官曹节、王甫等人纠集千余兵马围攻窦武，最终斩杀窦武及其宗亲、宾客，窦太后随之被囚禁。陈蕃得知曹节等宦官矫诏捕杀窦武的消息后，不顾年老体弱，召集属吏和学生八十余人持刀冲入承明门，被正捕杀窦武回宫的宦官王甫遇到。陈蕃因寡不敌众而惨遭杀害。

窦武、陈蕃被害后，宦官自行封赏、加官晋爵，完全控制了东汉的朝政。灵帝即位之初年少无知，重任宦官。成人后又耽于享乐敛财，宦官们投其所好，朝政混乱与腐败可以想见。宦官侯览的母亲及其家人在其家乡山东无恶不作，遭到山东名士张俭上书弹劾。气急败坏的侯览指使无赖诬告张俭与同郡24人结党，图谋造反。不明所以的灵帝下诏追捕张俭等人。无奈，张俭逃亡，途中受到了多人的收留，最终得以成功出塞。宦官们借此大肆捉拿张俭党人，凡是帮助张俭逃跑的人都被列入党人的行列，受牵连者甚众。

在第一次党锢事件中幸存的李膺（yīng），在张俭事发后，没有接受亲朋的劝告，坦然受难，被捕后死于狱中，其子弟、亲戚全部被削职为民。此外，杜密、虞放等百余官员及名人被诬杀，受牵连而被流放、禁锢、处死者多达六七百人。其后，宦官们又几次兴风作浪追捕党人，党人之狱遍及全国，形成了东汉时期的第二次党锢之祸。

其后，宦官把持下的东汉统治更加黑暗。朝臣上书指责宦官图谋不轨，昏庸的汉灵帝竟然不知何为"不轨"。在灵帝身边随时侍从左右的中常侍有张让、赵忠等12人，举其大数称"十常侍"。他们参与览阅朝臣章奏，把持朝政，灵帝却心甘情愿受制于宦官，公然觍颜（厚颜。觍，tiǎn）称："张常侍（张让）乃我公，赵常侍（赵忠）乃我母。"皇帝与宦官一道盘剥百姓、卖官鬻爵，朝政日益腐败，最终酿成了东汉末年的黄巾大起义。

五侯专权

汉桓帝年间，梁冀凭借外戚身份，专权跋扈，桓帝久怀不平，于延熹二年（159）诏徐璜、具瑗、左悺、唐衡、单超五人谋议除掉梁冀，桓帝和单超以臂血歃盟。梁冀被除掉后，桓帝大喜，特加赏赐，下诏大加封赏诛杀梁冀有功的人，封单超为新丰侯，食禄二万户；徐璜为武原侯，具瑗为东武阳侯，各食禄一万五千户，赐钱各一千五百万；左悺为上蔡侯，唐衡为汝阳侯，各食禄一万三千户，赐钱各一千三百万；仍以左悺、唐衡为中常侍。因为五个人同一天被封，所以世人称之为"五侯"。其他过去与梁冀有私怨的人，这时也大多被封爵。如追赠皇后父亲邓香为车骑将军，封为安阳侯；更封邓皇后的母亲宣为昆阳君，兄长的儿子康、秉为列侯，宗族皆列校、郎将，赏赐以巨万计。中常侍侯览上贡细绢五千匹，桓帝赐爵关内侯，又以和帝共诛梁冀为借口，进封高乡侯；又封小黄门刘普、赵忠等八人为乡侯，从此权势尽归宦官；而在新加封的人中，以"五侯"最为贪纵，倾动内外。

桓帝不顾此时不断发生的灾荒，进行过分的赏赐，马上就有人上书奏谏。白马（今河南滑县东）令甘陵（今河北临清市东）李云露布（文书不封口）上书，并用副本上三公府。上书说："梁冀虽然恃权专擅，虐流天下，现在已经以罪而诛，犹如召家相扼杀之，而却滥封谋臣万户以上；如高祖有知，会不以为然（高祖有约，非有功则不封侯）；西北守边各将，闻知心里也会不服气的！孔子说：'帝者，谛也（帝为言要仔细，审慎物色）。'而今官位错乱，小人谄进，财货公行，政化日损；拟写诏书，却不经过皇帝御览，是以皇帝而不成皇帝也。"桓帝看过奏书后很生气，下诏有司逮捕李云，让尚书都护剑戟送黄门北寺监狱，辰中常侍管霸和御史、廷尉共同审核李云。这时弘农五官掾杜众对李云因忠谏而获罪感到非常伤心，于是上书表示"愿与李云同日死"，桓帝更加愤怒，下诏廷尉审判杜众。大鸿胪陈蕃又上书说："李云所言，虽有悖禁忌，干上逆旨，但他主要是为了尽忠报国。先前高祖曾忍周昌不讳（把高祖比作夏桀、高纣）之谏，成帝赦免了朱云的腰斩之罪。今日杀李云，臣恐会招来剖心之讥（商纣主剖忠臣比干之心），而被后世之人抨击。"随后太常杨秉、洛阳市公沐茂、郎中上官资又联名上书为李云求情。桓帝震怒，定上书的人大不敬之罪，下诏严加斥责他们，并罢黜陈蕃、杨秉两人，将沐茂、上官资贬秩二等。后来，管霸在濯龙池跪拜桓帝，再次为李云等人辩解，他说："李云是草泽愚儒，杜众仅是郡中小吏，他们所为只是一时头脑发热，有欠妥当，但还不足以定罪。"但桓帝却说"帝欲不谛"（皇帝不像皇帝——不理朝政），这是何等语言，他们竟敢如此对我，而常侍你怎能请求原谅他们呢？李云、杜众都死于狱中，宦官更加专横，尤以"五侯"为甚。

单超哥哥的儿子单匡为济阴太守，曾被免官的陈蕃、杨秉重被起用，陈蕃为光禄勋，杨秉为河南尹。单匡为太守，恃势贪赃不法。兖州刺史第五种派从事卫羽纠举（督察举发）单匡，得赃物五六千万，第五种即刻弹奏单匡，并一并劾奏单超，单匡十分窘迫，买通刺客任方刺杀卫羽。卫羽早已察觉，先逮捕任方，囚禁雒（luò）洛。单匡担心杨秉也会对此事穷追不放，密令任方越狱逃跑。尚书召杨秉询问，杨秉说：“任方肆无忌惮，是因为有单匡为其撑腰，请求尚书以槛车惩单匡，审核此事，那奸匿踪绪，必可立得。”杨秉坐论而做左校。正好这时泰山叔孙无忌反叛攻打徐州、兖州，州郡不能讨伐，单超以这事而谄第五种，第五种因此被判徙朔方；而朔方太守正是单超的外孙董援，听说第五种被徙朔方，就蓄怒以待。第五种的故吏孙斌得知此因，知第五种必死无疑，于是与人追赶第五种，追到太原，劫了第五种而逃走他乡，数年后遇到大赦得以幸免。

后来单超生病，桓帝派遣使者拜超为车骑将军。到第二年单超死，帝赐东园秘器，棺中玉匣，赠侯将军印绶，使者亲自理丧。送葬时，又发五营骑士，将军侍御史护丧，将作大匠起冢茔（zhǒng yíng，墓地）。单超死后，其他四侯又专横朝政，为此天下就有流言说：“左（悺）回天，具（瑗）独坐（骄贵无二），徐（璜）卧虎，唐（衡）两望（为所欲为）。”四侯竟起宅第，楼观壮丽，穷极技巧。金银用毛羽装饰，施及犬马。金银珠宝，堂皇富丽，挥霍奢侈，大多娶良人美女以为姬妾，装饰之华侈，竟与皇宫后妃不相上下。就连仆从也都乘牛车而从列骑。另外四侯又养豢远房亲属，或乞嗣异姓，或买名奴为子，并以传国袭封。兄弟姻戚皆宰州临郡，辜较百姓，与盗贼无异。虐遍天下，民不堪命，所以多为盗贼。

单超的弟弟单安为河东太守，徐璜的弟弟徐监为河内太守，左悺的弟弟左敏为陈留太守，具瑗的哥哥具恭为沛相，各为官者皆为当地一害。徐璜哥哥的儿子徐宣为下邳令，暴虐无道，达到极点。徐宣先是向故汝南太守下邳李暠（hào，同"皓"）的女儿求婚，被人拒绝，没能如愿，及到任下邳，便派吏卒到李暠家，强行抢走李女回县衙，侮辱戏弄后射杀，手段残忍至极，然后把李暠女儿的尸体埋在寺内。下邳县属东海，汝南黄浮为东海相，于是有人到黄浮那告徐宣，黄浮拘捕徐宣的家属，不分老幼全部加以讯问，掾史以下谏争黄浮，以免触怒当权者而伤命。黄浮说："徐宣是国贼，今日杀之，明日即使因此殉命，也足以瞑目了。"黄浮审理此案完毕，判徐罪，处以弃市，暴其尸于众前，以示与百姓共弃之，郡中震栗。徐璜向桓帝诉怨，桓帝大怒，黄浮因此被判髡钳（kūn qián，古代刑罚，剃去头发，用铁圈束颈），输作（因犯罪罚作劳役）右校。延熹七年（164），唐衡死，桓帝也赠以车骑将军，丧事规模和单超一样。徐璜死，桓帝也赙赠钱布，赐家茔地。

延熹八年（165），司隶校尉韩演因为上奏罗列左悺的罪恶，以及其兄太仆南乡侯左称请讬州郡，聚敛为奸，宾客肆虐，侵犯吏民的事情。左悺、左称都畏罪自杀。韩演又弹奏具瑗的哥哥沛相具恭犯有赃罪，皇帝诏诣廷尉受理此案。具瑗上还东武侯印绶，被贬为都乡侯，后死在家中。单超、徐璜、唐衡袭封的，全部降为乡侯，租入岁皆三百万；子弟被分封的，也全部剥夺其爵土。至此"五侯专权"才宣告结束。

党锢之祸

宦官五侯掌权以后，跟梁冀一样胡作非为。他们把持朝政，卖官卖爵，从朝廷到全国郡县，都有他们的亲信，搞得社会黑暗不堪。

当时有一批士族地主出身的官员，不满宦官掌权，主张改革朝政，罢斥宦官。还有一批中小地主出身的太学生，因为社会腐败，找不到出路，也要求改革。他们批评朝政，对掌权的宦官和附和宦官的人，深恶痛绝。

165 年，陈蕃做了太尉，名士李膺做了司隶校尉，这两个人都是不满宦官的。太学生都拥护他们，把他们看作模范人物。

李膺当了司隶校尉后，有人告发宦官张让的兄弟、野王县令张朔贪污勒索。李膺要查办张朔。张朔逃到洛阳，躲进他哥哥家里。李膺亲自带领公差到张让家搜查，在张家的夹墙里搜出张朔，把他逮走了。张让赶快托人去求情，李膺已经把案子审理清楚，把张朔杀了。

张让很生气，马上向汉桓帝哭诉。桓帝知道张朔确实有罪，也没有难为李膺。

这一来，李膺的名气就更大了。一些读书人都希望能见见李膺，要是受到李膺的接见，就被看作是很光彩的事，称作"登龙门"。

第二年，有一个和宦官来往密切的方士（搞迷信活动的人）张成，从宦官侯览那里得知朝廷马上要颁布大赦令，就纵容他儿子杀人。李膺马上把杀人凶手逮捕起来，准备法办。第二天，大赦令下来，张成得意地对众人说："诏书下来了，不怕司隶校尉不把我儿子放出来。"这话传到李膺耳朵里，李膺更加冒火。他说："张成预先知道大赦，故意教儿子杀人，大赦就不该轮到他儿子身上。"说完，就下令砍了张成儿子的头。

张成哪儿肯罢休，他要宦官侯览、张让替他报仇。他们商量了一个鬼主意，叫张成的弟子牢修向桓帝告了一状，诬告李膺和太学生、名士结成一党，诽谤朝廷，败坏风俗。汉桓帝接到牢修的控告，就下命令逮捕党人。除了李膺之外，还有杜密、陈定和范滂等二百多人，都被他们写进党人的黑名单。朝廷出了赏金，通令各地，非要把这些人抓到不可。杜密像李膺一样，也是敢于跟掌权的宦官作对的官员。两个人的名望差不多，人们把他们联在一起，称为"李杜"。李膺下了监狱，杜密当然也逃不了。陈定本来是个太学生，因为有名望，也被划到党人名单里去了。有人劝陈定逃走，可他并不害怕，说："我逃了，别人怎么办？我入了狱，也可以壮壮别人的胆。"他说着，就上京城，自己投案，进了监狱。范滂也跟陈定一样，挺着腰板进了监狱。捉拿党人的诏书到了各郡，各郡的官员都把跟党人有牵连的人报上去，多的有几百个。只有青州平原相（相当于郡的太守）史弼没报。朝廷的诏书接连下来催逼他，青州还派了一个官员亲自到平原去查问。那个官员把史弼找去，责问他为什么不报党人的名单。史弼说："我们这里没有党人，叫我报什么？"那官员把脸一沉说："青州下面有六个郡，五个郡都有党人，怎么平原偏偏会没有？"史弼回答说："各地的水土风俗不一样。别的地方有党人，为什么平原就一定也有党人呢？"那官员被他反驳得张口结舌，说不出话来。史弼又说："你一定要冤枉好人，那么，平原家家户户都有党人。我情愿死。要我报党人，我可一个也说不上来。"那官员拿他没有办法，就胡乱地把平原的官员收在监狱里，回报朝廷。

被捕的党人在监狱里，宦官对他们进行残酷的折磨。他们的头颈、手、脚都被上了刑具，叫作"三木"，然后被蒙住头一个挨一个地拷打，就这样关了一年多。第二年，有个叫贾彪的颍川人，自告奋勇到洛阳替党人申冤。汉桓帝的皇后窦氏的父亲窦武也上书要求释放党人。李膺在狱中采取以攻为守的办法，他故意招出了好些宦官的子弟，说他们也是党人。宦官这才害怕了，对汉桓帝说："现在天时不正常，应当大赦天下了。"汉桓帝对宦官是唯命是听的，就宣布大赦，把两百多名党人全部释放出去了。这批党人虽然释放，但是宦官不许他们留在京城，打发他们一律回老家，并且把他们的名字通报各地，罚他们一辈子不得做官。历史上叫作"党锢"事件。不久，汉桓帝死了。窦皇后和父亲窦武商量，从皇族中找了一个13岁的孩子刘宏继承皇位，就是后来腐败出了名的汉灵帝。

黄巾起义

东汉末年，政治腐败，朝政大权基本被宦官与外戚掌控，苛捐杂税层出不穷，百姓生活在水深火热之中，加之常年与羌人征战，东汉元气大伤，更加剧了社会矛盾的产生。

冀州巨鹿郡（今河北平乡西南）有一户张姓人家，家中有兄弟三人。他们乐善好施，在当地很有威信。张家老大名叫张角，略微懂些医病之道，经常给穷苦的百姓医治疾患，却从不要钱。他深深理解穷苦老百姓的遭遇，知道老百姓在如此的社会状况下

生存实属不易，他们热切盼望在一个太平世界过上安居乐业的日子，于是张角创立了"太平道"。在太平道的经典——《太平经》中，宣扬的都是反对剥削、敛财，主张平等互爱的思想，深受穷苦百姓的欢迎。张角总是手持九节杖，以给人治病为幌子，广泛宣传这些新思想。后来，为了扩大"太平道"的影响，张角又让他的两个兄弟张宝、张梁去各地传道。约莫过了十年的时间，太平道遍布全国，教徒也达数十万人。

有了这么广泛的群众基础，张角决定在甲子年（184）三月初五起义，口号是："苍天已死，黄天当立；岁在甲子，天下大吉。""苍天"指的是东汉王朝，"黄天"指的是太平道。他们还派教众用白粉在洛阳的寺庙和各州郡的官府大门上写下"甲子"两字，以此作为起义的暗号。就在大家兴致高涨地准备起义时，有教徒当了叛徒，将起义计划报告给了朝廷。官府闻讯，立即开展了大规模的搜捕活动，局势对太平道相当不利。为了掌握主动权，改变劣势，张角果断决定提前发动起义，并约定以黄巾缠头为起义军标志。

黄巾军杀死官僚和地主，把缴获的财产分给贫苦的百姓，所以他们得到了广大百姓的支持和欢迎。东汉政府非常惊慌，派重兵联合各地的地主豪强共同抵挡黄巾军的攻击。但是，起义军人数众多，士气高涨，根本无法镇压。起义军在南阳、颍川、汝南、广阳等地都取得了很大的胜利。见情势危急，单单依靠现在的力量难以取胜，大将军何进向汉灵帝上书，建议各州郡自己招兵买马，用来镇压黄巾军。汉灵帝毫无头脑，完全按照何进的意思下旨。如此一来，各地的州郡长官、宗室贵族、地主豪强，都以镇压黄巾军为借口，招兵买马，培植势力，争抢地盘，整个国家到了崩溃的边缘。

后来，张角因积劳成疾而与世长辞，起义军最终也因寡不敌众而被镇压，黄巾起义最终以失败而告终。但是，黄巾起义点燃了各地的反抗之火，这些反抗斗争在此后的二十多年里从未间断。